JN092405

解(ほど)けていく国家

現代フランスにおける自由化の歴史

ミシェル・マルゲラーズ
ダニエル・タルタコウスキ――著
中山洋平／尾玉剛士――訳

L'État détricoté

De la Résistance à la République en marche

吉田書店

Michel MARGAIRAZ et Danielle TARTAKOWSKY

L'ÉTAT DÉTRICOTÉ
De la Résistance à la République en marche

This book is published in Japan
by arrangement with Éditions du Détour and SFSG Agency,
through le Bureau des Copyrights Français, Tokyo.

本書は、在日フランス大使館の翻訳出版助成金を受給しております。

解(ほど)けていく国家

――現代フランスにおける自由化の歴史――

目次

第Ⅱ部　国家の自由化、グローバル化、ニューエコノミー（一九九三〜二〇一七年）

凡例

一、原注は、「訳者解説」の後に、横組みで入れた。
一、〔　〕は訳者による補注である。
一、引用文中における中略箇所は「(中略)」としてある。

略号一覧

ANPE　全国職業安定機構　Agence nationale pour l'emploi
ANR　国立研究庁　Agence nationale de la recherche
CFDT　フランス民主労働同盟　Confédération française démocratique du travail
CFE-CGC　フランス幹部職員同盟　Confédération française de l'encadrement - Confédération générale des cadres
CFTC　フランスキリスト教労働者連合　Confédération française des travailleurs chrétiens
CGT　労働総同盟　Confédération générale du travail
CGTU　労働総同盟統一派　Confédération générale du travail unitaire
CICE　競争力と雇用のための税控除　Crédit d'impôt pour la compétitivité et l'emploi
CIP　職業参入契約　Contrat d'insertion professionnelle
CNPF　フランス経営者全国評議会　Conseil national du patronat français
CNR　レジスタンス全国評議会　Conseil national de la Résistance
CPE　初任雇用契約　Contrat première embauche
CSG　一般社会拠出金　Contribution sociale généralisée
EDF　フランス電力　Électricité de France
FO　労働者の力　Force ouvrière
FSU　統一労働組合連盟　Fédération syndicale unitaire
INSEE　国立統計経済研究所　Institut national de la statistique et des études économiques
LOLF　予算法に関する組織法　Loi organique relative aux lois de finances
MEDEF　フランス企業運動　Mouvement des entreprises de France
MRP　人民共和運動　Mouvement républicain populaire
RATP　パリ交通公団　Régie autonome des transports parisiens
RCE　責任と権限の拡大　Responsabilités et compétences élargies
RER　首都圏高速交通網　Réseau express régional d'Île-de-France
RGPP　公共政策の全般的見直し　Révision générale des politiques publiques
RMI　参入最低所得　Revenu minimum d'insertion
RSA　積極的連帯所得　Revenu de solidarité active
SMIC　法定最低賃金　Salaire minimum interprofessionnel de croissance
SNCF　フランス国鉄　Société nationale des chemins de fer français
UNEDIC　商工業雇用全国連合　Union nationale interprofessionnelle pour l'emploi dans l'industrie et le commerce
UNSA　独立系組合全国連合　Union nationale des syndicats autonomes

はじめに

なぜ二〇一八年四月に国家の歴史について新しい本〔本書初版〕を書いたのだろうか〔この段落は二〇二〇年三月刊行の原著第二版の序文にあたる〕。このテーマについては、昔のものも最近のものも、すでにたくさんの出版物があるというのに。(1) あの時私たちは、「改革」を名乗る措置が無数にとられていくのを眼前にしつつ、フランスにおける国家の境界線が、そして実際に行われている公共政策が、複雑に変容していく様について思いをめぐらせようとした。第二次大戦後、いかなる変化が起こったのか。そしてエマニュエル・マクロンが大統領となってからはどのような姿になったのか。〔本書第二版の執筆時点でまだ終わっていなかった〕現大統領の〔第一期〕任期五年間の歴史を書くのは拒みつつも、書き進めていくうちに、国家は複雑で矛盾に満ちた展開をたどっており、それについてこれまでの研究は説明していない部分があるか、不十分な説明にとどまってきたことがよくわかった。それに、選挙の時期に「破壊的」な事象が断絶を引き起こすという考え方が正しいのか検討してみる必要があると思われた。〔二〇一七年の大統領・下院選挙によって〕既存の政党システムが突然に解体したことは否定できないようだが、私たちが立ち会っているのは、もっと長期にわたる再定義の過程なのではないか。この本〔初版〕が仕上がった時〔二〇一八年前半〕にはマクロンによる方向転換は緒に就いたばかりだったし、この本は時事ものという扱いではなかったのだが〔特にこの本は著者の以前の著作、それも中にはかなり古いものに基づいて部分もあるわけだから〕、それにもかかわらずこの本の最終章は同時代史の性格を帯びている。あれから二年経ってどうなっているだろうか。

1　パラドクスか、問題の立て方がまずいだけか

振り返ってみれば、国家の撤退や、市場のグローバル化に伴う国家主権の後退、公共サーヴィスの減退、新自由主義的展開といったテーマの著作は多数ある。しかし、ＩＮＳＥＥ〔国立統計経済研究所〕作成の指数を見れば、国富に占める公共支出の割合は五五％をこえて高い水準にとどまっており、しかも、そのうち社会支出の割合は伸び続けていて、今おきている成長の主たる動力と目されていたほどだった。となれば、疑う余地のない国家の衰退と、その国家の支出の増大を同時に引き起こす力学をどう理解すればよいのだろうか。パラドクスという言葉で満足していては、なんであれ説明することなどできない。同じ〔比喩的な〕言い方をすれば、恐らく問題の立て方がまずかったのであり、幾何学で二次元から三次元に移るのと同じように、視角を変えねばならないのだろう。そのためには次の三つの点に注意する必要があり、以下の記述でもこれを守るよう努めた。

第一に、当局者の演説やパフォーマンス、あるいはイデオロギー的な表現を分析したり、国家〔機関〕のトップを占める人員の構成を調べるだけで済ませてはならない。操縦桿を独占している一握りの公的決定権者と、各レベルで執行に当たる無数の公務員の間で上下の区別をきちんと付けないま

まずそうするのは特にまずい。そうではなくて、公共サーヴィスの運営の実情や、多岐にわたる公共政策（通貨・金融、経済、社会、文化の各分野に加え、国内から国際まで）を検討するという作業の困難さを時間をかけて乗り越えていかねばならない。第二に必要なのは、国家や地方公共団体、社会保障（protection sociale）〔社会保険と公的扶助を合わせた福祉制度全体を指す〕機関に固有の展開を長期の歴史的視座におくことだ。七〇年を超える公共政策〔の歴史〕に沈潜して初めて、国家指導者の実践と、これに対して社会の側で起こる動きとの間の相互作用を特徴付ける深層の力学を考察することができる。そして第三に注意すべきことは、公共政策について考える際には、実施された公共政策を様々な社会・政治グループがどう受け止めたか、政策がどのような〔社会〕運動を引き起こし、その運動によって政策がいかなる影響を受けたかという問題から切り離さない、ということだ。挙げる順番こそ最後になったが、二〇一九年と二〇二〇年初めのフランス社会の現状〔黄色いベスト運動がなお吹き荒れていた〕に鑑みるに、この点がより重要でないということでは決してない。

2　ノスタルジーでもなく、悲観主義でもなく

そのようなわけで〔本書では〕、一九四四～一九四六年に〔対独〕レジスタンス勢力がレジスタンス全国評議会（ＣＮＲ）に（フランス現代史では例外的なことに）信条の違いを超えて結集し、その願いに従って社会国家の礎石が築かれた場面にまで立ち戻る必要があると思われた。そこから生まれた制度、公共サーヴィス、規制（régulation）政策こそが、戦後の統治者の行動指針となった。この指針

は他の先進工業国で行われた政策と共通するところがあり、一九七〇年代までについては、少なくともかなりの点でそう言える。これが戦後の高度成長期を扱う本書の第I部の主題である。

しかし〔戦後直後に作られた〕この力学は、一九七〇〜一九八〇年代に、これもフランスに限られない二重の変容が起きて、中断ないし変形させられることになる。〔第一は〕経済社会発展の新段階、つまり第三次産業化の開始に伴う産業変容であり、〔第二は〕資本・財・人・情報の移動の世界大化(mondialisation)〔以下ではグローバル化と訳す場合もある〕と経済の金融化とが組み合わさったグローバル化(globalisation)(ただし〔まだ〕継続的かつ均質な形で進行するまでにはなっていない)に伴う金融・通貨面の変容である。そこで第II部では、三〇年近くにわたって、間欠的な自由化が断続的に進んでいく行程とその手法を年代順に考察していきたい。

この自由化というものは、最初は、付随的な形で、つまり、硬直的に過ぎると見なされた統制や行政様式を緩めるというなお限られた射程で行われた。しかし、この展開〔自由化〕は公共政策(action publique)〔地方自治体などの施策も含み、politique publique より広い概念として使われているが、同じ訳語を使う〕の分野ごとに様々なテンポで進んだ。口火を切ったのは、経済・金融上の本格的な規制緩和であり、国家の三つの顔を同時に変容させていった。つまり、規制国家を弱め、秩序維持国家〔原語の régalien は君主の権力を指し、警察・司法・出入国管理などのほか、外交・国防なども含むが、本書ではほとんど触れられないので、とりあえず「秩序維持」の訳語をあてておく〕を強固にし、支出増を通じて社会国家を変容させたのである。ただし、こうした変貌は、サッチャーのイギリスや社民党のスウェーデンでは確かに全く違った形で起きていたため、両国とは異なり、フランスにおいては〔自由化の〕名で語られることはなかった。

本書はこうした骨組みに沿って書かれており、この三重の展開がほぼ不可分の形で入り組みつつ進行した様を描き出すことを目的とする。国家の三つの顔を区別するこの方法こそが、フランスにおいて、国家が弱体化し貧弱になると同時に、強化され治安偏重となり、〔社会保障については〕保険から〔公的〕扶助へと変質する〔扶助は保険と違って、受給者の拠出、つまり保険料支払いを前提とせず、税財源で賄われる〕という事態がなぜ起こりえたのかを理解する唯一の方法なのである。

本書は〔自由化以前の時代への〕ノスタルジーに駆られているわけでもないし、〔自由化の進展で〕破滅が訪れるなどと言っているわけでもない。第一、一九四五〜一九七三年の世界が完全に過去のものとなったのは皆よくわかっていることだ。それに、〔自由化の〕現象には様々な効果が伴っており、懸念される面もあれば有益な面もある。このことを本書でも説明していきたい。次に、社会国家は、確かに一九七〇年代以来、激変を蒙り、弱められ傷付けられたものの、今日、つまり二〇二〇年代初頭においても、その構成要素にはなお健在のものがいくつもある。社会支出が維持され、それどころか増加しているのはとりわけその表れと言える。加えて、社会的不平等が増大しているとはいえ、それが英米より限定的であることが、他のいくつかのヨーロッパの国と並んで、フランス社会の特徴になっている。

〔本書の主張はそういう単純なものではなく〕逆に、今日の統治者は「旧世界」の破壊だけを目標として掲げておけばすべてが済むというわけにはいかないという点にある。早くも二〇〇七年には、MEDEF〔フランス企業運動：国営企業を含む産業界の頂上団体〕副会長ドニ・ケスレが時の統治者にCNR綱領〔一一頁以下参照〕を破棄せよと求めていた〔一三〜一四頁参照〕が、それに倣うだけで足りず、どのような「新世界」〔二〇一七年の大統領選挙の前後にマクロンがたびたび用いた表現〕を準備しているのかという問いに答えなくてはならない。しかし、今日の統治者はこれを何ら明示的に描き出せてはいない。この空白によって人々が絶えず不安を掻き立てられているのは無理もないことだし、その不安は〔本書初版から〕二年経ってますます強まっている。本書ではこの不安に対する我々なりの答えをいくつか提示したいと考えている。

第Ⅰ部

社会国家とその危機（一九四五～一九九二年）

第1章　レジスタンスからド・ゴール派国家へ——二重の政治文化（一九三六〜一九四六年）

1　行政型規制のフランス

一九五〇年代から二〇世紀の末まで、フランスは行政型の規制様式、つまり国家やその行政機関が定め執行する制度と規則のセットに従って統御されていた。国家がこうした役割を主として金融、経済、社会の各領域で果たすことを人々が受け入れるようになったのは〔一九三六年の〕人民戦線の時が最初であり、〔ナチによる〕占領期とヴィシー政権〔敗戦後にフランス南部を統治したが、時とともに傀儡化が進んだ〕期を越えて、〔国土〕解放期〔ナチ占領軍の駆逐と臨時政府の成立に続いて一連の大改革が行われた数年間〕に確立された。〔こうした国家の役割の変化は〕もちろんフランス固有の歴史過程に基づいているものの、同時に、国家が経済社会面の新たな集団的権利を保証するのを正当なものと認めるという国際的な動きにも（にこそ？）基礎をおいている。[2] このことが英米のような最も自由主義的な国々にも当てはまることは特筆に値する。イギリスでは一九四二〜一九四三年のベヴァリッジ・プランが実施され、ケインズが知的権威を誇っていたし、アメリカではニューディールの影響が大きく、とりわけ社会保障が正当性を得た。経済自由主義が一九三〇年代の大恐慌の影響を乗り越える力を持たず、相対的に信用を失ったことにこうした動きの起源の一つがある。フランスではこの動きは、一九三六年と一九四四〜一九四六年という、政治・社会史上の二つの一大転機に起源があり、加えて第二次大戦の悲劇と試練によって強化された。第二次大戦こそ「福祉国家の真の母体」[3]（Welfare State のフランス語の訳語としては État providence より État du bien-être のほうがいいし、État du mieux-être のほうがなおいい[4]）だったのである。

一九三六年の夏を契機にフランスには二重の政治文化が生まれ、国民の間に永く定着することになった。一つは動員の文化であり、これは〔総選挙での人民戦線派勝利を契機とする〕一九三六年五〜六月のストに起源がある。もう一つは規制の文化であり、これはマティニョン協定〔このストを収拾するために政府と労使の頂上団体が結んだ、賃上げをはじめとする合意〕と、その直後に下院の圧倒的多数派で採択された社会立法（週四〇時間労働制や二週間の有給休暇、団体協約の創設）に起源がある[5]。この初発の経験は一〇年後、レジスタンスの地下活動の中で生まれた政治的コンセンサスによって補強された。レジスタンスは、イデオロギー的には雑多なネットワーク（これも一種の動員だが〔人民戦線とは〕別の型の動員によるものと理解することができる）を寄せ集めたものだったが、一九四三年にド・ゴール将軍と、占領下のフランスにおける将軍の代理人であったジャン・ムーランの二重の権威のもとにレジスタンス全国評議会（CNR）が設立されることで、レジスタンスを構成する様々な勢力を占領軍に対して結束させることに成功した。

CNRは、一九四四年三月一五日付でレジスタンス勢力が地下で作成した綱領的文書を策定しており、そこではまず国土解放直後に達成すべき課題が列挙された。この文書の第二部がＣＮＲの経済社会憲章であり、これは一般にはＣＮＲ綱領と呼ばれている。この憲章には、国土解放後にとるべき一連の措置が含まれており、これは当時経済・社会的「構造改革」と呼ばれていた。この独自の経験は、当時、占領下にあった国々（ベルギーやオランダ）から、旧枢軸諸国（イタリアや日本）、さらには占領されなかった国々（米英）にも起こっていたより広汎な〔欠乏からの〕解放運動のフランス版であり、だからこそ、何人もの研究者が福祉国家の起源をこの時期に求めるのだ。

この綱領の作成過程の歴史については[6]よく知られているので、ここではこの綱領からいかなる帰結が生じたのかに着目したい。この帰結はＣＮＲ綱領が持つ〔三重の、つまり〕超党派的、超国家的（トランス・ナショナル）、民主的な正統性の基礎から大部分生じてくるものである。

党派を越えた正統性

一部の歴史家はＣＮＲ綱領の重要性を低く評価しようとしてきた。ＣＮＲの指導者は、一九四四年八月二六日日中のパリ市役所における会見でド・ゴールから冷ややかに遇されて以来、相対的に隅に追いやられた形になった。このことがＣＮＲ綱領の実際の意義を小さくしたというのだ[7]。これは、解放直後の政治状況におけるＣＮＲの歴史的役割（法治国家を再建しようとする臨時政府首班〔ド・ゴール〕によって狙い通りに最小限まで削られた）と、ＣＮＲ綱領が持つ、狭義の政治領域を極めて大きく越える長期的な影響とを混同するものだ。ＣＮＲ綱領の短期・長期にわたる遺産は、政党制の再編や、生まれつつあった第四共和制の憲法の内容などで測れるものではない。〔確かに〕ＣＮＲ綱領の起草者はこの二つの点ではいずれも挫折した。レジスタンスの一大政党を作り上げるには至らなかったし、第四共和制の憲法について合意を得ることもできなかった。ド・ゴール将軍が大騒ぎの挙句、一九四六年一月に〔臨時政府首班を〕辞任したのは、まさにこの憲法をめぐる対立が原因だった。政党制や憲法はレジスタンス勢力の最終目標ではないとはいえ、この分野での失敗は明らかである。他方、経済・社会的民主主義の拡大に関わる「構造改革」のほうは、一九四〇年代にとどまらず、その影響は後々まで続いていくことになる。同様に、CNR綱領のテキスト自体はその当時、ほとんど普及することはなかったが、その内容は、一九四五〜一九四六年に採択された経済・社会面の権利や制度に関する主要な改革を通じて、解放直後にも、より長期にも、〔分野によって〕バラツキはあるものの、確かな影響をもたらすことになった。最も有名なものを挙げれば、プラン〔フランス流の経済計画化〕、国有化、国家公務員の身分規程、社会保障、さらには企業委員会〔福利厚生の運用の他、企業の経済・雇用情勢に関する情報交換と協議を行う従業員代表機関〕がある。最初の二つの制度はこの三〇年ほどでその実体を失ってしまったが、残り三つは、その機能は当時のものとは明らかに同じではなくなっているものの、今日もなお存続している。

一九四四年以降、社会・政治的アクターはCNR綱領にどのような地位を与えただろうか。この問いは、よくおわかりのように、過去の利用、この場合は政治的利用の領域に入る。実際、CNR綱領は、一九四四年以降、三つの別々の時点において、非常に様々な文脈と政治党派によって、政治的イデオロギー的な目的に利用され、さらにはその道具にされてきた。第一に、一九四七年五月に始まった〔国内〕冷戦の最中には、共産党がCNR綱領とその内容を引き合いに出しつつ、〔社会党より右の勢力と〕一九四七年に決裂したために自分たちが政権から追放され、長期間野党として孤立させられてきたことを非難した。この機会に共産党は、自らこそCNR綱領に忠実であると主張し、その裏返しとして第三勢力〔社会党、急進党、キリスト教民主主義のMRP〔人民共和運動〕とモデレ〔伝統的保守派〕の政権連合〕の政策を、一九四四年にCNR綱領で結束していた全レジスタンス勢力共通の遺産を否定するものと糾弾したのである。

次いで一九七〇年代になると、一九七二年に左派三党によって共同綱領が署名された折、レジスタンス運動コンバ〔闘争の意〕の元リーダーふたり、まずクロード・ブルデ、次いでアンリ・フルネイがより露骨な表現で、相次いで、CNR、特にジャン・ムーランが、共産党、さらにはモスクワに対して独立していたのか、疑問を呈し、非難さえした[8]。その後、ダニエル・コルディエ〔自由フランスに参加し、一九四二〜一九四三年にムーランの秘書を務めた。一九八〇年代から九〇年代に浩瀚なムーランの伝記を公刊〕が複雑な事実関係を詳らかにすることになる。

最後に、近年、二〇〇〇年代になってグローバル化、不安定労働の拡大、さらに「社会的紐帯の喪失（désaffiliation）」（ロベール・カステル）〔『社会喪失の時代——プレカリテの社会学』北垣徹訳、明石書店、二〇一五年。原著：Robert Castel, *La montée des incertitudes : travail, protections, statut de l'individu*, Seuil, 2009〕が多くの労働者に広がるのを見て、元レジスタンス参加者や当時を知る者たちの中に、CNR綱領の原則に世の中の注意をもう一度向けさせるべきだと考える人が出てきた。ステファン・ヘッセルやモーリス・クリーゲル＝ヴァルリモン[9]のように、CNR綱領の豊かさを強調する場合もあれば、逆に、時代遅れで有害だと告発し、その遺産を最後の一片に至るまで破壊すべきだと主張する者もいる。当時MEDE

Fの主要なリーダーの一人だったドニ・ケスレは二〇〇七年一〇月『チャレンジ』誌上で「フランスの社会モデルは純然たるCNRの産物だ。ド・ゴール派と共産党の間の妥協だ。今やまさにこれを改革すべき時であり、政府はこれに注力している。〔最近〕政府が次々に発表してきた様々な改革は、公務員身分規程、老齢年金の特別制度〔公務員などが対象で有利な条件になっている〕、社会保険の再編、労使同権制度など、分野も規模も射程も様々で、パッチワークの印象を与えるかもしれない。しかしより仔細に見れば、この野心的なプログラムの中には根本的な統一性を見て取ることができる。改革すべきものの一覧表は？　簡単なことだ。一九四四年と一九五二年の間に創設されたものを見ればよい。一覧表はそこにあり、例外はない。今日の課題は一九四五年から抜け出すことであり、CNR綱領を体系的に破壊することだ」と述べた。

この言葉はCNR綱領の影響の大きさを裏返しの形で示している。多分、CNR綱領を体系的に破棄することを目指すプログラムを実施するには二〇〇七年は早すぎただろう。その理由は恐らくレジスタンスに由来する動員の文化の復元力の相対的な強さにある。フランソワ・オランドは二〇一五年に四人のレジスタンスの大物〔ジェルメーヌ・ティヨン〔民族・人類学者、人類博物館グループ。戦後はアルジェリア独立戦争の和平交渉にも貢献〕、ジュヌヴィエーヴ・ド・ゴール〔将軍の姪。人類博物館グループ〕、ピエール・ブロソレット〔社会党員だったが、ド・ゴール率いる亡命政府「自由フランス」の幹部に。一九四四年二月、逮捕され自殺〕、ジャン・ゼイ〔急進党の下院議員。人民戦線政権などで国民教育大臣。四四年六月、極右民兵に暗殺される〕〕をパンテオン入りさせ、顕彰すべきだと判断したではないか〔共産党系レジスタンスを代表するにふさわしい第五の人物を加えることはしなかったが〕。それでも、経営者側のリーダーは今見たように二〇一〇年以上前からこれ〔CNR綱領の破壊〕が右派の中心目標であり続けたとはっきりと述べているのだ。

CNR〔綱領〕の発するメッセージの相対的な影響力低下を感じる場面が繰り返されることには、歴史家自身にも一定の責任があるのではないだろうか。一九四四年以降、レジスタンスが後世の表象の中で神話化されたことをあまりに強調したために、レジスタンスが経済・社会領域に実際にもたらした影響が〔時に〕小さく見えるようになったのだ。[10] 一九四四年以降、レジスタンスの神話化が行われたのは確かだとしても、レジスタンス自体が神話だったとか、その影が二〇世紀後半全体やその後にまで及ぶことはなかった、ということを意味するわけではないからだ。一九四五年に作られた経済・社会規制の新しい制度は、CNR憲章〔綱領〕を構成する諸要素が起草された際の条件から生まれた。地下活動中の一九四四年三月一五日に全員一致で採択されたとはいえ、CNR憲章は、諸政党や二つの労組頂上団体（CGT〔社共系の労働総同盟〕とCFTC〔カトリック系のフランスキリスト教労働者連合〕）、レジスタンスの諸運動が、これも地下活動中に、民主的に意見を闘わせる中から生まれてきたものであり、一九四四年八月の国土解放後、挙国一致政権、次いで三党（共産党、社会党、MRP）政権の統治者の間に、そして、〔粛清を受けた程度が異なることもあり、評価には多少のニュアンスの違いを伴いつつも〕高級官僚層にも、引き継がれていくことになる。より正確に言えば、真の社会政治的コンセンサスの対象になったのは、CNR憲章の経済・社会的部分であり、そのようなコンセンサスは一七八九年〔フランス大革命〕以来のフランス政治史において唯一の例である。[11]

このように、経済・社会領域におけるレジスタンスの遺産は、経済危機、ヴィシー体制、占領軍に対する共通の英雄的な戦いの中で、短期的な食い違いを乗り越えて形成された社会政治的な一大妥協を映し出したものである。CNR綱領の中に盛り込まれた構想は当時の政治・社会・精神的な主要勢力の間の広汎な合意から生まれたものであり、経済・社会面の規制と保護のための法律や制度、実践を通じて具現化されていくことになる。こうした法律や制度、実践は、とりわけ、〔対独敗戦でヴィシー政権が成立した〕一九四〇年に廃止された個人や団体の政治および組合活動の自由を回復して民主制を再建しようとするものだったが、同時に、経済・社会的権利を拡大して民主制の射程を広げ、刷新することをも目指していた。フランス社会の中で最も脆弱な活動やグループの安全を確保せねばならないと考えられたのである。一九三六年に社会立法（四八時間分の賃金支払いを伴う週四〇時間制、部門ごとに〔職業〕資格や賃金、労働条件を定める団体協約、企業内で従業員を代表する職場委員制、過剰生産危機の際に相場の崩落を防ぐために保証産地価格を定める小麦局など）が可決された結果、フランス社会には経済・社会的規制の国民文化がすでに生まれていたが、〔解放期の〕実践と制度の両面におけるこうした刷新によってこの文化が強化されることになる。この文化は主として、「構造改革」（社会保険、企業委員会、プラン〔フランス式の経済計画化〕、銀行や産業の国有化、公務員身分規程、あまり指摘されないが、公共経済部門の強化、そして公共サーヴィス一般）や、経済・通貨・金融面におけるある種のディリジスム〔国家主導型の経済運営〕に基盤を置いている。真の公共財〔であるこの規制の文化〕は、共産党からド・ゴール派や「愛国的右派」までにわたる広汎な政治・経済・社会諸勢力（当然、キリスト教民主主義や社会党、急進党が含まれ、レジスタンスの諸運動やCGT、CFTCも加わっていた）の生んだものである分だけ永続性を持つ。[12]〔この政治文化が生んだ〕諸制度は解放後間もない一九四七年に勃発した冷戦による分断すら乗り越えて存続していったのである。

国境を越えた正統性

経済的民主化やとりわけ社会保障という新しい集合的権利を求めるこうした動きは、戦時中にすでに準備されていたため、戦争が終わるとともに噴き出したのはフランスだけではなかった。第二次大戦における連合国の勝利によって〔こうした〕新たな原則は強化され、要は時代の空気の反映として普遍的な性格を帯びるようになった。

かくして、一九一八年と違って枢軸国が完膚なきまでに敗北したことで、反民主的、差別的、人種主義的、排外主義的な政策は直ちに、そして以後長きにわたって信用を失うことになった。他方、戦争のために兵士の血などの犠牲が払われた結果、参戦国においては、富裕階層に国民連帯のためにより多くを要求をすることが正統性を持つようになった。とりわけ、税による再分配が大幅に強化され(税率は八〇%、それ以上にも達した)、アメリカでもイギリスでも高所得層に重く圧し掛かった[13]。

そして特に三つの国際的アクターが連合国側で重きをなし、経済の民主化と「社会保障」を新たに、そして足並みを揃えて進める方向で影響力を発揮した[14]。

第一はイギリスである。一九四一年六月一〇日に早くもウィンストン・チャーチル率いる挙国一致内閣がウィリアム・ベヴァリッジ卿を「社会保険と関連サーヴィスに関する関係省庁委員会」の委員長に任命し、戦後再建問題委員会に報告書を提出する役目を託した。一九四二年一二月、実際のタイトルは「社会保険と関連サーヴィス」だが、一般には「ベヴァリッジ報告」と呼ばれる報告書がきちんと公刊され、任務は完了した。報告書は早くも翌年から大きな反響を呼び、要約版は六〇万部を数える普及を見た。報告書の中でベヴァリッジは、保健省〔原文では社会保障省〕の設立と並行して、老齢、疾病、失業、労災の各リスクをカバーする、普遍的で、画一的で、統一された社会保障制度を提案した[15]。

二番目に挙げるアクターはアメリカ政府だが、〔二番目だからといって〕重要性で劣るわけではない。一九三五年、フランクリン・D・ルーズベルトは「第二次ニューディール」の際に、老齢と失業に関して、対象を限定した社会保障システムの嚆矢となる「社会保障法」を可決させた。一九四一年一月六日、自身三期目の冒頭に行われた議会演説〔いわゆる一般教書演説。「四つの自由演説」と呼ばれる〕においてルーズベルトはアメリカの人々を「欠乏から解放（freedom from want）」すると語った。そして一九四一年八月一四日、まだ中立国の指導者の立場だったが、ニューファウンドランド島沖合〔正しくは湾内〕の艦船上でウインストン・チャーチルとともに大西洋憲章に署名した。その第六条には、目指すべき目的の一つとして、〔ルーズベルトの演説に〕近い表現で「ナチの圧政の打倒後」、平和が戻った暁には「すべての国のすべての人に恐怖と欠乏から解放された生活が保証される」ことを定めている。

その一つ前の条文はチャーチルの提案で入れられたものだが、明示的に「社会保障」の言葉を用い、「すべての国民の間で経済の分野において最も完全な協力を実現し、労働条件の改善と経済進歩、社会保障を万人に保証する」との共通の意思を宣言した。

今や、連合国の二大国から見れば、平和のための闘い、諸民族の自由と国境の安全は、経済・社会的安全を含むこととなった。大戦と一九三〇年代の大恐慌の結果がいずれもなお記憶に新しかったのである。アメリカ合衆国は、最初から国際連盟には入っていなかったが、ニューディール期の一九三四年八月にＩＬＯ（国際労働機関）に加入し、一九三九年には早くも、元ニューハンプシャー州知事で、ルーズベルト大統領やフランシス・パーキンス労働長官の側近と呼ばれることの多いジョン・ギルバート・ワイナントが事務局長に任命されている。

さて、第三の重要アクターはＩＬＯそのものである。ＩＬＯは一九四〇年にジュネーブからモントリオールに移転し、これによって国際連盟組織の中で、唯一、ロンドン側、次いで連合国側に立って枢軸側に対峙した。ＩＬＯの執行機関である国際労働事務局は、社会保険部会を通じて、大西洋憲章の内容に依拠することで、社会リスクのすべてを強制的にカバーする「社会保障」の普遍原則に徐々に肩入れするようになり、いくつかの相違点を残しつつもベヴァリッジ報告を支持した[16]。一九四一年二月、イギリス人のエドワード・フィーランが事務局長代行の肩書でジョン・ワイナントの後任となると、英米間の結び付きはさらに強くなった。加えて、ＩＬＯは一九四四年四〜五月にフィラデルフィアで国際労働会議（ＩＬＯ総会）を開催し[17]、その最終宣言は「労働は商品ではない」という爾後華々しく押し出されるスローガンで始まり、第三段落ｆ項で次のように述べている。「総会は（中略）包括的な医療サーヴィスとともに、その保護を必要とする人々すべてに基礎的な収入を保障すべく社会保障の施策を拡充する（中略）プログラムを世界中の様々な国々において実施するのを支援するのがＩＬＯの厳粛な義務であると認める」。

ベヴァリッジの二本目の報告は今度は彼個人の名前で、一九四四年に『自由社会における完全雇用』というタイトルで出されたが、社会保障をもう一つの普遍的原則である完全雇用に結び付けるものだった。完全雇用は、同じく自由党のジョン・M・ケインズから借用したものであり、戦後の世界で同じく広く普及していくことになる。そして、イギリスにおける一九四五年八月の労働党の勝利と「一九四五年精神」〔ケン・ローチの同名の映画に描かれている〕も、社会主義勢力がベヴァリッジの主張に同調したことに主たる起源がある。

レジスタンスから作られたフランス国民解放委員会（CFLN）、次いでフランス共和国臨時政府がこうした議論を無視できなかったのには、〔臨時政府で内相を務めた社会党の政治家で、ILO初代事務局長のアルベール・トーマにも近かった〕アドリアン・ティクシェ（一八九三〜一九四六年）が一九二三年以来、ILOの社会保険部会の責任者を務め、一九三七年からはILO事務次長の地位にあったことも大きい。ティクシェは、その後、一九四一年に自由フランスのワシントン代表に任命され、一九四三年にアルジェのCFLNで社会問題委員〔閣僚に相当〕となり、解放まで務めたからだ。加えて、アルジェの諮問議会での審議を通じて、レジスタンスの指導者たちもこうした論議に馴染んでいた。

同様に、国有化も、他の国で無視されていたわけではない。イタリアにおける国有化の動きを別にしても、イギリス労働党や、ベルギー、スウェーデン、ドイツ、オーストリアの社民勢力については特にそう言える。このように、後で見るように、フランスが突出していたのは事実だとしても、CNR綱領に含まれる改革の大部分に関しては、ヨーロッパにおけるより広い動きの一部だったのである[18]。他方、プランを実施しようとする意志はより〔フランス〕独特のものだったようだ。

民主的正統性

〔反面〕CNR綱領には独特の性格もあり、これは大戦や終戦過程におけるフランスの独自の地位に主として由来している。

まず、フランスにおける国土解放は、ヴィシー体制の信用失墜と〔元の共和制〕国家の正統性恢復という二重の動きの中で起こった。CNR綱領の原則に従って、民主的形態の経済規制と社会保障が採用されることになる。また、フランスは一九四〇年に敗戦したものの、一九四五年には大部分ド・ゴール将軍の行動のお陰で、戦勝側の連合国に属していたが、それもド・ゴールがレジスタンスの統一を足場にすることができたからこそだった。しかるにこれは他の国、特にポーランド、ギリシャ、ユーゴスラヴィアでは必ずしもそうではなかった。ここから、ヴィシー体制の制度の一部だけでなく、第一次国民投票〔大戦前の憲法秩序への復帰を否定し新憲法の制定を選択〕の結果が示すように、〔ヴィシーを生み出した〕第三共和制の制度とも手を切ると同時に、共和制の根本原則を再度前面に出すべしという二重の要請が生まれてくる。最後に、CNR綱領は全政党、二つの労組頂上団体〔CGTとCFTC〕、レジスタンス運動の間の妥協から生まれたのであり、より根本的には、〔ナチ・ドイツの〕占領軍との闘いの中で国民（ネイション）と共和制を軸に形成されたコンセンサスを映し出している。確かに方途や手段においては相違がなかったわけではないが、こうした完全な意見の一致は、フランスでも、いやヨーロッパ全体で見ても、未曾有の現象だった。そして、第一次制憲議会（一九四五年一一月〜一九四六年五月）において圧倒的な、多くの場合八〇%を超える賛成票をもって、CNR綱領に直接由来する主要な改革が可決された時には、このコンセンサスの名残りがまだ生きていた。それは確かに、国土の解放と経済・社会的民主主義の前進とがしっかりと結び合わされていることを党派を超えて一致して認める基本合意だった。こうした合意を示す展開は多岐にわたるが、中でも、大戦中にド・ゴール将軍が社会保障、さらには「革命」を支持する斬新な演説を行っていたのは特筆に値する。[19]

こうした国民共通のアプローチの基礎にあったのは三つの価値観である。国民的独立〔という価値〕は、対独敗戦と休戦〔降伏〕によって傷付けられたものの、〔戦後は〕大西洋憲章に呼応する形で、「社会保障の完全な計画」〔CNR綱領の一節〕によって具現化される国民的連帯〔という価値〕に、そして、ジャン・モネが一九四五年一二月に提案しド・ゴール将軍が承認した「近代化・設備投資計画」〔「近代化」は、第一次大戦以降、独米に対する産業力などの遅れを自覚したフランスのエリートがキャッチアップに必要と考えた改革を指し、国家から社会まで全般にわたる〕に体現される国力〔という価値〕に結び付けられていた。

最後に、残念ながら強調されることはずっと少ないが、フランスにはもう一つ独自性がある。制憲議会の議員や臨時政府の閣僚の目から見れば、「主要な構造改革」は民主制の拡張であった。構造改革は、後年、言われたほど国家〔統制〕的な構想になっていたわけではなかった。これは解放期を象徴する三つの改革については特に当てはまる。

〔第一に〕プランは、フランス流の国土解放を彩る、強烈な独自性・革新となっていたが、戦前やヴィシー期のプラニスト〔一九三〇年代以降、何らかの経済計画化を主張した〕やディリジスト〔ディリジスムを推進する〕勢力ではなく、ジャン・モネのチームの産物であり、モネは〔プラニストやディリジストとは〕反対に、対英貿易や国際銀行業に携わる自由主義的勢力に近しかった。〔フランスの〕計画化は指令型ではなく誘導型であり、〔産業部門別の〕近代化委員会を通じて新たな、革新的な形の民主主義に基づいていた。近代化委員会は、経営者、労組、高級官僚、専門家の代表を集め、〔当初〕一九五〇年、後に一九五二年時点の生産量の主要目標値を、特に、当時の社会政治アクターがほぼ一致して優先されるべきと考えていた基幹六部門（石炭、電力、鉄鋼、運輸、農業機械、セメント）について定めていくことになる。

より具体的に言えば、ジャン・モネのチームの功績の一つは、共産党員の労組・レジスタンス活動家アンドレ・トレが委員長を務める労働力委員会において、CGTと経営者側を説得し、法定の週四〇時間制の復活をうけて、週四八時間労働と、四一時間目からの超過時間勤務に対する二五％の賃銀割増を〔セットにして〕受け入れさせたことである。根本的には、これは生産性〔向上〕による好循環をめぐる真の社会的〔労使間の〕妥協である。だから、同委員会の一九四六年一〇月の報告書もこの妥協を「一切の生産性向上が生活水準の実質的な改善につながるという保証」と表現している。

確かに、この時期には、CGTと共産党は「生産闘争」を展開しており、これまで国の独立のために武器を取って率いていた闘いを経済面に延長しようとするものだった。しかし、それも〔コミンフォルムの指令を受けて共産党が国内でも冷戦対決の戦略に転換した〕一九四七年九月までで終わることになる。とはいえ、その後も共産党陣営にはプランへの関心が残り続け、実際、〔一九五九年、大統領に就任した〕ド・ゴール将軍と、彼が計画庁長官に任命したピエール・マッセが計画化過程（第四次プラン）を再起動した時にCGTの指導者たちは近代化委員会に復帰した。[20]

同様に、解放期の企業国有化はCGTが一九一九年綱領で作り上げた、三者（経営陣、労働者、消費者）管理を目指す「産業化された国有化」の概念を参照しながら立案された。確かに実際に成立した国有化法の細部や、特に冷戦期の一九四七年に共産党員を追放して以降の経営陣の顔ぶれの変化を見ると、技術系や財務監察官などの高級官僚の比重がどんどん増してきているが、〔それでも〕制憲議会や臨時政府で国有化を主導した人々は国有化と「国家化」を区別することにこだわった〔その趣旨を汲んで「国民化」の訳語をあてる場合もある〕。

最後に、社会保険は一九四五年と一九四六年のオルドナンス〔行政権による立法〕や法律を見る限り、意図的に国家管理型でない形で設立されており、これは、労働省のピエール・ラロック〔国務院の高級官僚で、一九三〇年代初めから社会保険制度の運用に参与。解放期に社会保険総局長を務め、「フランス社会保険の父」と称される〕や、二人の労働相アレクサンドル・パロディ〔国務院の高級官僚で、一九三〇年代末に労働省幹部を務める。大戦中は国内でレジスタンスに参加、戦後改革構想を練る委員会のメンバーにもなった〕とアンブロワーズ・クロワザの定めた方針に従ったものだった。クロワザは共産党員で、CGTの金属連盟を率いた元労組指導者だが、国家が管理する仕組みは避けたいと考えていた。ベヴァリッジ報告には大きな長所があり先行事例でもあることは認めつつも、フランスの戦後社会保障システムをこれとは別物にすることにこだわった。クロワザの見るところでは、イギリスの国民保険システムは、「純粋に財政的な」行政機構であり、「納付窓口と給付窓口」にすぎなかった。[21] これに対してフランス人は、「国家管理化」や、「非人格的な」で「無味乾燥な」機関ではなく、保険加入者の代表が管理する「人間的でより具体的な」組織を望んでいるのだった。加えて、イギリスの医療システムは「医師の公務員化」につながるし、自由専門職の地位に固執するフランスの医師の反応を考えれば、〔実際には〕不可能だと考えていた。最後に、イギリスでは税財源で運営されるが、これは、社会保障は全国民共通の最低保証であり、これに任意加入の保険が上乗せされるという考え方を反映しており、保険に関する自由主義的なヴィジョンに従ったものだった。反対に、加入者と使用者の所得比例の拠出〔保険料〕で賄うフランスの財源方式は、〔社会保険だけで〕十分な給付を保証することを目指していた。他方でクロワザも、特別制度や補足制度〔法定の社会保険ではなく労働協約や共済などによって提供される保険〕の維持は受け入れており、一連の原則の適用においては一定の柔軟性を示していたと言える。クロワザにとっては、こうすれば、旧CGTU〔労働総同盟統一派。一九二一年にCGTから分離した共産系労組。一九三六年にCGTに再合同〕と共産党が伝統的に〔社会保険の〕労働者拠出や家族手当〔子供を扶養する労働者への給付。元々は企業や業界団体による、いわゆる福利厚生の一部だった〕、給付重視型労組〔社会保障の管理を〔賃金などの〕要求闘争より優先する〕を敵視してきた立場と決別できる、ということでもあった。幅広い妥協の必要性がすべてに勝るのだ！　かくして、共産党とCGT〔戦後は共産系と非共産系が合流していたが、一九四七年以後、非共産系がCGT－FO〔労働者の力派〕として分離した〕の福祉国家支持への転換と、形成中の社会保険制度に反対する勢力〔共済であれ、医師会であれ、経営者の一部であれ〕の周縁化によって初めて、社会保障システムの構築が可能になったのである。

様々な帰結

プランやその他の革新〔構造改革〕は一九四五年以降、経済再建と高度成長初期の中で中心的位置を占めるようになった。一九三〇年から一九四五年に至るフランス経済の全般的な衰退、大幅なインフレに伴う資本市場の崩壊、そしてより重要なことに、資金源の狭隘さ、これらすべてが合わさって、経済と金融の当局者は経済を行政の管理下に置いて優先部門を設定する必要があると判断するようになっていた。自由主義的原則で育ってきた一部の高級官僚から見れば、その代償として、規制の文化への本物の大転換が起こったのである。[22] 最後に、とりわけ大事なことだが、こうした〔規制の〕制度の働きはフランス経済の相対的な閉鎖性によって実効性を高めていた。例えば、輸入品に対する輸入割当制や関税は一九五〇年代まで続き、資本に関する為替管理はより長く、一九八〇年代まで維持されていたのである。

恐らくCNR綱領起草以来の七〇年の月日が経済および社会政治的文脈を国内と国際両面で完全に変えてしまった。すでに指摘したように、CNR綱領に基づいて作られた制度のうち、プランと国有化は一番長続きしなかったように見える。プランはすでに一九七〇年代に弱体化していたが、一九八〇年代、モーロワ政権のもとで一九八一～一九八二年に本当に廃止状態となった（改訂された左翼共同綱領は「民主的計画化」の復活を明記していたので、これはパラドクスではある）。国有化は、一九八六～一九八八年のコアビタシオン〔保革共存政権：この時は、大統領が社会党のミッテランで、首相はド・ゴール派のシラク〕以降、不可逆的な形で覆されていくことになった。ただし、国有大企業（フランス電力ＥＤＦやフランス国鉄ＳＮＣＦ）の職員は国有化を構成する諸制度、特に身分規程を維持することに成功した。

これに対して、行政に管理された銀行・金融システムは、景気変動の試練にもよく耐え、それどころか一九七〇年代に再び通貨が不安定化したことでむしろ強化された。フランス銀行と四大預金銀行（クレディ・リヨネ、ソシエテ・ジェネラル、商工業全国銀行、〔パリ〕国民割引銀行）を国有化した一九四五年一二月二日法は、銀行システムの統制と規制を実施した。この法律が可決されたのは、他の先進諸国に比べると一〇年は遅れていた。他の先進国では一九三〇年代には、特に大恐慌による〔銀行〕破産で打撃を受けた預金者を守るため、預金銀行と投資銀行を区別して〔規制する〕銀行業法制を作り上げていたからだ。より広く見れば、一九四五年の国民信用評議会の設立を通して、制憲議会は、行政が管理する信用システムを構築し、フランス銀行と国庫局〔財務省で金融業界の監督や公的資金の運用などを所管する部局〕が二重に強力に統制するこのシステムは長らく存続していくことになる。なおインフレと資金不足に悩む〔当時のフランス〕経済において、通貨当局は銀行と金融市場を厳重に監督した。国内では様々な資金調達回路（農業信用、輸出信用、中期信用など：貨幣市場〔短期〕対資本市場〔中長期〕の図式）や融資への国家保証の形態を区別し、国際的には為替管理を維持した。そのような制度をとることで、フランスは一九四四年にブレトン・ウッズで定められた固定為替レート制度と、国民国家がかなり強固に管理する金融市場の上に成り立つ、まだかなり閉鎖的な世界経済の一員となっていた。加えて、フランスは、一九七〇年代末のエコノミストが資本市場経済と対をなす「行政が管理する〔銀行〕借入経済」〔直接金融と間接金融の対比〕と名付けたもの〔独自のモデル〕を世界経済に持ち込んでいたのである。

社会保険もまた相次ぐ改革や再編にもかかわらず、これを乗り越えて存続している。並行して、企業委員会も維持されており、集団解雇に関するその役割は（今なお小さいとはいえ）増している。〔とはいえ〕こうした「大改革」はすべてが同じ運命をたどっているというわけではない。それは、一九四四年の妥協の可能性を支えた諸条件のうち、あるものはもはや存在せず、あるものはなおいくらかの痕跡を残していることで説明できる。その条件がいかなるものだったかを絞り込んでおかねばならない。

第一の、恐らく最も決定的な条件は、アメリカで特に進んでいた技術革新への急速な追い付きを原動力にして高度経済成長（一九五〇年代から一九七〇年代初めまで）が実現した結果、前〔二三頁〕に見たような生産性をめぐる社会的〔労使間の〕妥協が（ある側面において）長期にわたって存続可能になっていたことだ。より正確に言えば、フランスの労働者が高い投資率〔すなわち、低い労働分配率〕を受け入れたのは、その見返りに労働者の社会〔給付〕権も改善され、社会保障によって間接的な収入を手にできたからである（労働者の生活水準は、大戦直後には一九三九年の水準以下だったにもかかわらず、一九五〇年代半ばまではごくゆっくりとしか上がっていなかった）。〔フランスの〕資本主義が資本不足に悩む中では、経済再建を進める上で自ずと明らかな優先〔投資〕目標についてコンセンサスを形成し、選択をするのはより容易なことだった。最後に、すでにみたように、一九六〇年代まで国家間の経済的境界は相対的に密閉性の高いものであり、これが、（今日のグローバル化した環境の中では脆弱化し実効性を失った）主意主義的な〔不利な条件や環境に逆らってでも実施する形の、為せば成る式の〕経済政策をとることを可能にしていた。マクロ社会レベルでは社会保険、ミクロ社会レベルでは企業委員会、最もよく生き残っているこの二つの制度が、一国の枠組で連帯を体現する制度であったことは恐らくただの歴史の偶然ではない。

両制度が維持されているもう一つの要因、これは政治的で主意主義的なものだが、ド・ゴール派と共産党という一九五〇・一九六〇年代のフランスの主要な政治勢力が、もちろん別々の形ではあるものの、これらの制度を支持していたことに由来している。特に、一九四四年にこうした規制の制度の基盤作りに正統性を与えたド・ゴール将軍が一九五八年に権力復帰したことが大きくものを言い、フランス経済が徐々に対外開放へと進む中でも規制の制度が存続ないし再建されることになった。

2　ド・ゴール派流に強化された国家

かくして規制国家の諸制度は、解放後まもなく起こった冷戦の分断を乗り越えて存続した。ド・ゴール将軍が一九五八年に政権復帰すると、そうした制度を建て直し正統性を強化することになった。のみならず、新たな共和制〔第五共和制〕が設立されて以降、ド・ゴールはあらゆる公の場で欠かさず、「構造改革」の時代を現代に結び付けてみせ、〔戦後諸制度の〕形成に果たした役割を自画自賛した。規制はかくして恒久化され、一九六〇年代まで根本的な形で問題にされることは一切なかった。共産党とその勢力圏の側では、〔ド・ゴール同様、戦後〕諸制度にまつわる同じストーリーの立て役者でありその継承者であったものの、〔ド・ゴール政権が運営している以上〕これに完全に一体化することはできない立場だったのだが、それでも、そうした諸制度を問題にするという話にはならなかった。共産勢力にとって、こうした改革はまず第一にレジスタンスの闘争に発した大衆動員に起因したものであり、レジスタンスでは自分たちも〔ド・ゴールに負けない〕主要な役割を果たしたと考えていたのである。

ド・ゴールは、政権復帰わずか数週間後の一九五八年八月一三日、行政諸機関に対して、外務省に発した通達から引用した以下の表現で〔ヨーロッパ統合について〕明確な言質を与えた。

「1　ヨーロッパは経済、政治、文化の各次元で実際上も現実とならねばならない。

2　この趣旨において、共同市場とユーラトム〔欧州原子力共同体〕の条約実施は継続される。」

これまでド・ゴールは、第四共和制の指導者がローマ諸条約に調印したことを何度も公然とかつ徹底的に非難してきたにもかかわらず、この転換によって、ローマ諸条約を遵守し、OEEC（ヨーロッパ経済協力機構：一九四八年にマーシャル・プランの実施過程で作られた）がフランスの輸入割当制の廃止期限として定めた一九五九年一月一日を守ることを受け入れたことになる。この二重の決定は、近い未来にとっても、より長い視野で見ても、重い意味を持つものであり、結果として、上に見てきたプランや諸制度の基盤や目的、さらにより広くは、経済・社会的な規制の基礎を再定義することになる。この決定により、フランス経済を国際的に開放する方針が宣明された。ド・ゴールはフランスの刷新を確実に進めるために大胆にもこの方針を受け入れ、当時の指導者たちが否応なく何らかの形で〔貿易〕自由化を部分的であれ実施するよう仕向けた。

広く信じられているところとは反対に、同じ勢力が計画化と〔貿易〕自由化を、段階を分けることを条件にしつつも、同時に推進していたのだ。もっとも有名な第一次プラン、近代化・設備投資計画、通称モネ・プラン（一九四六〜一九五二年）も含めて、最初の三次のプランの期間を通じて、その目的はフランス経済を強化し、比較的高いレベルの貿易保護措置を維持しつつも、フランス経済を国際競争に耐えられるよう準備するところにあった[23]。一九四六年一一月に発表され、後にカルト的文書となった「第一次近代化・設備投資計画に関する報告書」の中でジャン・モネはすでに明確に警告していた。「経済的独立はアウタルキーではない。フランスは自給自足はできない。（中略）たとえそれを望んだとしても、フランスは主に石炭、木材、労働力の不足のために、合成物資や代替製品を相当の量で生産することはできないだろう。わが国は国際貿易をするよう運命付けられているのだ[24]」と。一たび政権復帰すると、ド・ゴール将軍はいきなり、一九五九年一月一日に貿易を自由化し、向こう一〇年の間にヨーロッパ六カ国[25]の間で共同市場を建設するという二段階のスケジュールを受け入れた。しかし同時に、ド・ゴールは国内におけるプランの役割強化にもこだわった。

「協調経済」を再度前面に

一九六二年に開始された第四次プランは、公式には「経済・社会発展計画」と呼ばれたが、このネーミングは、プランの目的の追求がいかに〔政府〕共通の「切迫した義務[26]」となったかを強調するためだった。この呼び方はその後も続くことになったが、そこには、ド・ゴール将軍が経済成長の社会的側面により強い注意を向けるようになり、特に社会インフラにより重要な位置付けを与え、国土整備省やＤＡＴＡＲ（国土整備・地域行動庁[27]）の創設と並行して地域的側面をプランに取り入れたことも反映されている。このプラン再始動を成功させるため、ド・ゴールは一九五九年、計画庁長官に、あの強大なフランス電力の現職幹部だったピエール・マッセを任命し、新長官は大きな科学的精神的権威を振るうことになった。マッセはまず、アルジェリア戦争へのコミット拡大から生じる赤字を一因とする一九五七～一九五八年の対外収支危機を収拾しつつ、移行期のつなぎプラン〔一九五九～一九六一年〕を組織しなければならなかった。マッセがその本領を発揮できたのは第四次プランの準備・構想・始動の際だった。計画庁の威信は一九五二年のジャン・モネの離任以来、いくらか低下していたが、マッセの手腕で再び鮮やかな輝きを取り戻した[28]。

同時にマッセはプランが元々意図的に党派や階級を越えた存在として作られたことを再度前面に押し出した。すでに引用した文書の中でジャン・モネは一九四六年に〔近代化〕委員会の役目について「このように、官僚制や同業組合〔コルポラシオン〕が仕切る国家指導型の経済ではなく、協調経済の〔仕組みの〕中で、行政と社会との間で無限に意見を交換し合うことによってのみ、問題は解決されうる[29]」と述べている。

プランの作成過程における委員会の役割が再び前面に押し出され、経済社会審議会〔一九二五年設置。労組、産業界など、職能団体が経済社会政策について審議し意見を表明する機関。第四共和制以降は憲法に記載〕も新たな役割を与えられた。一九六一年、CGTの代表が近代化委員会に復帰したのは、期待されていたように正統性が〔プランに〕回復された証である。CGT代表は、一九四六～一九四七年の三党政権下の第一次プランに関わる討議には参加していたが、一九四八年、冷戦初期の段階で、〔一九四七年五月の〕共産党閣僚の罷免を受けて委員会から離脱していた。並行して、一九六二年、「民主的計画化」に関する研究集会がパリで開催された。この集会はとりわけCFTCの「再建」派〔後のCFDT（フランス民主労働同盟）の起源。CFTCを「脱宗派化」し、階級闘争を認めさせることを目指していた）の主導によるものであり、プランの作成過程が民主化の方向に進むよう圧力をかけていた。〔プランの〕委員会や経済社会審議会におけるこうした一連の協議から、とりわけ平均成長率を年五・五％に設定することで合意が生まれ、「安定の中の成長」を続けていく意思が明確にされたのである。

計画化と対外的制約のせめぎ合い

一九五九年までは経済活動は国際競争を比較的免れたまま発展した。しかし一九五七〜一九五八年にはすでに対外収支危機によって景気沈静化のためのプランが必要になった。自由主義のエコノミストであるジャック・リュエフが立案し、穏健右派（モデレ）の〔財務相〕アントワーヌ・ピネが実施したこの〔ピネ＝リュエフ・〕プランによって、第三次プランの執行には待ったがかかり、つなぎプランの作成へと至る。しかるに、一九五九年以降、〔第四共和制期の〕フランスの対外的公約を〔政権に復帰した〕ド・ゴールが完全に引き継いだことで、プランの全般的な見通しを変えることになった。より広く見れば、国際的な力学が内外の均衡を変えたのである。第三次プランの公式版の文書においては「保護主義と鎖国の政策を選べばわが国はたちまち貧困化と孤立、歴史からの脱落の憂き目に遭う危険を冒すことになろう[30]」と再び述べられている。

計画化が〔フランス〕経済のヨーロッパ大、さらには世界大の交易への開放が進むのに適応していかねばならなくなったのは、このつなぎプラン（一九五九〜一九六一年）の実施の際であり、第四次プラン（一九六二〜一九六五年）の実施中にはなおさらだった。確かに、一九五八年の二回の切り下げ

（最初の切り下げが決定されたのは一九五七年、二回目は一九五八年だった）によって、フランスの生産者と輸出業者には価格上の比較優位が生まれ、これによって一九六二〜一九六三年頃まで猶予期間を与えられることになった。しかしその後になると、後に「対外的制約」と呼ばれるようになるものがプラス・マイナス両様に効いてくることになる。

マイナス面では、対外不均衡（ヨーロッパの貿易相手国に比べてインフレ率が高いことを主因とするフランスの国際収支の脆弱性を反映したもの）のために、フランス政府は〔プランの〕実施中に経済予測を再調整しなければならなかった。ここから、物価上昇を抑えて「安定の中の成長政策」を進めることが〔フランス政府の〕関心事となる。すでに一九五七年の危機の後もそうだった。一九六三年にも物価が急騰し、対外不均衡が増加し、第四次プランの実現可能性に疑問符を付けることになった。計画化の責任者らは当時、国内の高度成長と対外開放度の引き上げの両立をより容易にする、ある構想を支持する側に回ったばかりであった。国民経済計算の祖にしてSEEF（経済財政研究局：財務省傘下）の創設者、次いでINSEE（国立統計経済研究所）の長官となったクロード・グリュゾン[31]は、一九六一年に計画庁の「均衡グループ」に転送したメモの中でこの構想に触れている。次いで、〔首相〕ミシェル・ドブレも、CNPF（フランス経営者全国評議会）会長のジョルジュ・ヴィリエ宛で、一九六一年三月に公開された手紙の中で触れている。

その構想とは、スウェーデンやオランダ型の契約による所得政策である。ド・ゴール将軍はこれを支持していたが、一九六三年一〇月から一九六四年一月にかけて開催された所得に関する会合の際、労使の頂上団体はこれに反対した。経営側にとってこの政策は国家による権限侵犯と映り、労働側にとっては「賃金警察」だった。当時行われていた、第五次プランの「目標」をめぐる討議の中にも、後で見るように、ある種の賃金抑制が出てきていただけに、批判は強くなった。[32] しかし、ピエール・マッセは、この会合の結果をまとめた一九六四年二月の報告書の中でも、引き続き、「所得政策を通じて通貨安定と、完全雇用のもとでの高度成長の両立を助ける」必要があると述べ、所得に関する常設の研究機関の設立を勧告した。[33] しかし、ジョルジュ・ポンピドゥー〔首相〕は、〔首相官房で〕この問題を担当していた官房長フランソワ＝グザヴィエ・オルトリと合意の上、この報告書を直ちにお蔵入りとし、この構想に終止符を打った。

出口を見出すべく、その間に政府は、ヴァレリー・ジスカール・デスタン財務相がプランとの整合性もきちんととらずに作成した、いわゆる「安定化」プラン、実際には成長抑制のプランを実施することを決めた。「安定化」プランは、年平均五・五％とされた〔第四次プランの〕成長率は野心的にすぎるもので、需要の過度な膨張を招くとの考え方を展開している。財務相は当時、「内需の伸びを抑える」ためにプランの目標値を下方修正するなど、プランの内容を大幅に薄めるよう「水面下のキャンペーン」を行っていた。[34] ＵＮＲ〔新共和国連合〕〔ド・ゴール派〕の連立相手で、非ド・ゴール派の独立共和派〔ジスカール・デスタンの政党〕が、確かにまだおずおずとではあるものの、プランにはほとんど愛着はないという姿勢をとり始めたことを示す例の一つである。加えて、経済の国際開放が進む中での計画化の妥当性をめぐって公の場で議論が巻き起こったが、恐らくは当時ピエール・マッセが持っていた「個人的権威」のお陰で、プラン自体が問題にされることはなかった。[35]

対外的拘束〔経済の開放〕は同時にプラスの結果ももたらした。例えば、対外貿易はほぼ常に、最も楽観的な予測をも上回る伸びを示し、この伸びが成長率を押し上げる一因になってきた。一九六〇年代には国内生産は年平均五〜六％の増加だったのに対して、対外貿易は九〜一〇％の伸びを示した。

商品の流通に対して国境の開放が加速し、資本の移動についても、為替管理が維持されたので確かに程度は落ちるものの、同様に開放が進んだため、その結果として、国際競争が激化し、市場の力が期待通りに発展していくことになった。実際、政府や行政は国境の開放を商品交易の拡大を促す主要因と位置付けており、その交易拡大が国内市場を含む成長の潜在力を増大させるはずだった。

一九四五年の延長線上にある近代化

すでに述べたように、一九五〇〜一九六〇年代の急激な成長は、技術面のキャッチアップと経済の基幹部門の近代化に一因がある。基幹部門には、一九四五〜一九四六年に国有化されたエネルギー・運輸部門の大企業、つまり、フランス電力＝フランス・ガス（ＥＤＦ＝ＧＤＦ）、石炭公社（ＣＤＦ）、エール・フランス（フランス航空）、航空機産業、それに一九三〇年代の不況で打撃を受けた旧民営〔鉄道〕企業の経営陣の要請を受けて一九三七年に国有化されたＳＮＣＦ（フランス国鉄）が含まれる。ド・ゴール将軍とその政府は、通貨の安定と均衡予算に加えて、国家が支える大規模な経済プログラムの実行によって国力を確保しようとする姿勢を見せた。とりわけ電力関係のインフラの近代化に執心しており、軍の核戦力と並行して、民生用の核エネルギー〔原発〕を建設・配備し、ＳＮＣＦや鉄道産業、フランス航空や航空機産業といった、輸送機関とその設備の電化・近代化を進めた。公的経済部門は近代化努力の主要な担い手であり、その投資は一九六〇年代にＧＤＰの二〇％を超え、一九七〇年代初めには二五％に迫るほど、国民生産の中に高い比率を占めた。国営大企業は川下でその製品を使う産業に低価格を保証することで、経済的再配分の役割を彼らなりに果たしていた。その上、公共経済部門は子会社の設立や特に公的石油部門の強化を通じてむしろ拡大していく傾向を示していた。

この近代化と並行して、社会保障システムも、元は一九四六年法によって被用者に限定されていたが、段階的に他の社会グループ〔農民、自営業者、自由専門職など〕にも拡大され、また、一九四五年にはカバーされていなかった他のリスクにも拡張されていった。失業保険制度は、社会保険制度が作られた際には経済は完全雇用の状況だったため盲点となっていたが、一九五八年一二月に社会保険の枠の外に置かれる形で実施された。失業保険に責任を負うＵＮＥＤＩＣ〔商工業雇用全国連合〕の管理は社会パートナーに委ねられた〔労使同数代表で運営〕。一〇年後〔一九六七年〕には全国職業安定機構（ＡＮＰＥ）〔職業安定所に相当〕が設置された。

＊　＊　＊

「栄光の三〇年」〔高度成長期〕の工業・金融の急激な成長はフランス社会を渦潮のような激動に巻き込み、人々は、社会的にも地域的にも〔生まれたところから〕引き剝がされる痛みを感じていた。行政型の規制は、この時期のフランス社会の最も脆弱な部類に属する人々を少なくとも部分的には守ってきたと恐らく言えるだろう。行政型規制は有利な国際的条件から恩恵を受けていた。技術面の大規模なキャッチアップが主たる要因となって一九五〇年代と一九六〇年代に高度成長と完全雇用が実現したこと、ヨーロッパ各国経済も開放度がまだ限られていたことなどである。行政型規制を可能にした諸制度は、一九三六年に生まれ一九四五〜一九四六年に確立された超党派的な規制の文化に合致するものだったし、民衆層や中産層からは、動員の文化の一環をなすレジスタンスの闘争と一体化してとらえられ、フランスの人々から幅広いコンセンサスを得ていた。

しかしこの型の規制が普及するにつれて、引き換えに、国家統制的、権威主義的で硬直的な発展形態や、金融アクターに対する制約が押し付けられていくことになった。少なくともプランの「優先順位」はそのような効果をもった。分節化と区画化、避けがたく生まれる階統制、集団規律、様々な形態の権威や代表、統制、こういったものを通じて、この型の規制は、アクターの集団としての、何より個人としての自由を制限していた。当時の人々はこうした制約をすっかり内面化しており、長い間、少なくとも公共空間においては、一切問題にすることさえなかった。実際問題として、自由は、個人の自由であっても、長い間、集団的権利や、適切な形態の代表、要するに組織された民主制の保障に付随するものとして考えられ、認められてきた。だからこそ、この言葉〔民主制〕が、自由という言葉よりもずっと好まれ、頻繁に使われてきたのである。〔例えば〕共産党は「刷新された民主制」、次いで「真の民主制」（一九六二年）といった概念について考察を始め、「本物の民主制」（一九六八年以降は「先進民主制」と呼ばれた）を打ち立て「これを社会主義の道に進ませる」（一九六四年）ことを目指した。しかし、新しい世代が労働年齢に達すると、〔これまで受忍されてきた〕自由に対する制約は、一九六八年春〔五月事件〕と同時代か、その直後の動員を経ることで人々の目にも制約と映るようになり、糾弾され始めた。大きなパラダイム・シフトが起こっていたのだが、行政型規制の主たる担い手だった者たちは、すぐにはその意味するところを理解できなかった。〔大統領〕ド・ゴール将軍はピザニ〔レジスタンスで活躍した後、内務省の高級官僚や上院議員を経て、ド・ゴール大統領のもとで農相や設備相。五月事件でド・ゴール派を離れ、一九七四年に社会党に転じてミッテラン大統領のもとでヨーロッパ委員など歴任〕に「気を付けたまえ。連中は我々にはわからないことを言ってきているぞ」と言ったという。

第2章　国家と一九六八年五月事件――相矛盾する二重の帰結

1　一九六八年以前

一九六〇年代になると、解放期に生まれた経済・社会的規制の硬直した枠組みはいくつもの部分において異議申し立てを受け、動揺するに至る。より多くの自由を求める声が社会のただ中から沸き上がり、目に見え耳に聞こえるようなっていった。最も若い層において特にそうであり、当時は、一九四五年以降に生まれたベビーブーム世代が成年を迎えつつあった。このことは、社会文化面ないし社会規範に関する領域で特に当てはまり、地域や集団レベルに加えて、とりわけ個人レベルでもそうだった[36]。家族内では、当時進行していた激しい変動によって親たちもそれまで抱いていた価値観に疑問を持つようになり、家庭での教育が緩んでいくことになる。世代で言えば、一九五九年に義務教育が一六歳まで延長されたことで、〔この時代の〕青年層は自律的な社会集団となり、彼ら独自のサブカルチュアは〔当時の〕「文化革命」の息吹を受け、しばしば「六〇年代文化」と呼ばれた。学校の生徒数や（スピードは落ちるものの）大学の学生数も指数関数的に増え、これも原因となって教育が不適応を起こしていることをフランス全国学生連合（UNEF）や一部の教員が一九六〇年代からすでに指弾していた。[37] 伝統的に低い女性の地位についてもその一部が批判対象となっていたようだし、地域は〔中央政府からの〕自律性を希求する、といった具合である。

経済成長は一九七三年まで続き、加速さえしていた（年平均約五％の成長率）ものの、一九五〇～一九六〇年代の経済成長＝生産性向上＝購買力増大という好循環は国内的にも国際的にもいくつもの障害にぶつかっていた。失業は、一九六七年に四万四〇〇〇人と確かにまだ高い水準ではなかったが、コンスタントに増加していた。並行して、資本の収益率も一九六〇年代後半には低下した。[38] ドルの下落がアメリカのベトナムへの軍事関与によって加速し、一九六八年以降、国際通貨システムは動揺のリスクに晒された。とりわけ金融と経済の国際化が加速したことで、経済復興期や高度成長期に形作られたフランス一国の経済政策の論理は通用しなくなった。理論や実践の面で方向転換を図ろうとする動きが静かに改革派のエリートの間で始まっていた。そこには、高級官僚、一部の経営者や労組指導者、民衆教育〔民衆の救済や社会改革を目的に公式の教育制度外で行われる〕運動の幹部やキリスト教社会運動〔一九世紀末以降、教会の指示のもと、聖職者らが労働者の救済など「社会問題」の解決を目指した〕の後継者らが加わっており、計画庁の委員会や、当時勢いを増していた地域圏の審議会、市場経済のもたらす変動によって打撃を受けた雇用地区〔フランスの統計用語。居住者が通勤する範囲を指し、都市圏や地域圏などに相当〕、あるいは高等教育に関する会合などで顔を合わせた。こうした場は、公式の制度と一応別ではありながら、互いに交流が極めて盛んであるが故に、政治的再編成の舞台となっていたのだった。

〔政策の枠組に対する〕再検討は、財政当局責任者や一部の知事、さらには財務相や首相の官房〔フランスでは大臣官房は大臣の腹心の高級官僚らで構成されることが多く、政策立案・決定の中枢となる〕といった国家機構の中でも行われており、その中でも、一部の省際委員会〔省庁間の調整を行う機関。縦割り体質が強いフランスの政府では政策決定に重要な役割を果たす〕が段階的自由化を推進する機関として地歩を確立していった。〔戦後、新たな〕構想を立案し温めやがて実現に至る時には、解放期に実施された規制様式を構成する法や政令（アレテ）、改革、計画、制度、アクターを改変ないし活用することになる場合が多い。その例には事欠かないが、例えば、一九四一年六月一三日法と一九四五年一二月二日法は銀行・信用システムを組織する枠組であり続けたし、プランに関する一九四六年一月デクレ〔大統領や首相の出す政令〕や、職業訓練と昇任に関する一九四八年四月アレテ〔大臣以下の行政機関の出す政令〕、港湾労働者の身分規程に関する一九四七年九月六日法もそうだ。同様に、国立オペラ劇場連合体はジャン・ゼイの手で一九三六年に創設されたし、「民衆と文化」「観光と労働」は、いずれも民衆教育運動の後継として解放期に設立された連合体だが、戦後は互いに異なる戦略を選んだ。加えて挙げるなら、一九四五年に採択されたアモール改革は受刑者の更生と社会復帰を自由剝奪刑の中心目的に据えた。あるいは、教育の民主化を筋道立てて進めるよう訴えている労組の人々にとってはランジュヴァン＝ワロン改革案〔一九四七年。一部しか実施されなかったが、外国も含め、教育民主化のモデルとなった〕は確かな雛型となった。以上の事例は、フランス社会全体の組織原則であったり、各関連分野でほぼ必ず参照しなければならない基盤となってきたものには、いかに持続性が強いかを示している。

〔こうした解放期に確立された枠組に対する〕再検討の結果は、一九六八年以前からすでに法律に反映され始めていた。結婚制度の改革に関するレイノー報告（一九六五年）は別産制をデフォルトの制度とし、妻が夫の同意なしに銀行口座を開くのを可能にした。避妊に関するヌヴィルト法（一九六七年。ただし、適用デクレが出揃うのは一九七一年までずれ込んだ）は、この点に関して北欧では〔規制が〕ずっと緩やかであるのを論拠としていた。女子寮への男子立ち入りを禁止する大学寮の規則は異議申し立てを受けていたが、早くも一九六七年に自由を拡大する方向で是正された。より広くは、国民教育省は教育方法の改革案作りを進めており、一九六八年春の事件が勃発した時には、すぐにでも実施できるところまで来ていた。

同時に、経済・金融面の自由化の実験もすでに輪郭が明らかになっていた。より詳しくは次章で述べるが、その適用対象は、電信電話から、国立オペラ劇場連合体、銀行・信用システム、資本市場、国有企業、計画化、生涯教育、港湾労働者の身分規程などにまで及んだ。高等教育についても、科学研究発展検討会が一九六六年にカンで開催した第二回の研究集会において、自由化の実験がはっきりと姿を現した。報告者は当時、国民教育省の数学教育委員会の委員長だったアンドレ・リシュヌロヴィッツで、大学が本当の自律性を具備した公施設〔伝統的な公共サーヴィス（公役務）の管理運営を行う機関。公法上の法人格をもち、行政法で規律される〕になって、学際交流を重視しつつも、教育プログラムと学位は各自定めるようになることを推奨した。その場合、大学は互いに競争関係となり、国統一の学位は例外的となり、第一課程〔当時は一〜二年生。一般教養課程に相当〕は大学から切り離されよう。次の大学新学年から発効するはずだったこの改革では、大学入学時の選抜原則の導入を予定していた。

こうした変革は、時に、例えば港湾労働者や音楽家らの場合のように、すでに慣習的になっていた自由を危うくした。世代に基盤を置くことの多い、別のアイデンティティが主張されることで、一部の職業的ないし政治的アイデンティティ（特に共産党とド・ゴール派の場合に顕著だった）は撹乱を受けることになった。これによって、時に大規模な社会紛争が引き起こされ、とりわけ単能工〔十分な職業資格を持たず、単純労働に従事する労働者〕の間では、一九六八年以前からすでにフランス西部の様々な企業で起きていた。マクロ経済やマクロ政治のレベルで見ると、国家の規制や保護の役割が再度前面に押し出される現象を引き起こした。

しかし、この自由化の最初の試みは、特にヨーロッパないし世界大で位置付けた場合、相対化される必要がある。一九六六〜一九六七年に決定された通貨・経済・金融面の、部分的で限られた規模の自由化措置は、英米の事例をモデルにしたものだったが、二一世紀で言う新自由主義や市場経済と同一視することはできない。というのも、いくつもの規制の制度、経済政策で言えば、プラン、公共サーヴィス、国有企業、社会保障、税制、金融・銀行・通貨システムが抵抗していたからだ。

社会・文化領域においてフランスで記録された前進は、同時期に北欧やアメリカで起きたことが〔その先進性ゆえに〕カウンター・カルチュアの担い手からモデルと見なされるようになったのと比べれば、未完に終わったものが多かった。大西洋の向こうでは、避妊経口薬が早くも一九六〇年には市販され、その七年後には同性愛が半数近い州で刑事罰の対象ではなくなった。英国では、一九六四年の総選挙で成立したハロルド・ウィルソン首班の労働党政権が、教育制度を少なくとも部分的には民主化し、また、双方の合意による離婚に関する法律、死刑の廃止、中絶の法的な可能性をすべての女性に広げた妊娠中絶法、避妊具・避妊薬を提供する家族計画センターの設置を地方自治体の責務とした家族計画法、同性愛の不可罰化によって、国を社会規範の自由化の軌道に乗せた。

〔しかるに〕フランスでは、規制の文化は左でも右でも強力に抵抗し続けた。これは規制の文化が党派を超えた存在であることを示している。経済・財政面の公共政策は、理論的根拠がはっきりしている場合（確かにこれは稀だが）には、なおケインズ主義や生産力主義の論理にがっちりと基づいていた。共産党やCGTが、明示的にそのように認めることはなかったとしても、である。税制は景気対策やプランの目標実現に資するように運用されていた。社会保障や国土整備の政策、中央政府が推進するインフラや生産設備開発の大計画といった公共政策を問題視する者はいなかった。経済とは、プランが規律する経済成長のもとで公私のアクターや企業が入り混じる、本質的に混合型のものと常に考えられていた。同様に、すべてを市場に委ねることはしないという意志は、どういう形で現れるかはヨーロッパ大でみれば多様であるものの、明確になっていた。実働している自由主義はなによりも、一国の枠内ではなお統制と行動の手段を持っていた国家が推進したものであることが多かったのである。

大動員の波を繰り返すことで初めて獲得した政治・社会的自由とは異なり、経済・金融面の自由化は、上から与えられて一歩ずつの形で進んでいったのが実態だった。しかし、一九六八年春〔の事件〕

がこのプロセスに二重の意味で矛盾した影響を与え、その行く手を掻き乱すことになる。

2　一九六八〜一九七四年——次々と入れ替わる局面

規制と動員、二重の文化の強化

一九六五〜一九六六年におっかなびっくり始められた経済・金融面の自由化の動きは、一九六八年五月の後、右派〔政権〕によって転換され、そのまま一〇年以上がたった。このように、一九六八年の短い出来事は、国内、さらには国際的な状況の結果としてすでに始まっていたプロセスにブレーキをかける役割を果たした。

高度成長期を特徴付ける行政型の規制様式は、一九六八年以降、すでに問題にされ始めていたが、国家と労使頂上団体の交渉で一九六八年五月二七日に結ばれたグルネル協定の影響によって強化されたように見える。協定は労働再開〔五月事件による大規模なストの収拾〕にはつながらなかったものの、少なくとも部門ないし企業レベルの交渉継続の基礎として役立つことになる。この交渉とその帰結は、ド・ゴール派と、CGT・フランス共産党とこれを取り巻く社会・政治・文化団体からなる複合体のそれぞれが果たす、左右対称の役割を強化したように思われる。これらの社会政治勢力、左右を分ける境界線の両側にいるド・ゴール派と共産党こそが、行政型の経済規制を担う諸制度の最大の擁護者だった。こうした制度が勝利したのは、労働者の労組加入の大幅な強化（全組合の合計で）のお陰だったと思われるほどである。

経済・金融面の自由化へ向かう勢いは、国際的文脈の変化によってさらに堰き止められたと思われる。ブレトン・ウッズで創設された国際通貨システムは、一九六八年にはすでに、その基盤を揺るがす最初の衝撃に見舞われていた。〔そして同じ〕一九六八年の一一月に共和党から当選した米大統領リチャード・ニクソンが、一九七一年から一九七三年の間にドルの兌換中止と切り下げの決定を下したことによって、このシステムは解体されることになる。この一連の出来事により、不確実性と通貨不安定、インフレの時代の幕が開き、一九七三年末の石油と原材料の価格高騰〔第一次石油ショック〕によってさらに悪化した。通貨・金融システムを自由化するのを金融当局者が躊躇したのには、国内の転換よりも、〔国際面の〕こうした迷いを招く要因のほうが遥かに強く作用していた。

より広く見れば、全般的な情勢を変えたのは一九七四年以降の経済危機とその社会的影響の重さである。経済・金融面で自由化の措置がいくつか取られたのが目立つものの、〔この時期の〕複雑な動きが最大級の慎重さを特徴としているのも同じ理由で説明できる。フランスでは、一九七四年以後、共和国大統領ヴァレリー・ジスカール・デスタンやレイモン・バール首相（一九七六～一九八一年）の自由主義的な政策指向が明確になった。しかし、一九七八年に経済相ルネ・モノリが物価・資本市場の自由化の第一陣を実施したにもかかわらず、一九六六年にドブレ＝アベレ・デクレ〔ミシェル・ドブレはド・ゴール派の大物、一九五九～六二年の首相、当時は財務相。アベレは高級官僚たる財務監察官、当時は財務相官房メンバー〕で始まり、一九七一年にフランス銀行総裁オリヴィエ・ヴォルムセルが進めた銀行・金融システムの自由化のほうは、通貨の不確実性が増し見通しが不透明となる中で中断され、実に長らくそのままとなってしまった。

伝統的な産業を核とする地域〔製鉄業のロレーヌ地方、石炭・繊維・金属業のノール地方、パリ地方など〕は、リストラと「産業再配置」の犠牲となった。その結果生じた大量失業の急速な伸びは、各労組中央に率いられた大規模な民衆の動員を引き起こした。スト日数は一九七七年にピークを迎え、以後減少していく。となれば、政府の指導者がいかに自由主義的な指向を持っていようと、政府の政策は、雇用状況に引き起こされた損害〔失業〕を穴埋めすべく、国家の行動を〔社会政策などで〕強化する方向に向かっていった。[39] もっとも、この〔労使関係の〕分野ではより抑圧的な政策も再開された。

間欠的に進む社会・文化的自由化

一九六八年五～六月の出来事は〔一九三六年の〕人民戦線と同じ効果を生んだわけではない。人民戦線のほうは、選挙と〔労働運動の〕要求の二つの面でほぼ同時に勝利したのが特徴になっていた。労使合意と立法の両面で得られた成果は、有給休暇が一九三六年八月からすぐに取得できたように、直後から各人の日々の生活で実感される場合もあった。〔一九三六年四～五月の下院〕選挙における勝利によって、誰も、CGTとCGTUの両全国労組〔一九三六年三月に再合同した〕すらも予期していなかった「社会的爆発」〔労働運動の高揚〕が引き起こされた。五～六月に一たびゼネストが開始されると、無数の施策がさらに速度を上げて実施されるようになった。その大部分は、社会党、共産党、急進党〔中道左派の政党〕だけでなく、CGTやCGTU、さらに百を超える結社が承認した人民連合〔人民戦線の正式名称〕の綱領に記載されたものだった。こうした改革はすべて〔人民戦線運動で〕期待された経済・社会的方向性に合致していた。加えて、文化・政治面の実践にも革命を引き起こし、今日では人民戦線運動自体がこれと同一視されるようにもなっている。

一九六八年五～六月にはこれは当てはまらない。〔五月の〕事件の後、基本的に文化・社会面の自由化措置が保守の多数派によって着手された。保守の多数派は一九六八年五月三〇日にシャンゼリゼ大通りで行われたド・ゴール将軍支持の巨大なデモによって強化されたのである。共和制史上初めて、右派において、しかも国家元首の合意のもとに、強力な集合的動員と政治領域の間で相互作用が起こり、この相互作用こそが〔五月以後の〕紛争の解決を早めたのである。

一九六八年以後を特徴付けるのは反権威主義の噴出であり、そこでは文化と政治がしばしば混じり合っていた。『現在（Actuel）』はその様子をよく示す月刊誌であり、それまで支配的だった「道徳秩序」〔パリ・コミューンの弾圧後、第三共和制初期の王党派など保守派による反動的支配になぞらえている〕を一刀両断にしていた。一九六八年五～六月は多くの分野において複雑な、さらには矛盾したプロセスを引き起こした。フェミニズムや同性愛を叫ぶ声は一九六八年以前からはっきり聞こえていたが、広がりを増し、急進化した。一九六八年から一九七〇年の間、多くはない無名の小グループが両性関係や女性解放の条件〔といったテーマ〕を我が物とするに至った。活動家集団「女、男、未来」（ＦＭＡ）は「フェミニズム、マルクス主義、行動」と名称を変え、女の発言権を解放すべく男の加入を認めるのをやめた。一九七〇年夏、「女性解放運動」（ＭＬＦ）が出現した。以後、動員は、女が自らの身体を自らのものとできるように、つまり中絶の合法化を目指して行われるようになった（一九七一年には「私も中絶をしました」という『三四三人宣言』が出され、一九七二年には、強姦された女子高校生の中絶をめぐる「ボビニー裁判」が始まり、弁護士ジゼル・アリミ〔チュニジア生まれのフェミニスト弁護士。社会党系の代議士も務めた〕はこれを中絶の自由を求める政治的アピールの場へと換えた)。一連の動員の中から中絶・避妊自由化運動(MLAC)が姿を現した。同様に、一九七一年の同性愛革命行動戦線(FHAR)の結成が示すような同性愛運動の変貌も、自らの身体を自らのものとしたいという願望に、より急進的でより直接に政治的な表現を与えようとする意志を示していた[40]。

一九六八年以降のこうした社会問題の急進化と過度の政治化の現象は、なお少数派だったとはいえ、ブルターニュにみられるような一部の地域主義者や、人道主義的な非暴力活動を行っていた徴兵忌避者が反資本主義運動に転じた場合や、刑務所やあるいは学校の領域でも見て取ることができた。しかしこうした急進化や政治化は同時に高度の緊張を引き起こし、始まっていた改革のプロセスを決定的に止めてしまうことになる場合もあった。良心的徴兵忌避者に対しても、また、緊張の種類は異なり、時系列的にも離れていたものの、刑務所に関しても、法制度は〔逆に〕厳格化された。後で問題が解決されたケースもあれば、そうでない場合もあった。

とはいえ、一九六八年五~六月に叫ばれた要求の中には立法に反映されたものもいくつかあったが、それには、一九三六年の場合よりかなり複雑な展開を経る必要があった。

フランスが一カ月半もの間経験した社会危機と、かつてない規模の——総数約一五〇〇万の労働者のうち恐らく七〇〇万が参加した——ゼネストは、しかしながら五~六月の運動当事者が標的とした者たちの政治的勝利で終わった。内部に矛盾をはらみつつも皆が「一〇年、もうたくさんだ」と叫んでド・ゴール将軍の退陣を要求した。しかし、一九六八年五月三〇日の〔ド・ゴール〕支持の大規模デモのあと、翌月二三日の下院選挙の結果、ド・ゴール派の議会多数派は強化された。とはいえ、突き付けられた警告は厳しく爪痕は深く、多数派の側ではそれについて様々な解釈がなされた。〔選挙結果は〕パラドクスと見ることもできたはずだが、勝利に力を得て、モーリス・クーヴ・ド・ミュルヴィル〔外交官出身で、ド・ゴールのもとで長らく外相を務めた〕首班の政府はほぼ時を置かず、〔五月の〕運動側が掲げた自由化の願望の一部に応える二つの法律を成立させるという挙に敢えて出ることができた。おそらくは、そうせずにおくのを避けられた、ということかもしれない。〔第一に〕時の国民教育大臣の名をとって「エドガール・フォール法」と呼ばれる、一九六八年一一月の高等教育基本法は、二年前〔一九六六年のいわゆるフーシェ改革〕に表明されたリベラルな希望に真向から逆らう形で、以後何十年にもわたってフランスの大学の組織を完全に変えてしまうことになった。大学間競争や入学選抜などの問題が今日でもなお〔大学をめぐる争いの〕最前線となっているのもこの法律のお陰である。〔第二に〕一九六八年一二月二七日の法律は、労組に企業内に支部を作る権利を確立した。これは、労組頂上団体、とりわけ、一九六四年にCFTC（フランスキリスト教労働者連合）の分裂から生まれたCFDT（フランス民主労働連合）の、年来の要求に応えるものだった。同時に中等教育も、より積極的な教育方法を取り入れる方向で大規模な変容を経験した。

一九六九年四月、ド・ゴール将軍は、刷新に向けた公約の一部だった国家機関の地域化〔議会を持つ自治体・地域圏の創設〕をめぐる国民投票に敗れて、共和国大統領職の辞任に追い込まれた。ジョルジュ・ポンピドゥーがエリゼ宮〔大統領府〕に選出され、ジャック・シャバン＝デルマス〔若くしてレジスタンスの指導者となり、戦後は中道派の国会議員を経てド・ゴール派左派の指導者となった〕内閣のもと、少なくともマティニョン館〔首相府〕では「新しい社会」のスローガンを掲げつつ、社会改革が続行された〔左派的な首相の政策に対して、保守派の大統領との確執が伝えられた。五七～五八頁参照〕。有給休暇を〔三週間から〕四週間へ拡充する、〔一九五〇年に導入された法定最低賃金制度ＳＭＩＧを〕ＳＭＩＣに改めることで、単なる物価スライド制を越えて購買力や賃金水準を経済成長率に連動させて引き上げるメカニズムを導入する、従来は時給・日給・週給だった労働者を月給制に移行させる――これは当事者にとってはさらなる保障になる――といった一連の改革が一九六九年と一九七〇年に可決され、週四〇時間労働の実質的な一般化を目指す職業部門ごとの合意も結ばれた。一九七〇年の立法で親権規定が改正され、両親の共同親権の原則が導入された。一九七一年七月一六日法は、労使の当事者との合意のもと、「生涯教育の枠内で生涯職業教育を実施」することを定めた。避妊を認めるヌヴィルト法の適用デクレ〔執行の細則を定める政令〕は一九七二年に公布され、刑務所改革の第一弾は翌年に開始された。次いで、ジャック・シャバン＝デルマスの追放〔首相更迭〕に伴う一九七二年から一九七四年のブランクの後、今度は、一九七四年五月に大統領となったヴァレリー・ジスカール・デスタンが社会を文化・社会的な自由化の道へと全面的に進ませていった。この路線を根拠付ける一連の法律はいずれも同じ方向を目指しており、そのほとんどすべてがジスカール・デスタンの大統領任期の最初の年に可決された。成人年齢を一八歳に引き下げる一九七四年七月五日の法律、[41] ＯＲＴＦ（フランス・ラジオ＝テレビ局）改組の一九七四年八月七日法、人工妊娠中絶（ＩＶＧ）を制度化した一九七五年一月一七日法、双方の合意による離婚に関する一九七五年七月一一日法、そして新たな刑務所改革、といった具合である。

こうした自由主義的改革は、〔当初〕右派と中道派のほとんど（一九六九～一九七四年）を、やがてそのすべて（一九七四～一九八一年）を糾合した歴代政権の手によって、短い波が間をおいてやってくる（一九六八～一九七二年、一九七四～一九七五年）形で実現していった。しかも、改革の実現は〔一時期に集中するのではなく〕七年もの期間にわたっている。ただし、改革は左派議員の支持がなくては成立しえなかったケースがほとんどだった。というのも、ド・ゴール派であれ、独立〔共和〕派〔ジスカール・デスタン派〕であれ、自由主義者であれ、〔政権を支える〕右派諸派の間でも、こうした法律は、一九六八年の運動が前ぶれとなった懸念すべき〔秩序〕転覆を助長する、有害なものだと見て、執拗に抵抗する勢力が残っていたからである。〔いずれにせよ〕こうした自由主義的改革は右派政権の手によるものだったため、並行して、他の分野で権威主義的な措置がとられた場合もあり、野党の左派が、これは一九六八年五月の直接の成果物なのだといかに言い張っても、その主張は、一九三六年の社会的な獲得物の場合と同じような明白さは持ちえなかった。

こうした展開を経て、社会・文化領域での自由主義路線は、必ずしも鮮明な形ではなかったとはいえ〔いったんは〕確立された。しかし同じ展開の中で、一九七四年以降の経済の不安定と高度成長の終焉のために、経済・金融分野では自由化の時代が短期で終わることになった。一九六八年以前に一部の専門家が思い描いていたような、小刻みに進む自由化〔の路線〕は完全に損なわれてしまった。要するに、自由化は連続体にはなっていないのである。こうした複雑さのせいで、〔一九六八年の〕事件を利用すべく、右派でも左派でも、二つの帰結が競合する事態となった。

3　競合する二重の帰結

一九六〇年代半ば、規制に基づく近代は障害になっていると問題視されるようになり、どちらの陣営においても代替的な体系が形作られようとしていた。こうした再編成が進行中だったことを考えれば、フランスの「五月」では、その絶対自由主義的（リバタリアン）な側面が極めて政治的な表現をとり、当然のことながら反ド・ゴール派の立場を特徴とするようになったこともよく説明できる。しかし同時に、フランスの五月は西側民主主義では例のない反共主義でも際立っていた。一九六八年八月のソ連軍やワルシャワ条約機構四カ国の軍によるチェコスロヴァキアの侵略はこの反共主義を増幅したが、決してその起源となったわけではなく、反共主義のほうがずっと前からあったのだ。新たな近代に移行するには、一九六八年以前のフランスの諸構造、戦後に生まれた妥協を継承する構造を、これを造形したと自称する連中〔共産党とド・ゴール派〕とともに、痛めつけ、できれば破壊することが必須だった。(42)

一九六八年五〜六月の危機は、右でも左でも、矛盾した二つの運動を引き起こし、そこには二つの競い合う帰結が姿を現していた。この危機は、最初は右でも左でも、確立された表象を再建するのに貢献したと言われた。そもそも第三共和制の成立以来、国の歴史の節目をなしてきた政治危機は、いずれもそうであった。ドレフュス事件がそうであったし、一九三四年二月の極右団体・リーグの反議会主義のデモも、ド・ゴール派と共産党に関わることで言えば、国土解放も、さらに、第四共和制に終止符を打ちド・ゴール将軍が権力に復帰することになった一九五八年五月もまたそうであった。

しかし同時に、一九六八年の危機は境界線のうちのあるものをぼやかし、政治的再編成のプロセスを始動させた。解放期に生まれた行政型の規制様式を造形し継承してきたことが明らかな当事者（共産党、ド・ゴール派、マルクス主義的社会主義者、その他の共和派、いずれも同じ国家観に基づいて動いていた）が、反権威主義、新自由主義、絶対自由主義（リバタリアニズム）といった勢力に対峙していた。引換えに、それまで自明とされてきた〔左右の〕境界線が不鮮明になったのである。

右派の場合

一九六八年五月一三日、「一〇年、もうたくさんだ。将軍、〔一〇〕周年おめでとう！」と叫びながらデモがフランス全土で繰り広げられた。一七日後、ド・ゴール将軍は冷戦時代の最悪の言葉遣いに戻って「全体主義的共産主義」の企てを激しく非難し、これを基盤に右派の枠を越えた結集を実現しようとした。それが実現したのを示したのが、五月三〇日にシャンゼリゼ大通りを行進する膨大な人の波であり、これは、一九四四年八月二六日、パリ解放の折に将軍がこの同じ大通りを凱旋行進したのを再現しようとしたものだった。ド・ゴール派と共産党（終戦以来、内政・外交にわたって両者が対峙する姿はフランスを例外たらしめていた）は〔この時〕ぶつかり合うアイデンティティを一身に集め、それによって政治闘争の主要な対立軸を実体化する力を最後にもう一度だけ示したことになる。〔解放から一九六八年まで〕この両者がフランス政治を支配し続けてきたのだ（一九六七年三月の下院選挙では有効投票の六〇％以上がこの二党に投じられた）。しかし、共産党とド・ゴール派の間の過去二五年にわたる激しい対立も、ある決定的な事実を隠すことはできなかった。〔左右〕それぞれの陣営におけるへゲモニー的地位を、全く同一の危機、同じ歴史、つまり〔ナチによる〕占領とレジスタンス、国土解放を利用して獲得し長らく維持してきたという点ではどちらも同じだったのだ。

両者間のイデオロギー的対立を越えて、二つの政治勢力は一つの共通の政治文化を共有しており、その共通文化を最もよく表現するのがCNR綱領と解放期の「構造改革」だった。国内では経済・社会的な規制と保護を行い、対外的には国家の独立を謳うという点で共通の文化であり、二つの政治勢力〔ド・ゴール派と共産党〕の間では、表現の仕方には違いもあるものの、重なる点があった。まずは、ジャコバン愛国主義と名付けるのが適切なものを共通して信奉していたこと。次に、国家、一般利益、公共サーヴィスに対する観点。最後に、トップダウン方式を重視する点、言い換えれば、結局のところかなりよく似た経済近代化に関する考え方、つまり、産業重視、生産力主義、国家主導、〔対外的〕独立重視、ナショナリズムである。(43)

ジャック・シャバン＝デルマスは、首相府ではジャック・ドロールとシモン・ノラ〔それぞれキリスト教社会派とマンデス派〔マンデス・フランス（七八頁参照）の影響を受けた様々な勢力〕、全く別々だがいずれも〔伝統的な社共に対して、一九六〇年代以降、台頭した〕「第二の左翼」を構成する勢力の出身〕から助言を受けており、すでに述べたように、最初は、労組や経営者団体の頂上団体や、労使の当事者間の合意により大きな役割を与えることで、規制の文化を、より国家統制の弱い、より社会的で契約的な〔つまり、労使合意による〕形に〔変えながら〕補強できると考えていた。しかし、一九六九年九月一六日の国民議会〔下院〕演説でシャバンが打ち出した「新しい社会」構想には、大統領ジョルジュ・ポンピドゥーが執拗に反対しており、一九七二年のシャバンの辞任はこれを改めて確認しただけであった。

〔シャバン本人の回顧録によれば〕「演説の一年後、国家元首〔大統領〕は当時の首相に「新しい社会なんてもう持ち出さないように。そんなもの、誰も信じていないよ。あなたの話にはみんなうんざりなんだ」とはっきり言ってきたのだ」[44]。

ピエール・メスメル内閣の下ではっきりと保守的な二年間が過ぎた後、ヴァレリー・ジスカール・デスタンが一九七四年六月にエリゼ宮入りするや、〔大統領は〕経済自由主義の原則の優位性は間違いないし、CNPF（フランス経営者全国評議会）の大部分が支持してくれていると主張して、いくつかの統制を緩和できると考えた。今や右派のヘゲモニーを握っているのは、首相府にジャック・シラクがいるとしても、もはやド・ゴール派ではなく、むしろ、その連合相手である独立〔共和〕派や自由主義者のほうなのだという徴である。しかし、最初の数カ月こそ、文化・社会面で看板になるような改革を実施したものの、経済危機が起こり、社会がこれに対して身を守ろうとする動員が始まった影響で、経済・金融面の自由化措置のほとんどは道を塞がれた。例外は物価〔統制〕政策の緩和と資本市場の若干の柔軟化だけであり、この二つはいずれもバール内閣の経済相ルネ・モノリによって実施された。

かくして右派においては、一九六八年の帰結として、規制の文化に対して相対立する関係を持つ二つの勢力が複雑な形でまさしく混じり合うことになったものの、一九七〇年代末までの段階では規制の文化自体が問題にされることはなかった。そして同じ二重の帰結は左派の側にも見られるのである。

左派──国家とともに？　それとも国家抜きで？

五月事件の後、左派は、自主管理の構想を制度化しようと努めた。自主管理運動は、一九五〇〜一九六〇年代の高度成長期に特徴的な〔社会の〕あり方に対する大規模な異議申し立て運動の一環をなすもので、〔西側の〕ケインズ主義的な規制と〔東側の〕国家社会主義を同時に槍玉にあげ、当時、社会・文化面で民主主義が不足していたのも両者の責任であり、ほぼ同時に危機を迎えるはずだといった雑然とした考えを抱いていた。自主管理を唱える者は、生活のあらゆる側面で疎外が作用していると告発する。その批判の対象は、階統制的な権威から生産力主義、官僚制、集権化、そして国家にも及び、日常の中で民主主義を担保する「基礎組織」という彼らにとっては中核的な概念をこれらに対置する。補完性原理の最近の変種[45]のように、エンドユーザー（利用者、労働者）こそが権力を握り、決定を下し、政治にアイディアを吹き込むべきだという考え方を支持した。そうすることで自主管理派は、人民戦線とともに始まり、国土解放で強化されたサイクルの基盤を掘り崩し、したがって、行政型の規制（および、それが前提にし、かつ押し付けている集団規律）の基盤を、制度・イデオロギー・実践にわたって掘り崩すのに手を貸していた。こうした自主管理の構想は当時、「第二の左翼」、特にＣＦＤＴや、一九七一年エピネー党大会後の新社会党内の少数派派閥にとっては、動員の基軸となると同時に、アイデンティティの根拠となった。一九三六〜一九四六年の妥協への愛着が最も薄いのも彼ら「第二の左翼」だった。自主管理の構想は、一九七〇年代に台頭し、アラン・トゥレーヌ〔社会運動研究で世界的に知られた社会学者。邦訳多数〕が「新しい社会運動」と名付けた流れへと引き継がれていく。

しかし、この一九七〇年代初め、反権威主義や自主管理の時代は、自由化の始まりでもあったが、別の〔人民戦線と国土解放の〕時代と二重写しになっている。一九六八年六月、共産党は解決策の構築を加速して、規制の文化に立ち戻り、これを増幅し、かねて望んでいた、より急進的な変革のプロセスの口火を切るべく、ストという賭けに出た。しかし、こうした六月の事件は逆説的な政治的結末を迎え〔六月末に行われた総選挙でド・ゴール派が史上初となる単独過半数の議席を得て圧勝した〕、共産党にとっては戦略的な挫折となろう。後になって共産党指導部はこの挫折について、左派の連合が共同綱領への合意で固められていなかったのが致命的だった、と説明した。またしても参照されるのは〔規制と動員の〕二重の文化である。規制の文化は今回、共同綱領がまだできていなかったためにうまく働かなかったようだが、それが基盤とする動員の文化は、ゼネストを通じて大いに発揮されたのだ！　共同綱領も、共産党の弛まぬ努力により、ようやく一九七二年六月に社会党と左翼急進運動〔中道政党・急進党から左派が分かれた〕に承認された。その内容は、ケインズ主義的な消費と投資の喚起、完全雇用政策、社会保障改善の意志、そして国有化による産業復興政策に基盤を置いており、これすべて、規制の文化の改訂版を構成するものだった。

社会の一部が抱いてた自主管理の構想とは完全に対立する形で、共同綱領の文面は国家に規制権力を認めていた。計画化には、以後、「民主的」という形容詞が付されるようになったものの、「国内市場の奪回」を通じて経済浮揚を確保し利潤の論理を跳ね返す能力を国家に与えることになっていた。週三五時間労働に向けて前進、有給休暇に五週間目を積み増し、年金の支給開始を六〇歳に、など、社会の需要の充足こそが第一とされた。〔とはいえ〕共同綱領では、「女性の地位向上」、若者、「生活環境」、「公害」、文化、情報権、分権化、民主的管理と呼ばれるものに対して強い関心が向けられており、一九六八年五月の運動の構想を一部満足させる要素も含まれていたと言える。

かくして規制の文化が再度前面に押し出されたことで、急進化し突出した少数の極左グループは信用を失い、実際、一九七二年以降、大きく衰退した。恐らく、だからこそフランスは一九六九年以降のイタリアや一九七〇年代の西ドイツと違って、「鉛の時代」の暴力と殺人〔一九八〇年代末までイタリアで続いた極左極右のテロを指す〕を経験せずに済んだのだろう。[46]

短期的には、一九六八年春を経ることで、すべての政党や労組が、数的には強化されたが、それぞれの戦略は食い違ったままだった。[47] 中期的には〔高度成長期の末期から一九七三～一九七四年の経済危機の勃発まで〕、一九六八年五～六月の事件は左派における規制の文化を強化することになった。一九三六～一九四六年の時代から生まれた規制と動員の二重の政治文化を保存したわけだが、同時にこれを侵食もしていた。実際、時間差を置く形で、一九六八年は結果として一九六九年四月に歴史的ド・ゴール派〔レジスタンス以来の将軍の取り巻きを中心とする勢力〕の挫折をもたらし、共産党と同党が担ってきた政治文化に挑戦する動きも否定しえなくなった。これは、後で見るように、一九七八年、共同綱領が更新に失敗して以降、特にあてはまる。五月事件の後、全政治勢力が再編成されていく。

4　一九七四～一九八二年──規制の強化から動揺へ

ジスカールは意に反して規制強化

一九七四年秋、「社会主義全体集会」によって、反権威の言説と自主管理の主題に敏感なキリスト教社会派の諸勢力〔ロカールら「第二の左翼」が中心〕が、一九七一年にフランソワ・ミッテランの指揮下にエピネーで生まれた新社会党に参加することができた。再建された党の枠組の中で一九六八年世代の構想の一部が取り入れられ、かくして新党は、分権志向で現実主義的なタイプの社会主義の側につくことになった。党は「現代的社会主義」への移行を担うと標榜し、社会の願望に政治の仕組みを適合させる一助となりつつ、右派に対抗して信頼性のある代替選択肢になると主張していた。社共両党が、ごく名目的な形ではあったものの、自主管理の考え方を我がものとあえて認めたのはこの時であり、この時だけだった。左派では〔五月事件の〕二つの帰結は、非共産左派のほぼ全勢力を結集した新社会党においてこそ結合したのである。しかし、五月の運動の政治構想の一部がこのように〔政党政治に〕転写されたのは、一九七〇年代半ばに始まった経済サイクルの急変とほぼ同時だった。経済危機と政治危機は相互に作用しあう中で、一度切り離された歴史の糸をつなぎ合わせ、統合する論理の中に取り込んでいくことになる。そのお陰で、長らく競合関係にあった二つの帰結は互いに近づいていった。

ヴァレリー・ジスカール・デスタンは、フランスを経済・財政分野で自由主義へ転換させようと試み、首相となったレイモン・バールが一九七六年以降、この転換を主導した。しかし、バールは企図したところをあまり進められないうちに、経済危機直後に生じた打撃や、雇用が脅かされた部門の労組がその部門を守ろうとする動員〔リストラ反対運動〕に対処しなければならなくなった。また、一九七七年の市町村選挙で〔右派与党が〕大敗した後は、一九七八年三月の下院選挙に負けるかもしれないと真剣に心配しなければならなくなった。失業の増加、特に高齢労働者での増加を受けて、政府は、前倒し年金〔いわゆる早期退職。六〇歳以上・年金受給開始年齢未満の失業者ないし解雇対象者に直前賃金の七割を失業保険から支給。一九八二年に年金受給開始年齢が六〇歳に引き下げられて大幅に縮小〕のシステムを拡大するなど、国家の支出を増やした。レイモン・バールは、製鉄民間企業の国に対する債務を公的出資に転換して製鉄業を準国有化するところまで踏み切った。

同時に、大統領の求めた社会規範の自由化のための改革は早くも一九七五年に急停止した。〔改革による社会規範の〕再定義のお陰で、起こりつつあった文化革命に対する認識はますます曖昧なものになっていった。一九七〇年代初めからすでに、文化を本業とする人たちは、映画製作者協会〔一九六八年創設。五月事件の最中に開催されたカンヌ映画祭が、映画監督ゴダールらの抗議活動によって中断から中止に追い込まれた事件を契機に結成。同年二月のマルロー文化相の映画界への介入に対する反発を背景に、映画製作者の自律性護持を謳い、翌年からはカンヌ映画祭と並行して「監督週間（Quinzaine des cinéastes）」を開催〕のように、自由化された空間を作り出していた。状況が必要とするなら、組合の論理を打ち破り、あるいは市場の論理に倣って、規制緩和に踏み切ることができる人たちもいたということだ。しかし、だからといって、同じ連中が国家を「フランスという例外」の守護者と見なして助けを求めてくる可能性も否定できない。自由化と規制強化の間のこうした緊張は、生涯教育法についてもみてとれる。経営者層は、社会運動を恐れて、改革志向のエリートの間ではすでに進行していたある種の再定義を加速させ、この立法によって個人主義的な教育モデルを登場させた。これによって生涯教育は団体交渉の枠内に入り、労働法の中に組み込まれた。代償として、人間、市民、労働者を統合しようとする伝統的な〔生涯教育の〕システムとは仕切りができてしまったが。

文化面の自由化が経済自由化の放棄と共存する状態は、新たな自由主義の長期のサイクルに呑み込まれて、長続きはしなかった。文化的自由化の政策も停止され、復活したのは一九八一〜一九八四年の短いエピソードの間だけだった。これはケインズ主義政策の復活と同時に起こったものだったが、そちらも一九八二〜一九八五年のより明白に新自由主義的な経済の転換によって途絶した。一九六八〜一九八五年の間については、政治的自由主義と経済自由主義の間で絶え間なく局面が入れ替わる展開〔がなぜ起こったのか〕を説明しなくてはならない。

ミッテラン、最小限は実現

一九八一年、フランソワ・ミッテランが、左翼共同綱領に由来する一一〇項目提案を掲げて共和国大統領に当選した。四名の共産党閣僚(48)を含むピエール・モーロワ内閣を任命することで、ミッテランは失業と戦うという政権交代の第一目的のために、銀行や産業の国有化による景気浮揚策、そして社会給付の大幅な増額という賭けに出た。住宅手当〔半年で四五％増〕や高齢者最低保障給付〔一年半で五〇％増〕、家族手当〔五〇％近く増〕、最低賃金〔一九八一年から一九八二年に五％ずつ二回〕の大幅な伸びによって、社会給付は全体として一九八一年に五％、一九八二年に七％の伸びを記録した。しかも、政府は、年金の六〇歳受給権を一般化することによって、社会保障システムを全体として強化し、三つの公務員組織〔国・地方・病院〕で合計二一〇万ものポストを増やすことで公共サーヴィスの地位も高めた。競合関係にある五つの産業グループ〔CGE〔一八九八年創業の電機メーカー。現 Alcatel〕、ペシネー〔アルミニウム〕、ローヌ＝プーラン〔化学・製薬〕、サン・ゴバン＝ポンタ＝ムソン〔世界三大ガラスメーカーの一つが一八五六年創業の鉄鋼メーカーと一九七〇年に合併）、トムソン＝ブラント〔一九六六年に合併した電機・家電メーカー〕）と三六の銀行、そして二大金融会社（パリバとスエズ）を国有化した（国は両行の預金の九五％を支配することになった）。これは、一九八一年七月八日の施政方針演説のピエール・モーロワ首相の言葉によれば、「投資および雇用面で強力な政策を打つ上で決定的な位置を占めるように思われる産業の拠点を、国有化によって（国が――原注）しっかり掌握することを目的としていた」。

週労働時間の三九時間への短縮（賃金は週四〇時間相当に据え置き）は、時給を引き上げ、需要の回復をさらに後押しした。ただし、長期的に見れば、この施策は労働時間の全般的な短縮傾向をむしろ減速させたとの批判の余地を残すものだったが。一九八二年二月六日のオールー法はと言えば、〔年次社会評価書〔賃金・労働条件・雇用・衛生安全などが対象〕、直接意見表明集会、衛生安全委員会などを通じて〕企業内における労働条件と雇用関係を改善するはずだった。一九三六年〔人民戦線〕と一九四五年〔解放期〕の先例が明示的に引照されていた。

しかし、時勢の不一致を示す兆候も一つある。プランが周縁化されたことだ。プランを所管した大臣、ミシェル・ロカールも、社会党内では圧倒的少数派であり、プランと同じ運命をたどったが、彼自身も、計画化に「民主的」という形容詞が付いても懐疑的な態度を変えなかったことで有名だった。左派が（逆説的にも？）逃したチャンスがもう一つある。経済行政だ。チャンスを逃したでは済まない。国家の経済管理機構は、強化されるどころか、左右の政権交代を繰り返すうちに、少しずつすり減っていったのだ。計画化の衰退に加えて、国有化〔企業〕の予想外の運命〔八五頁参照〕や、予告されていた公的投資銀行構想が事実上放棄されたこともこれを示している。

景気浮揚政策は、周知の通り、他の先進国の景気回復を当てにしたものだったが、その当ては外れた。一九七九年一〇月以降、米国の連邦準備制度理事会（FRB）議長ポール・ヴォルカーの公然たるデフレ政策によって引き起こされた世界的な景気後退のためである。フランス国内の景気回復の結果、対外不均衡と激しいインフレが生じ、一九八一年秋には、少なからぬ政府指導者や高級官僚が半年前に始めた政策の変更を考えるようになった。後に見るように、この経験が一九八二年以後の左派の政治再編を加速し、規制の文化に対して今度は正面から疑問を突き付けることになる。

城壁の補強――公務員身分規程

「国家改革」の主題はそれ自体としては一九八一年の左派政権の視野には入ってこなかった。確かに、大統領選挙に立候補したミッテランの一一〇項目提案では「組織された対抗権力」とか「国家の分権化」などが語られていた。しかし大統領も、彼を政権につけた左派も、この分野では、当時からこの問題へのアプローチを強く規定していた新自由主義的世界観の対極に位置していた。[49] 国有化は一九四四〜一九四六年のモデルからはすぐに逸れていったが、それでも国家の役割の強化であり、国家はとりわけ、新たに国有化された企業の間で生産性の高い産業部門を全般的に再配分する役割を担った。〔総選挙後の〕一九八一年六月に〔発足した〕第二次モーロワ内閣は、フランス・モデルの行政組織をそのままの姿で受け入れた。一九八二年三月二日法により、モデルの基本理念を歪めることなく、分権化という大事な点についてモデルを修正した。以後、地域圏は、自律的な執行権を与えられ、自らに関わる事項について全般的な権限〔一般権限条項──注（110）参照〕を認められた。かくしてフランスの公共政策に新たな構成要素が生まれ、今や地域圏は、フランス人の生活で重きをなす分野のほとんどで活動し、経済においてますます重要な地位を占めるようになっている。地方の公務員組織は今日、一九〇万近くを数え、地方行政はGDPの一〇%以上を占めている。

しかし政府は同時にフランス・モデルの中核要素の一つである公務員身分規程を強化した。左翼共同政府綱領は「公務員身分規程の民主的改革」を謳っており、これによって「公共サーヴィスの良好な運営の確保に公務員が実質的に参加できる」ようになるはずだった。共産党の公務員大臣アニセ・ルポールはこの改革を自らの政策の中軸に据えていた。大臣官房長を務めるCGT指導者ルネ・ビドゥーズと、公務員総局長で国務院評定官のマルセル・ピネの協力を得て、改革を当初予定されていなかった規模にまで発展させたのである。分権化の場合もそうだったが、大臣が主意主義的な行動をとったのが決定的だった。中身としては、新しい身分規程は前例の延長線上にあり、革新するというより、要するに法典にまとめたという性格のほうが強い。適用範囲だけは例外で、実際、身分規程は以後、国家公務員だけでなく、地方自治体や病院の職員にも適用されるようになった。かくしてでき上がった法的構築物は、三大公務員組織に適用される規則を定めた一般身分規程であり、その量（約五〇〇万人に関わる）でも、垂直的にも（職階制の上から下まで）水平的にも広い適用範囲においても、世界に例を見ないものだ。他の国では、教員や病院職員は別扱いされることが多いが、〔フランスでは〕この制度に含まれている。これによってフランスはジョブ型の公務員制度に移行するのを拒否した国の陣営にしっかりと腰を落ち着けることになった[50]。

＊　＊　＊

経済危機で高度成長が終わった一九七四年以降、規制の文化はかつてのような党派を超えて結集させるような性格を失い始めた。一九八一～一九八二年、モーロワ内閣のケインズ主義的な景気浮揚策がヨーロッパ内で孤立して失敗に終わったことによって、規制の文化はさらに力を失った。目に見えて強化された時期もあった（一九六九～一九七二年、一九八一～一九八二年）ものの、いずれもすぐに終わってしまい、規制の文化は新たな形の自由化に次々に突破口を開かれ、後退していった。自由化はまず政治・文化的な形を取ったが、この後は経済・金融の側面が前面に出て、一九八二～一九八五年以降は、はっきりと規制緩和の相貌をとることになる。

規制の制度が次々に崩壊していったことを説明するには、二つの大きな国際的要因を加える必要がある。国内の変化よりさらに決定的だからだ。まず、特に若い世代においてソ連の中央集権的社会主義体制がますます信用を失ったこと。これは、アレクサンドル・ソルジェニーツィン〔一九一八～二〇〇八年。スターリン時代に経験した強制収容所生活を告発する作品で知られ、一九七〇年にノーベル文学賞を受賞後、一九七四年に国外追放、ソ連崩壊後の一九九四年に帰国〕の一九七三年の『収容所群島』〔全六巻、木村浩訳、新潮社、一九七四～一九七七年。ロシア語の原著は一九七三年にパリでSeuil社が刊行〕が反響を得たことや、「新哲学派」〔ベルナール＝アンリ・レヴィやアンドレ・グリュックスマンら。マオイストからの転向者が多いとされる〕がメディア・デビューして当然のことながら「全体主義」と闘い始めたこと、そして一九七九年のソ連軍アフガニスタン侵攻が幅広く糾弾され、左派においても、まず反全体主義だと自己規定する勢力が躍進したことなどによって増幅された。

次いで、一九七四年以降、インフレと大量失業を同時に起こす経済危機に際して、ケインズ主義政策がこれらを解決できず、限界を露呈したこと、経済の国際化がますます進む中、一国単位の景気振興策は無意味になったことなどによって、規制の文化は支持者を失った。さらに、ケインズ主義政策の理論的・実際的な正統性は、一九七九年にマーガレット・サッチャーが始めた保守・マネタリスト革命と、米国FRB議長のポール・ヴォルカーが実施し、一九八一年にロナルド・レーガンが引き継いだマネタリスト政策の中で、正面から挑戦を受けることになった。以後へゲモニーを握ることになるシカゴ学派のエコノミストが金融や経済における国家の比重が大きすぎると批判して、マネタリスト政策の支柱となった。一九八〇年代の初め、ケインズその人への批判に続いて、拡張的な金融政策が景気振興の意味を持つのか疑いを投げかけ、完全雇用よりもインフレとの闘いを優先する、真の文化革命が始まったのである。

かくして、一九六八年五月と一九八二〜一九八五年の間の一五年ほどのうちに、国際的な経済変動と国内の社会政治的再編が組み合わさって、動員の文化と規制の文化の間のつながり――一九三六年に結ばれて以来、定期的に締め直されてきた――を少しずつ解(ほど)いていくことになった。この観点からは、一九六八年五〜六月は二〇世紀後半において要となる地位を占める。

実際、一九六八年の事件は黄昏とも夜明けとも理解できる。規制の文化の最後の大爆発ともいえるし、同時に、様々な相矛盾する形をとる自由化が最初に姿を現したものともいえる。一九六八年がサイクルの終わりだというのはあまり当たっておらず、むしろ高度成長期（一九五〇～一九七三年）の末期と新自由主義への転換（一九八二～一九八五年）の間の一五年にもわたる長い移行期の入り口だったと言える。少なくとも、一九三六～一九四六年の時代の後継者——左派では共産党、社会党の一部の派閥、そしてCGT、右派ではド・ゴール派——が、二十数年前に自ら設計した規制の様式を守るために、この形では最後となる動員をかけていた。〔こうした左右の勢力は〕いずれも規制と動員の同じ文化に属しており、〔一九六八年に〕左右双方の陣営が（確かに対立しながらではあるが）参加していたことは、五月一三日と三〇日にパリで繰り広げられた二つの巨大なデモ〔三労組合同のデモとド・ゴール支持派のデモ〕の中に象徴的に読みとることができる。パリにおけるこの二つの行進は二〇世紀最大規模に属し、鏡で己を見るように向き合い、共通の政治文化を賑々（にぎにぎ）しく再演する最後の機会となった。同時に、そしてその後にも、規制がもはや争点にはならない動員が盛り上がってくる。さらに後になると、規制を永続化させようと試みる別のタイプの動員も起こってくるが、この動きは部分的で、特定セクターに限定され、主として防衛的な性格のものが多く、進行しつつある再定義に何とかして影響を与えようと試みているにすぎない。

結局、一九六八年は、規制の文化と動員の文化が分離していく最初のエピソードとして位置付けられて初めて、その歴史的意義が明らかになる。この大分離〔grande bifurcation：本書の原型となった注（36）所掲の論文集のタイトルになっている〕は、一九六八年に始まったが、その後、長らく先延ばしにされ、一五年後の一九八二～一九八五年、つまり一九三六～一九四六年に始まったサイクルが最終的に終わった時に実際に遂行され、ようやく完了したのである。

第3章　密かに進む自由化の三〇年（一九六〇～一九九二年）

ド・ゴール将軍は、一九五八年五～六月に政権に復帰した時、レジスタンス全国評議会（CNR）綱領と国土解放時の「構造改革」に発する経済・社会面の協定を立て直すつもりだと繰り返し表明している。(51) 社会保障など、この協定を支える制度は、一九四五年に創設されて以来、政治・行政エリートの間に混合経済への愛着を生み出してきた。混合経済は、経済・社会面の集合的権利の積み増しによって面目を一新した民主制にとって欠かせない要素であり、経済・社会的な規制と保護の文化を直接に支えていると見なされていた。そうした文化を構成する要素のうち、早いものはすでに一九三六年に定着が始まっていた。(52)

一九六〇年代からすでに、そして一九八〇年代に至るまで、CNR綱領を軸に構築された社会国家の主要な制度と構成要素は、国内・国際の新たな力学に多かれ少なかれ上手に抵抗してきたものの、時代ごとに様々な形で攻撃に晒され、建物の骨組が次々に崩れ落ちていくかのようであった。こうした〔攻撃に当たる、規制の〕緩和・解除や自由化の構想は、基本的には、金融ないし経済を専門とする高級官僚の限られたグループから提出され、政治家の支持は得ているものの、必ずしも公の議論の対象にはならず、内密の検討の対象にしかなってこなかった。まず最初に、プランとその知的基盤が早くも一九六〇年代、一九七〇年代から攻撃され、次いで、一九八〇年代には、左派への政権交代にもかかわらず〔それとも、そのゆえに？〕、国有化経済部門や大規模経済プログラムが狙われた。その一方で、公共サーヴィスや社会保障は一九九〇年代初めまでは、現状を維持し、増強に成功した面すらあった。

1　国際的制約により構造的に弱体化するプラン

〔ヨーロッパ〕共同市場に伴う貿易開放、プランの一定の政治化、さらにプランに関わる諸機関に経営者層が新たに入り込んでその目的を大きく転換させたこと、これらが合わさってプランの内容、機能、そしてより広くはその民主的正統性と妥当性を変えてしまった。元々のプランのあり方は一九四五〜一九四六年に構想され、その後もずっと経済・社会の全体的力学に影響を与えてきたものだった。

「強度の変質」

クロード・グリュゾンは回想録の中で、一九六六年一月にピエール・マッセが計画庁長官を退任したのは、計画化の当事者にとっては「強度の変質」と受け止められたと考えている。グリュゾン自身、後任に立候補を表明したが、当時ジョルジュ・ポンピドゥーの官房長だったフランソワ＝グザヴィエ・オルトリが優先された。オルトリはすでに述べた所得政策の妨害に加担した一人だった（三五頁参照）。クロード・グリュゾンによれば、この選択は計画化の装置を「政治の至上命令」に従属させることを意味しており、曰く「官僚が政治権力にベッタリ依存し、したがっていかなる創造もなしえない。行政はそういう新しい時代に入ったのだ。私の世代、つまりブロック＝レネ（一九一二～二〇〇二年。財務監察官で、一九四七年から財務省国庫局長、一九五二～一九六七年に預金供託金庫総裁を務め、ケインズ主義とディリジスムの時代を代表する財務官僚）の世代の官僚は、厳密な意味の政治家ではなかった。しかし、フランスの公務員の特徴として、一生この仕事に従事するが故に、長期的視座、少なくとも、ごく狭い視界で遮られることのない視座を持つように仕向けられていた[53]」。

　すでに一九六四～一九六五年の第五次プラン準備の際には、今後、フランス経済は国際競争の影響を受けるという事実が、立案から執筆に至るまで十分に意識されていた。計画庁の高官の一人が一九七〇年に、この点を「フランスの計画化に起きた本物の変貌[54]」と呼んでいるほどである。しかし、この時期には、国の諸機関はまだなおプランと市場とを組み合わせようと考えていた。一九六四年一二月二二日法で承認された第五次プランの「目標」に関する報告書（プランの作成と採択を民主化するために新たに導入された手続き）の中で、ピエール・マッセは、本来は市場経済の擁護者であったが、市場と計画化の連結を理論化している。この点についてマッセは「プランと市場は、同じ機能を持つ道具ではなく、二者択一の関係にはならない。（中略）二つの異なる機能を果たすのであり、相互補完的なのだ……[55]」という新たな考え方を示した。長期のマクロ経済の視点からは、統計学者のポル・

デュボワが断固として述べたように、「市場は短視眼的である」。デュボワは一九七〇年に、ピエール・マッセの報告書の次の表現を引用している。「一五年先の鉄鋼やトランジスターの価格や、ラブラドールからダンケルクまでの傭船料相場を決めるような市場は存在しない。（中略）そこでプランが、市場全般にわたる分析〔八〇頁参照〕によって不確実性を減殺し、変化に対する態度を変える役目を果たすのだ」。

早くも一九六〇年には、ピエール・マッセはプランと市場の間の複雑な連結関係を主題に発言を繰り返している。多数の国際会議、特にアングロサクソン諸国において、フランスにおける計画化の考え方を説明し、それは多くの国で専門家や当局者の注意を惹き、ヨーロッパでは一定の模倣現象まで引き起こした。

第五次プランの文書は一九六五年時点で一九六六～一九七〇年の経済路線を定めており、年成長率として五％を採用したのに加えて、フランス経済の対外均衡と完全雇用を二大目標として掲げた。しかし、輸入が国内生産を代替している限りは、開放経済のもとではこの二つを両立させるのは難しい。対外均衡自体は主として企業の競争力次第であるから、競争力がプランの主要目標の一つに祀り上げられることになった。

他方、ピエール・マッセは、「労働市場に余裕を持たせる」ために、「わが国〔経済〕の物理的な限界を少し下回るくらいの」[56]成長目標を掲げた。しかるに第五次プランは、この目的のために、賃金抑制による購買力の制限を予定していた。労組がプランに敵意を懐き、一九六八年五～六月に労働者が運動を起こしたのには、このことが影響したはずだ。一九六八年のゼネスト以後、プランに対して「全般的な幻滅の空気」が生まれたのは、景気循環による賃金や通貨〔価値〕への影響も大きいものの、このように、プランの「目標」と、成長の果実の分け前に与りたいという労働者の欲求とが捻じれていたことによっても説明できる。[57] プランは元々は、「協調経済」の基礎をなし、来るべき経済成長に関する社会的な〔労使間の〕大妥協の中身を明文化する役目を帯びていた。一九六八年五～六月のスト開始とその後の段階になると、これとは全く逆に、プランは、労働者や各労組中央と、政府・計画庁やこれを支持する経営者代表の間の対立の主要な要因になっていると判明した。より大きく見れば、ド・ゴール将軍以下、政治・行政の指導者は、プランが規制の文化を社会全体に広めていくことを期待していたのに、実際にはプランは、第五次プランで政府や経営者が選んだ目標に反対する労働者の心に動員の文化を再び燃え上がらせ、現代フランス史上、最大のスト運動を引き起こすのに一役買ってしまった。

〔当時の〕計画庁の高級官僚の中には、自分たちの組織の近年の変遷を批判しようとする者が少なかった。計画庁のエコノミストであるベルナール・カーズも、ジャン・モネやド・ゴール将軍が一九四五年に想定したプランの元々の役目と、一九六八年五月危機で明らかになった計画庁の新たな役割との間に隔たりができてしまったことをあえて強調し、嘆いて見せた。「それ（計画化――原注）は、経済・社会勢力どうしの出会いの場であったものが、主として様々な国の行政機関が政策の調整をする場になってしまった[58]」と。

一九六六～一九六九年――自由化されたプラン？

一九六六年に第五次プランが実施に移されると、各種委員会の作業は、そのために設置された二つの特別委員会に場所を移して継続された。一つは、公企業委員会であり、委員長は、財務監察官にして、レジスタンス出身の格別の名士、国民経済計算〔委員会〕の共同創設者の一人、一九五四～一九五五年のピエール・マンデス・フランス〔当時は急進党所属。首相在任中、インドシナ戦争を和平に導くとともに、経済近代化を訴える。一九六〇年代にかけて「第二の左翼」を含む非共産左派に大きな影響力を持った〕の首相官房で補佐官も務めたシモン・ノラである。もう一つは産業発展委員会で、率いるのは、フランソワ＝グザビエ・オルトリとルネ・モンジョワ、いずれもジョルジュ・ポンピドゥーの首相官房出身の高級官僚で、一九六六年一月のピエール・マッセの引退後、計画庁長官ポストに相次いで据えられた二人であった。この時、プランの文書の中身ははっきりと方向転換した。上に述べた二つの委員会の報告書は、今後は「産業〔発展〕の至上命令」に応え、「産業環境」整備の政策を確立するという共通の問題関心を示している。そうした政策の手段となるのは「外国の〔企業〕グループに対抗できる国際的なサイズの企業やグループを（中略）少数作り出し、強化することである。（中略）こうした産業グループの数はごく限られねばならず、一つないし二つに絞るべき場合が多いだろう[59]」〔と述べる〕。

その結果、企業に対して、当時「ナショナル・チャンピオン」と呼ばれた企業やグループを形成し、さらにヨーロッパ大の企業グループに参加するよう二重の呼びかけが行われた。こうした工業を主とする集中の選択は一九六八年五月より前に始まっていたが、ド・ゴール将軍の退陣の後も維持され、むしろ加速された[60]。

これは、より正確に言えば、企業の自己金融率を引き上げることを意味していた。この比率が上がれば、生産的投資の割合、つまりGDP比で測られた近代化努力のレベルを上げることができる。この割合こそ、生産性向上の基礎と考えられ、生産性向上は「競争力のカギ」、したがって、期待される成長のカギと定義されていた。この方向性は組織面での革新、特に第六次プランの作成において経営者代表が今や公然と活発な役割を果たし始めたことによって強化・加速される。まず、産業委員会が新設され、責任者にCNPFの大物ロジェ・マルタンとアンドレ・ベナールが就任した。次に、委員会の中でも戦略的な位置を占める「経済一般および資金調達委員会」においてCNPFの当時副会長だったアンブロワーズ・ルーと、鉱山技師団出身でペシネー・グループの理事長を務めていたピエール・ジュヴァンが目立つ存在となっていた。一九六九年一一月のCNPFの公式宣言を作成したのは、まさにこの同じ経営側指導者たちであり、宣言は「成長・投資に対する信念は初期のプランのプラスの遺産であり、維持されねばならない」と認めつつも、「成長の源は赤字で補助金頼みの活動ではなく、健全で生産的な産業に期待されねばならない」と述べている。

CNPFの公式宣言は、一九六九年公表のモンジョワ＝オルトリ委員会〔報告〕が使ったのとほぼ同一の表現で、要するに「市場競争の法則に〔基づいた——原注〕経済の原則を採用する必要」があると訴えている。「こうした市場経済の受容は社会全体からも同意を受けねばならない」と。

計画に基づいていた産業発展を自由化しようとする動きは、プランの産業発展委員会報告、CNPF宣言、プランの産業委員会報告、いずれも一九六九年に刊行されたこの三つの文書で使われている表現が一致していることにも示されている。この一致は、第六次プランの「目標」にも見られ、主要な優先課題として「競争力ある産業に軸をおいた成長が必要で、それには積極的な競争政策が求められる」[61]と述べている。

CNPFの指導者たちは、開始当初はプランに靡こうとしなかったし、一九六七年一〇月付の宣言でもなおプランのディリジスムを批判していたが、今やプランの機構の中に入り込み、プランを政府の政策と自らの関心とを擦り合わせる場としようと試みている。それにプランの情報共有機能――ピエール・マッセの有名な〔プランは〕「市場全般にわたる分析」〔だという定式化に示されている(七六頁参照)〕――を高く評価しており、そのお陰で、経営者側独自の中期の市場分析、特に最も資本面で「重く」最も国際化の遅れた部門の分析に必要な基礎資料となりうると考えていた[62]。しかしそれだけではなく、その頃から経営者側は、利潤や競争、市場経済を正当化する役割もプランに期待するようになっていた。

ほぼ対称的に、CGTとCFDTは、第六次プランから近代化委員会に復帰していたものの、第六次プランが採用した「目標」に極めて批判的で、近代化委員会に出席しなくなり、〔プランの〕総括報告に少数派意見を添付するなど、一九七〇年から再び距離を取り始めた。少数意見の中で、CGTを代表して中央役員のジャン＝ルイ・モワノは「私企業間の競争によって経済が均衡を保ちつつ作動するような条件に達しうると考えるのは完全に幻想である。（中略）利潤は、〔資本家の懐に〕私されてしまうことを脇に置くとしても、我々の体制においては正しい〔経済〕運営の指標ではない」[63]と述べた。

この時、CGT書記としてアンリ・クラスキはCGTの立場を明確にした。「経済・社会政策の作成過程として、我々はプランを重要と考えて対応している。（中略）〔しかし〕労使関係と民主主義の観点からは、〔プランは〕経済権力や政治権力を握る連中の共同の産物以外の何物でもない[64]」。

その時点まで最も積極的にプランの委員会に参加していたCFDTも、同じように発言のトーンを硬化させた。一九七〇年六月の全国執行部の次の宣言が示す通りである。「今問題にされているのはプランの役割と考え方そのものだ。経営者側の希望に応えるために「市場経済」の「ゲームのルール」により深く順応しようとして、プランは、国民の優先的需要の充足へと経済を導く文明モデルを構築するという主意主義的な性格を一切投げ棄てた。第六次プランが掲げる国家的目標は資本主義的企業と金融グループの権力を強化することだけだ[65]」。三カ月後、CFDTは第六次プランの作成作業への参加を拒絶した。

プランは、一九四五年に立ち上げられて以来、規制の文化を象徴する制度となってきたが、一九六五〜一九六六年の第五次プラン以来、国際的経済開放と責任者の交代が進む中で、少しずつ自由化されてきた。行政や政府の高官（すでにみたように、両者は混交を深めていた）と大企業や経営者団体の指導者の間の協調の場となる傾向を示し、CGTやCFDTのような労組頂上団体から再び敵意を受けるようになっていた。

しかし、プランの変容は自らを越えるより広い文脈で起こっていた。その文脈の中には、一九七一〜一九七三年の通貨システム危機、石油ショック、成長の鈍化、そして大量失業の発生などが含まれる。こうした大事件によって、〔フランスの〕計画化は正面から、そして決定的に攻撃されるに至る。

まず何よりも、一九七〇年まで六%くらいと予想されていた向こう五年間の成長率がもはや達成できなかったからだ。加えて、そこから生じる経済・通貨面の不安定が、プランの主たる正統性根拠であった「中期的な不確定性の減殺」効果を危うくした。そこから長期にわたるプランの衰退が始まったのである。一九八一年に左派政権が成立してもそれは何も変わらなかった。計画化は、一九七二年成立・一九七七年改訂の〔左翼〕共同政府綱領では「民主的計画化」となり、フランソワ・ミッテランの大統領選挙向けの一一〇項目提案の基礎となっていたとしても、である。もっとも、計画庁はその名前のまま、さらに二五年間は存続したが、社会に対するインパクトは不可逆的に弱まっていった。

2　国有企業の自由化に対する妨害と遅延

混合経済のほうも同じく一九六〇年代から自由化志向の圧力を受けていたが、改革の実施は長らく延期され、それどころか一九八二年の新たな国有化によって逆行する場面もあった。とはいえ、一九八六年以降、民営化によって自由化の加速が始まるのは妨げられなかった。

第五次プランの作成と並行して、一九六七年に公企業委員会が設置され、報告書はシモン・ノラが執筆した。その中ではノラは、公的工業部門やその使命、資金調達、運営形態について原則を提起し政策を定めている。とりわけ対象とされているのは、一九三六〜一九三七年〔航空機とフランス国鉄〕、ないし一九四五〜一九四八年〔エール・フランス、石炭、フランス電力＝フランスガス、パリ交通公団（RATP）など〕の国有化の結果生まれた、工業部門ないしネットワーク型の国有企業だった。

これらの企業は、復興期には公的資金から多大な恩恵を受け、一九五〇～一九六〇年代の高度成長を支えた。また、労組組織、特にCGTが労働者に対して、とりわけ、大きな権限を持つ企業委員会などを通じて、強力な影響力を行使するようになったのも、こうした国有化された大企業のお陰である。[66] ノラは、こうした公企業の経営者の裁量範囲を拡大し、より大きな経営上の自律性を与えることを勧告した。これは理論的には、成長政策でも財務・人事管理においても国家の統制を減らすことになるだろう。

しかしこれは引き換えに、国の補助金を投資向けも運営〔経常〕費向けも減らし、実際のコストとはかけ離れた料金設定も終わらせることを意味する。「より市場のルールに即した」経営となれば、こうした企業の運営は、国の監督を緩和し、料金設定についても、設備投資の資金調達についても、経済・金融面の市場の条件に依拠した運営形態をとるという二重の意味で自由化されることになる。しかるに、報告書は公的資本の維持と、より民間商業経営に近い形態との間の中間の道を指し示した。ノラ報告は公表当時は幅広く論評され評価されたが、関連企業の職員の組合からは、公共サーヴィスの諸原則を崩そうとするものと見なされ、不信感、さらには敵意さえ買うことになった。一九六八年五～六月のストの際、民間部門だけだった一九三六年のストと違って、そうした組合の組合員が動員に大量に加わったことによって、あらゆる形態の自由化に対する労組の抵抗は強まった。かくして自由化は、部分的なものも含めて、阻害され延期されたのである。

〔自由化を遅延させた要因として〕国有大企業については、進行中の設備投資計画は長期にわたる場合が多く、すぐに国が手を引くことはできなかったということを〔第一に〕付け加えておかねばならない。例えば、一九六〇年代末のパリ交通公団の場合もそうだった。RER〔首都圏高速交通網：パリと郊外をつなぐ鉄道網〕の工事は当時真っ最中で、一〇〇％国の資金で賄われていたため、パリ交通公団は一九六九年に公的資金〔の受け入れ〕が史上最高に達し、その後もRERの工事は国家財政に大きな負担を掛けながら一九七〇年代末まで続けられた。[67] ヴァレリー・ジスカール・デスタン〔当時財務相〕の敵意を受けながらもTGVの準備を進めていた一九七〇年代初めのフランス国鉄や、石油ショックで民生用原発の大規模計画が再始動したフランス電力も同様だった。いやむしろ、大規模プロジェクト（鉄道、航空機、原子力）の政策は一九七四年以後も続き、一九七四〜一九七五年の経済危機の後、非常に大きく落ち込んだ民間の産業投資を一部だけとはいえ補ったのは、国有企業（フランス国鉄、フランス電力、パリ交通公団など）への直接の公的資金投入だった。[68]

第二の要素は、構造的というより景気循環によるものだが、一九七四〜一九七五年の石油ショックによる経済・金融危機と、その結果生じた全般的な経済減速によって、国の撤退をあまり大規模に進めることはできなくなったという面である。ただし、この点に関するジスカール・デスタンの選択に従って、国有企業は国内・国際の資本市場からより多くの資金を調達しなくてはならなくなった。かくして投資に際してより多くのリスクをとらねばならなくなり、一部の企業（フランス国鉄、フランス電力）にとっては、その後、今日（二〇一八年）まで悪化し続ける債務累積の始まりとなった。最後に、第三の要素として、これも景気循環によるものだが、一九七〇年代後半の大量失業の発生に直面して、労働者の組合組織は、雇用と公共サーヴィスを守るために公企業に一層頼るようになり、そこで自由化の試みを阻止しようとした。

〔左翼〕共同政府綱領と、大統領選挙のミッテラン候補の一一〇項目提案に従って、一九八二年二月一三日法は競争的セクターの五つの産業グループと、外国グループの二つの子会社（CIIハネウェル＝ブル、ITT〔米系通信企業〕フランス）の国有化、マトラ〔航空機・自動車など製造のフランス企業〕とダッソー〔航空機〕の過半数支配、そして三六の銀行と二つの金融会社（パリバとスエズ）の国有化を決定した。一九八一年七月八日の政府声明の中で、首相ピエール・モーロワは、行政的分権化の諸施策と並んで、この新しい公的経済セクターに、経済浮揚と国内市場の奪回、被用者に新たに与えられた権利と「市民権の新たな空間」の「実験場」の三つの分野における「槍の穂先」の役割を託すと述べた。しかし、新たに国有化されたグループの財務状況が悪く、債務が累積していることが確認されると、こうした目的は早くも一九八二年末には突然棚上げとなった。以後、国の政策は、こうした企業に九〇億フランの出資を行って資本を注入し、職員数を大幅に減らすリスクを冒してでも、生産拠点を現代化し「損失源」を切り捨て主要な部門に再編することで負債を減らすことになった。こうした再編は、とりわけ、繊維、石炭、一九七八年に事実上国有化された製鉄のような、すでに危機にあった古い産業部門における再編とセットになっていただけに〔そのインパクトは〕なおさら大きなものとなった。他方、こうした公企業内部の労使関係は大きく変わったわけではなかった。

国有化前から在任の者も含め、一九八一年以後の新たな企業グループの社長は、短期間だけ産業大臣を務めたピエール・ドレフュスによって、民間グループの経営陣と同様、経営上の完全な自律性を持つことを保証された。その結果、国有企業経営者は、国際的な競争環境の中で民間企業であるかのように経営するようになった。ローラン・ファビウスがジャン＝ピエール・シュヴェーヌマンに代わって一九八三年三月に産業大臣になった時、この傾向はさらに強まった。ファビウスはその後、一九八四年七月に自ら首相となると、企業再編や財務成績の回復を推進する現代化推進の言説を明示的な形で正当化した。以後、「損失源」は整理され、一九八五〜一九八六年には、変化を最も体現するはずだったトムソンを除いて、新たな国有企業は収支状況を回復した。

3　通貨・金融システムの自由化延期

ド・ゴール将軍の大統領二期目の政権発足直後、一九六六年一月に財務相に任じられたミシェル・ドブレは銀行・金融・通貨機構について大規模な構造改革を開始した[69]。ドブレを支えていたのがジャン＝イヴ・アベレだった。ＥＮＡ〔国立行政学院〕卒業生で財務総監察官団首席採用だったアベレは、一九六五年に第五次プランの戦略・経済一般・資金調達委員会の報告者に任命された。翌年、専門補佐官としてミシェル・ドブレの官房に入り、提起された改革を明晰に立案する総括メモを三〇通以上、ドブレに提出している。こうした措置は、一九六七年初めに外国の資本や銀行を惹き付けるために為替管理を緩和する決定がとられたことに対応するものだった。一九六七年四月一日付の要約メモでアベレは自らの診断と改革提案を明確にまとめた。「戦後長く続く通貨の不安定と金融機関のマルサス主義〔フランス経済史では、過剰生産と過当競争を過度に恐れ、投資を抑制しようとする経営者らの退嬰主義を指す〕が国民心理の中に資金が手の施しようもなく不足しているという確信を植え付けてしまった。（中略）何よりもまず優先すべきことは、貯蓄の増加である[70]」と。

英米の制度と実務の強い影響のもと、ジャン＝イヴ・アベレは以下の改革を勧告した。支店開設を〔規制〕緩和し銀行支店〔網〕を強化すること。信用回路の障壁を撤廃し様々な返済期間〔短期、中期、長期〕を選べる巨大な金融市場を創出する一方、国の利子補給付きの各種融資を廃止すること。長期貯蓄の利率引き上げ。資本市場の活性化。アングロサクソン型の、つまり市場の論理だけに従い、利子率のみによって規律される真の貨幣〔短期金融〕市場を創出すること。

要するに、金融自由化の大プログラムであり、その目的が達成されれば、アベレの好んだ表現を使えば「パリが一九一四年に失った国際金融上の地位を取り戻す」ことになる。これは、一九二六〜一九二八年にフランス銀行総裁エミール・モローがまとめた「大計画」以来、繰り返し通貨当局が打ち出してきた案を、表現もほとんど同じまま、出し直したものである。こうした改革措置は、金融市場の自由化によって、一九四五年諸法以来、銀行・金融システムを統制し統御してきた通貨当局の権限に立ち向かおうとしていた。資本市場〔長期金融〕面では国庫局と公的金融システムの覇権を弱めることを意味する。実現はしなかったものの、一時はA通帳〔貯蓄金庫の少額預金向けの貯蓄口座。預金は公的金融機関に集約され低利融資の原資となる〕の免税制度を廃止することまで問題となったほどだ。貨幣市場〔短期金融〕面では、市中銀行に対するフランス銀行の支配を打破し、陳腐化し高コストと見られていたフランス銀行の支店網を大幅に削減し、さらに同行が近代的な金融政策を持たないのを一時的に補おうとするものだった。この状況では、国庫局やフランス銀行の主だった幹部が、大臣からの圧力には職業倫理から従いつつも、〔特に一九六八年以降、復活しつつあったインフレに対して〕有効と思われる介入手段を失うことを恐れて、いくらか逃げ腰だったのは理解できるところである。

いわゆる「ドブレ＝アベレ」改革の中で最も重要なのは銀行組織に関わるもので、一九六六年一月二五日、一二月二三日、一九六七年九月一日のデクレによって、特に、これまで国民信用評議会に縛られていた銀行窓口の開設を自由化し、一九四五年一二月二日法で厳格に定められていた預金銀行と事業銀行の間の分離を緩和したことである。[71] しかし他の領域と同じように、この自由化の動きは一九六八年春の動員〔ストなど〕によって中断された。特に大きかったのは、〔市中〕銀行やフランス銀行でもストが起こったことで、フランス銀行では職員が、直前に総裁ジャック・ブリュネが決めた多数の支店の閉鎖を拒否していた。為替管理が一九六七～一九六八年に短期間廃止されただけで復活し、一九八〇年代末まで長く存続することになったことも、同じく銀行自由化を中断した。

金融政策に関するマルジョラン＝サドラン＝ヴォルムセル（いわゆる「ＭＳＷ」）報告は、ド・ゴール将軍が退陣直前に求めたもので、〔退陣とほぼ同時の〕一九六九年四月に完成した。ほぼ同時にオリヴィエ・ヴォルムセルがフランス銀行総裁に任命されたことと併せて、貨幣〔短期金融〕市場の自由化という最終目的に立ち戻ろうとするものだった。〔自由化は〕しばらくの間だけとはいえ、今度こそ実施に移されたのである。かくして、一九七〇年代初め、官民の金融関係者の間では、後のエコノミストの言葉を使えば、ついに「短期流動性のすべてを引き出す巨大な市場を手にするというフランス通貨当局の見果てぬ夢が実現する」ことになると根拠をもって信じることができるようになっていた。[72]

しかし、すでに見たように、一九七一～一九七三年の国際通貨システムの瓦解や、インフレと経済の減速によって、通貨・金融当局は、インフレと国際収支の不均衡、大量失業の発生が組み合わさった当時の状況では、資本の自由化と国際開放は危険と判断し、これにストップをかけるよう追い込まれた。したがって、一九七三年には政治・行政の指導者は善きにつけ悪しきにつけ、通貨・金融面で一定のディリジスムへの回帰を選択した。とりわけ、国内では信用制限の強制措置をとり、対外的には、一九六八年の衝撃の後に復活した為替管理を以後二〇年もの間維持し続けた。

4 知的かつ象徴的な大転換（一九八二年六月～一九八三年三月）

一九八一年、景気回復の見込み違い〔一九七五年のジャック・シラク〔政権〕による景気浮揚〔の効果〕がGDPの二％だったのに対してわずか一％のみ。しかも世界中が景気後退の中でフランスだけが消費を増やそうとしていた〕によって、「輸入爆発」〔ジャック・ドロール〕と輸出の減少がセットで起こった。これによって国際収支が大きく不均衡となり、一九八一年六月から一九八三年三月まで、景気浮揚と「構造改革」、緊縮の三つの政策が巧みに組み合わされる状態が続くことになった。緊縮はすでに一九八一年一〇月、最初の切り下げと、当時の財務相ジャック・ドロールが一五〇億フランの支出凍結を認めさせて以来、すでに行われていた。ドロールはこれに加えて財政支出の「休止」を要求していたが、この時点ではまだ実現していなかった。

緊縮への次の大きな一歩は一九八二年六月、二回目の切り下げと、物価および賃金凍結の第一次計画によって踏み出された。賃金凍結は〔フランスでは〕初めてとなる。ジャック・ドロールは「指数化」という言葉を使ったが、実際には〔一九五二年以来、適用されてきた〕賃金のインフレ〔物価〕スライド制を廃止することであり、つまりは実質賃金の切り下げだった。ジャック・アタリは緊縮について一九八二年六月一三日に「以後、緊縮は正当なものとなる。(中略)方針は転換されたのだ[73]」と書いている。

ヴァレリー・ジスカール・デスタンとレイモン・バールがやる勇気のなかったことをジャック・ドロールが六年後に成し遂げたのだ。一九七〇年代初めに〔進歩〕契約による被用者の購買力引き上げ政策を唱えていたからこそ、ドロールは、長期的な「賃金抑制」の序曲となる賃金の物価スライド制廃止を労働者と労組に受け入れさせうる唯一の人物となりえた。賃金の物価スライド制廃止は、首相府、特に理工科大学校卒で、〔首相〕ピエール・モーロワの官房長だったジャン・ペイルルバードの手で立案された。一九七〇年代末以来、彼は、一九七四年の経済危機のツケを企業収益に押し付けすぎた結果、フランス経済の競争力が損なわれたと考えていた。賃金と消費はGDP比でドイツより五%も多く、重い負担となっていた。ペイルルバードは一九八二年六月の緊縮策の立案者の一人だったが、三五年経ってから、自分の本の中でもそう主張し始めた。「〔首相府・マティニョン館のある〕ヴァレンヌ通りのオフィスで、後に法文となった数行の簡明な原則「爾後、一切の賃金の物価スライドは公共の秩序に反する！」を認めていた自分が今でも目に浮かぶ[74]」と。

賃金がほぼ凍結された状態は長く続くこととなり、一〇年以上前からこれを待望していた行政・政治の責任者は、凍結はインフレの抑制・阻止に不可欠だと考えるようになった。社会的動員〔ストなど〕を恐れて長らく先延ばしにされていた重要なステップがかくして踏み越えられ、真の金融自由化への道を開くことが可能になったのだ！

代わりの目標としてのヨーロッパ統合

政策転換は一九八三年三月に最終的に確認された。三度目の切り下げと二度目の予算・賃金緊縮が行われ、併せて家計の消費からGDPの二％分が召し上げられたのである。折しも〔首相〕モーロワがやっとのことで第三次内閣を発足させ、以後、ジャック・ドロールが閣内で主たる役割を果たすことになった。ピエール・モーロワが補佐官ジャン・ペイルルバードとアンリ・ギョームに説得され、ジャック・ドロールの意見に与するようになったのはこの時からだ。ヨーロッパ通貨制度（EMS：一九七九年にEC加盟国の通貨間の為替変動を抑制する目的で設立）に残留するために支出削減を進め、インフレを抑制するということだ。フランソワ・ミッテランがEMS離脱を諦めたのも恐らくこの時期になってからである。「夜の訪問者」と総称されるが、実は雑多な人たちが一九八二～一九八三年の冬の間、だんだん数を減らしながらもミッテランを訪れて離脱を説き続けたからであり、その中には〔離脱派だった〕ピエール・ベレゴヴォワやローラン・ファビウスが含まれていたが、彼ら自身、最後の最後に緊縮政策支持に転向していった。

一九八三年三月に起こったとされるこの「緊縮への転換」は、「第二の左翼」信奉者やジャック・ドロールの支持者が手柄として主張することが（あまりに）多く、そのために多くの論者もこれにならって金科玉条のように繰り返すが、相対化と修正が必要である。

まず、すでにみたように、緊縮は実際には一九八一年秋に始まっている。経済・金融・財政政策を担当する行政の責任者や高級官僚のほとんどは、その一九八一年の段階では、景気浮揚策の有効性を完全に確信していたわけではなかった。

一九九九年にピエール・モーロワとローラン・ファビウスが回想したように、「知的な転換」は一九八一年にすでに行われていた。しかし、一九八二年六月〜一九八三年三月の「変化の中の変化」を政府や社会党が明示的に、あるいは原則レベルで受容することはなく、以前の政策との関係でそのようなもの〔転換〕として正当化されることもなかった。その余のことは、党の活動家向けのメッセージと外観の取り繕いにすぎない。リオネル・ジョスパンが社会党第一書記として、政権のとる政策の新たな流れを「挿入括弧」と片付けようとしたのもその一例であり、孤立した束の間の試みにすぎなかった。

「競争的ディスインフレ」とその政治的代償

「転換」より重要な第二の事実は、優先順位が本当に入れ替わり、相互に連関した一連の新たな青写真を生み出したことである。ただ、少なくとも最初のうちはそのすべてを公に口にすることはできなかった。というのも、フランソワ・ミッテランは「国内市場の奪回」「民主的計画化」や「労働者の新たな権利」を通じて失業を吸収することを最重要の目標として当選していたからだ。一九八二〜一九八三年以後、政権が主たる目標と明示するのは、フランスをヨーロッパの経済・通貨システムに最終的に統合することになった。これは、いわゆる「競争的」ディスインフレ〔政策をとること〕、つまり、ドイツ・マルクのインフレ率に近づける（独仏間には当時七%のインフレ率の差があり、フランスのほうが悪かった）よう目指すことを意味しており、賃金の物価スライドの廃止や、予算と対外収支の二重の赤字の解消がその手段となる。これらに加えて、一九八二年九月二七日のフィジャックでの演説以来、フランソワ・ミッテランは〔それまで「資本主義との断絶」などを唱えていたにもかかわらず〕利潤や企業を〔悪いものではないと〕擁護するようになり、企業の負担を引き下げ、負債を削減し、投資を振興すべきと唱え始めた。

しかしこうした明示された目標の他に、左派の有権者に告げるのは〔特に一九八三年三月一四日の市町村選挙の悪い結果で警告を受けた後は〕ほとんど無理な青写真が加わる。それは、暗黙の裡にデマンド・サイドの政策からサプライ・サイドの政策に切り替えるということだ。これは、一九七三～一九七四年の石油ショック以来、賃金を守るために犠牲になってきた企業収益を回復させることを意味しており、それが実現すれば投資の増加と、さらには雇用を増やすことにつながると考えられた。これは、一九七四年にドイツ連邦共和国の社民党の宰相が実施した政策にならって「ヘルムート・シュミットの定理」と当時、一般に呼ばれていたものに依拠していたが、(75) 実際、その通りに機能した。一九八三年以降、非金融会社が生み出した付加価値に占める企業収益の割合は二四％から三二％（一九八七年）に回復したからである。しかしこの収益回復は賃金が同程度下がることで初めて実現したものであり、左派政権がこれを喜ぶなんて難しいことだった！

こうした優先順位の入れ替えを公に口にするのは、赤字削減（すでに一九八二年にはGDPの約三％に達していた赤字幅をこれ以上増やさないようにすることが問題になっていた。この〔三％という〕数字は、後年、欧州レベルで有名になる）をしようとすれば、公的支出それ自体を批判することになるだけに、なおのこと難しかった。フランソワ・ミッテランも、一九八四年の年頭に、当時約四三％に達していた「強制徴収分〔国民負担率〕の引き下げ」を目標として公に掲げるに至った。ピエール・モーロワへの一九八四年一月一九日付の手紙の中で「もう何度も一九八五年に強制徴収分の引き下げを始めるよう希望を表明済みである。この目標は政府の行動にとって主要な政治的優先目標である」[76]と念を押した。

こうした言葉遣いと、それに結び付いた政策を認めることで、共和国大統領は、税金も社会保険料も、要するに「強制徴収分」は再分配に不可欠な財源だという左派の政治文化にとって重要な考え方ではなく、むしろ経済にとって過大な負担になっているという見方にお墨付きを与えたのである。このようにして、政治や行政の責任者はついには、対外収支赤字の元凶たる輸入を減らす期待から消費の抑制を望むようにさえなる。フランス経済の成長が、一九八二年に著しかったように、隣国や取引相手国のそれを上回ると対外均衡が悪化するため、成長すら懐疑的な目で見るようになった。より根本的には、一九七〇年代に第二次産業化の主要部門の一部〔金属、製鉄、石炭、繊維など〕を襲った産業解体〔グローバル化などによる産業空洞化を含む〕が加速し、これが一九八一年の景気浮揚策の失敗の原因となった。この話は何よりもまずフランスの工業力の弱体化を意味しており、需要が増えても応えることができず、事実上、輸入の急増で賄う外はなく、対外均衡や通貨の安定を害することになる。

より具体的な帰結として、こうした新たな優先事項は、一九八一年〔の大統領・下院選挙で〕左翼連合が訴えた目標と矛盾しており、より広く見れば、速やかに失業を減らしてほしいという人々の願いに反していた。まず、すでに見たように、産業現代化と新たに国有化された部門のリストラによって大量の雇用削減が起きた。次いで、ディスインフレ政策の代償として、利子率が今や下がり始めたインフレ率を上回って実質金利が大きく正となった。〔金利引き上げの〕動きは、一九七九年一〇月からワシントンでポール・ヴォルカー〔米国連邦準備制度理事会議長〕が実施した「強いドル」政策に端を発し、西ドイツがこれを引き継ぐ形となって、投資を抑え込み、経済成長や失業削減に逆行した。

より一般的に言えば、予算と賃金の緊縮政策は、これまで文化面で右派の掲げてきた諸価値を前面に出すことになり、左派が文化的へゲモニーをめぐる闘いを放棄することを意味した。以後、「競争的ディスインフレ」を最優先としたのは、資本の価値を安定させ、資本市場を再活性化することで国家と経済に必要な資金を調達するためであり、それは、実際には、「賃金抑制」と公的支出の抑制を唱えつつ、完全雇用の目標よりも企業業績を重視することだった。一九八二～一九八三年は、〔三〇年後の二〇一二年にフランソワ・オランドが自ら使って見せ、市民権を与えた表現を使えば〕「サプライイド政策」が需要政策にとって代わっていく、その後の三〇年間のまさに始まりとなった。

短期間だけ〔第一次緊縮計画まで〕エリゼ宮の事務次長を務めたジャック・フルニエは、早くも一九八二年四月に、共和国大統領あての極秘メモの中で、緊縮政策に目標を切り換えれば、いかに政治的・象徴的な代償が大きくなるかを、先回りして明らかにしていた。フルニエによれば、そうした目標の切り替えは一九八一年一〇月の第一次切り下げの後、すでに人に気づかれる形になっていた。〔メモの中でフルニエは〕「政府の政策は最初から雇用状況の改善を優先的な目標としていました。一〇月の通貨調整の後、この政策を変更することはありませんでしたが、金融筋の懸念を考慮してインフレ抑制と予算緊縮をさらに強調するようになりました。〔中略〕今や当初定めた優先目標を修正せざるをえなくなる危険があると私には思われます」と述べた。

指摘された危険は左派に政治的な代償をもたらした。断りも説明もせずに右派の諸価値に同調したために、一九八三年三月の市町村選挙とその次の選挙で敗北したのである。だからといって、右派の反対を鎮められたわけではなく、右派の反対は〔次に見るような〕新しい形を取りうるようになった。

5　右派の未曾有の動員

新自由主義への転向で失望したのは左派有権者の一部だったが、一九八四年夏まで動員がますます勢いを増したのは、あまり強調されないことだが実は右派の側だった。一九八三年四月に第三次モーロワ内閣が緊縮計画を採択すると、新たな不満が主として野党に近い筋から沸き起こった。アラン・サヴァリがまとめた改革案（とりわけ第二課程〔当時は学部後期に相当し学士号や修士号を取得〕進学に選抜の導入を予定していた）に反対して、医学系教育・研究単位〔医学部〕で研修医や医局員から騒ぎが始まり、大学全体に及んだ。不満は農民に波及し、豚肉価格の下落やヨーロッパの〔農産物価格〕補償金〔為替変動で生じた輸出条件の不公平を是正するEECの補助金ないし輸出関税の制度〕の据え置きに抗議して、カンペールやリールでデモを組織した。不満はさらに中小企業経営者にも及び、全国中小企業組合（SNPMI）はメーデーにアンヴァリッドからパンテオンまで行進する決定を下し、数日後にも繰り返した。サヴァリ法案の議会審議が始まると、五月二四日に新たなデモが行われ、極右のせいで暴力沙汰にもなった。次いで、警官二名がごろつきに殺された事件を受けて、六月三日、二五〇〇名の警官が、内務省と法務省の窓の下をデモ行進した。これは共和制にとってより大きな懸念材料となった。四月、共和国大統領は、「国家の権威を尊重させる」決意だと述べる一方で、「いかなる紛争でも、適切な形で問題提起されさえすれば、解決不能なものはない」と付け加えた。六月二三日、ピエール・モーロワは語調を強め、右派は民主制を危険に晒していると非難した。

デモ隊のほとんどは最終的には〔要求に〕満足を得た。政府は医学教育改革法の修正に応じ、高等教育法案の上院審議は秋に延期された。ヨーロッパ経済共同体（ＥＥＣ）一〇カ国の農相合意によって農村の騒乱には終止符が打たれた。平行して、「国民教育の一大公共サーヴィス」を創出しようとするサヴァリ法案は、私立〔カトリック系〕学校派の一九八四年六月二四日のデモを受けて放棄された。これが一因となって、七月、モーロワ内閣が総辞職し、共産党が下野することになった。政府は、恐らく、新自由主義へと逸脱しつつあると左派から疑われ始めて弱体化していたため、保守やカトリックの右派勢力の大規模な動員の前に譲歩を余儀なくされ、あきらめて新たな顔ぶれで政府を組織するしかなかったのだ。

かくしてミッテランの大統領一期目の最初の年は、規制の強化の試みとともに始まったが、しかし一九三六年の状況とは反対に、今回は左派の動員はなく、右派が動員を掛けていた。その代わりに、ローラン・ファビウス内閣をピエール・モーロワ内閣に替えたことで、自由化は促進され、後で見るように、通貨・銀行・金融面で加速し、他の分野にも及んだ。すでに社会党の指導者の一部では、転向して競争的ディスインフレ政策を支持する動きが始まっていたが、左派の動員が起こらなかった上に、景気浮揚策の失敗による衝撃も加わって、この動きはさらに強まり、やがて通貨・金融面の真の規制緩和にまで及ぶようになる。

銀行・証券・金融の自由化（一九八四〜一九八八年）

一九八四年七月、ピエール・ベレゴヴォワが社会問題省を離れ、ファビウス内閣で経済財務省の指揮を執ることになった時、二人の主たる部下、いずれも財務監察官であるジャン＝シャルル・ナウリとクロード・リュビノヴィッツを連れて行った。この三名は二年足らずのうちに、銀行・証券・金融の自由化措置を実施したが、それはタガの外れた爆発的な資本移動の口火を切って不可逆的なものとし、官民問わずフランスの金融システム全体を大混乱に陥れる力を持つものだった。[77]三人はこの自由化によってまず、より潤沢で国際レベルに接続した金融市場を作ることで流動性をより高めることを期待していた。そうすれば、企業も国家も資本調達コストを削減できるはずだというのだ。これは、一九六六年にミシェル・ドブレやジャン＝イヴ・アベレが、一九七八年にルネ・モノリがとった以前の施策の流れや、フランス銀行や計画庁のエコノミストの思索の道筋に戻るものだった。こうしたエコノミストは、一九七〇年代後半から、複数の金融市場があまりに狭く、水も漏らさぬように仕切られていて硬直的であるが故に、あまりにマルサス主義的だと見なされていた「行政が管理する借入経済」を「〔金融〕市場が自由化された経済」にとって代えるよう求めて訴えるようになっていた。これによって三人は、互いに補い合う三つの改革のセットを同時に実施することになった。つまり、新たな金融商品を作って同じ市場に流通させること。ついで、金融市場における短期の貨幣市場（それまでは厳格に銀行の独占管轄とされてきた）と中長期の資本市場（国庫局と〔有価証券〕公認仲買人が統御）

の間の垣根を取り払うこと。そして最後に、パリ証券取引所を自由化・国際化すること、である。

ジャック・ドロールが始めた貯蓄奨励政策（一九八三年に新たな貯蓄口座やＣＯＤＥＶＩ〔持続可能な成長口座 compte pour le développement durable：貯蓄口座同様、免税などの優遇あり〕を創設）の延長線上に、一九八四年の法律で「流通型債券」（ＴＣＮ）を取引する短期市場が創設された。ＴＣＮは企業だけでなく銀行も利用できるため、銀行の企業向け融資は減少し、代わりに市場での直接取引が増えることになる。国庫局とフランス銀行による多かれ少なかれ厳格な管理のもとで銀行や金融機関から資金供給を受けるという一九四五年以来の経済から、市場から資金調達する英米型の経済へ移っていくことになる。この短期市場は、国も利用可能であり、流通型国債（ＢＴＮ）や、入札で、つまり市場の条件で発行される積増型国庫債券（ＯＡＴ）も取引される。

この改革の目的は、後に刊行された『経済改革白書』の中では、金融市場の垣根を取り払い、単一の市場内で投資家に選択の自由を確保することにあったとされている。財務相〔ベレゴヴォワ〕は、財政赤字が大きく金利も高い状況の中で、仕切りがなく資金量も多いこの単一市場を通じて、より低いコストで経済が資金調達できるよう、のみならず（何よりも？）国がより楽に低いコストで国際的に資金調達できるよう期待していた。それまで歴代財務相が、国庫局の資金回路の限られた資金量で何とか国家財政を均衡させようと常に腐心してきたことからすれば、行きつく先はこれしかないということだったのだ。[78]

他方、一九八三年には中小企業向けにより特化した「第二市場」が創設され、一九八五年七月には銀行が直接参加できるデリバティブ商品の先物取引市場が、一九八六年二月にはＭＡＴＩＦ（「金融商品先物市場」、後に「フランス国際先物市場」）が創設され、いずれも国家債務の証券を売り捌きやすくすることを特に目的としていた。したがってこれは有価証券取引の公認仲買人による独占に立ち向かうことを意味していた。一九八二年から一九八四年には、まず、証券取引所の取引のペーパーレス化および電算化が決定され、証券取引所自体も物理的に〔元あった〕ブロンニャール宮から去って戻ることはなかった。続いて、パリ証券取引所をグローバル化した市場と連結すべく、コンピューター連続相場システム（CAC）の立ち上げが決定された。こうした規制緩和は、一九八七年一〇月の世界的な株式暴落（すぐに克服された）で減速したものの、その後も続き、ついに一九八八年一月には、公認仲買人が握っていた有価証券取引の独占が廃止され、公認仲買人は、銀行や保険会社に大きく開かれた私法上の証券取引会社へと転換された。加えて、右派の政権復帰と同時にパリ証券取引所の民営化が決定されたことで、取引所の変貌は増幅され加速が掛かった。

一九八六年の民営化と一九八八年以後の継続

事実を見れば、一九八一年から一九八五年の間に、公企業が過半数を保有していた子会社や資産の、民間パートナーへの開放や売却は一三〇件ほどを数える。

政治の舞台では、一九八六年三月の下院選挙の結果成立したコアビタシオン政権の右派多数派が、「過剰なディリジスム」「国家の過剰」や「コルベール主義」との決別劇を上演したがっていた。〔世界的に〕自由主義的な潮流が新たに支配的になっていた上に、一九七九年以降のマーガレット・サッチャーの規制緩和・自由化政策（加えて、一九八三年の再選後はとりわけ民営化政策）や、一九八四年のロナルド・レーガンの再選にも力を得て、ジャック・シラクは早くも一九八六年三月二六日の閣議で、「信用刺激」〔党大会で打ち出したキーワード。投資家の信頼を喚起する良いショックとなる政策を打ち出すこと〕を謳う、民営化などを含む自由主義的な政権綱領を発表し、オルドナンス〔政府による立法：憲法三八条に基づき、議会は政府に特定分野の立法を幅広く委任できる〕に〔よる実施に〕訴えた。別格大臣（Ministre d'État）として財務相に任ぜられたエドゥアール・バラデュールは、まさしく民営化担当の副首相のような役回りを務め、一九四五年に国有化されて以来となる三大預金銀行（BNP、ソシエテ・ジェネラル、クレディ・リヨネ）の民営化を発表した。これは単なる一九八一年以前への回帰を完全に越えるものだった。すでに一九八二年以後、議会右派で新たな国有化に反対する勢力（シャルル・ミヨン、ミシェル・ノワール、フランソワ・ドーベール）は、国有化、より広くは、レジスタンス全国評議会の綱領やド・ゴール将軍の政策に掲げられた「構造改革」をめぐる一九四四年の超党派の妥協を破棄すると大々的に意思表示をしていた。すでに過去のものとなったと見なされたディリジスムの時代を象徴する措置一切、例えば法令で言えば価格統制に関する一九四五年のオルドナンスなどを破棄することと並んで、〔民営化は〕経済の自由化へ向けて後戻りできない一歩を踏み出すかどうか〔の試金石〕であり、ジャック・シラクはエルナン・コルテスがメキシコで船を燃やして部下がスペインに戻れないようにしたという逸話まで持ち出した！

これを実行するために、シラク政権は「民衆資本主義」なるものを引き合いに出し、〔民営化に〕併せて、証券取引所を再活性化して、パリの金融市場に一九一四年以来、失われたか低下したままとされる国際的役割を取り戻す（これは一九二六年以来の決まり文句だった〔八七頁参照〕）ことを考えていた。〔民営化で国の〕歳入を増やせば増税せずに国の債務を減らすこともできる。最後に〔民営化〕事業は、製品や市場の競争の論理が比重を増すことによって、金融や産業のモデル・チェンジを促す可能性があった。フランソワ・ミッテランはオルドナンスへの〔発効に必要な大統領の〕署名を拒否したため、政府はやむなく〔代わりの法律を通すため〕議会に頼ることとし、一九八六年八月六日、法案は迅速に可決された。法律は「中核株主」の形成を想定しており、外国の公開買付（ＯＰＡ）を防ぐ支配ブロックを形成すべく、フランスの主要な金融・産業グループから相互出資を募って、その緊密なネットワークの中に民営化対象の企業の資本を囲い込もうとしていた[79]。加えて、株式の一〇％は当該企業の被用者に留保することができた。

　民営化の計画は、一九八六年にサン・ゴバン〔世界三大ガラス・メーカーの一つ〕、一九八七年にパリバ、スエズ、ソシエテ・ジェネラル、フランス総合共済〔一九四五年に主要共済組合の合併で誕生〕、アヴァス〔大手広告代理店。一九四四年にグループの通信社と切り離した上で国有化〕といった形で迅速に遂行された。事業の成功は期待を越えるもので、一五〇〇万件近い出資応募[80]があって、かなりの株価上昇をもたらし、国にはＧＤＰの二％相当の収入があった。しかし一九八七年一〇月の国際的な株式暴落によってこの流れは中断され、極端な自由化志向は信用を失った。とはいえ、ＴＦ１〔テレビ局〕とソシエテ・ジェネラル（一九四五年に国有化）に加えて、一九八二年二月に国有化された企業のうち二二社が民営化され、これは発表された計画の三分の一に当たる。

　一九八八年五月の大統領選挙によって、民営化の動きは完全に中断したわけではないが、さらにブレーキがかかった。〔再選を目指す〕フランソワ・ミッテランは、選挙綱領代わりに出した『全フランス国民への手紙』の中で、有名な「ni-ni」路線（「国有化も民営化もなし」）を打ち出した。その根拠はこう説明された。「公共と民間は切り離すことはできない。なぜならフランス経済は生まれつきの混合形態だからだ……。（これ以上、何もせず）世論が鎮まるのを待とう。国有化と民営化の振り子が続けば世論の高ぶりは長引き、損失にしかならない（中略）当選したら私はこれ以上のドタバタは許さない」。

とはいえ、民営化の成功から目を背けることはできないし、のみならず、コストについてもそうだ。将来、新たに一九八二年のような国有化が行われれば、（民営化で生まれた）数百万の株主に補償をしなければならなくなる。核となる安定株主、有名な「中核株主」の形成は左派から強く批判され、特に政権担当者の政治的な仲間が優遇されたと槍玉に挙げられた。しかし批判は右派の有力者の一部からも上がっており、レイモン・バールは核となる安定株の配分が「裁量的」だったことについて極めて懐疑的に思っていると述べた。

一九八〇年代末の経済・金融力学の中で、専門家の間では、社会党系であれ、中道や右派に近い者であれ、一九八三〜一九八四年に開始され、一九八六〜一九八八年に（上に見たように）引き継がれた力学（財政緊縮、「競争的ディスインフレ」、賃金物価スライドの廃止、物価の自由化、銀行信用統制の廃止、銀行・金融システムの規制緩和と自由化、為替管理廃止に向けた動き、ヨーロッパ大市場への開放、単一通貨への歩み）をいずれにせよ、もう巻き戻せないものとして（党派によって、熱烈にか、やむをえずか、は分かれるものの）受け入れるということで収斂を見つつあった。この観点からは、民営化はジャック・ドロール、次いでピエール・ベレゴヴォワが始め、エドゥアール・バラデュールに引き継がれた一連の施策の集積体の一構成要素にすぎない。〔こうした施策は〕パリ単独での決定の枠を超え、もはや抗し難い要因と目されたグローバル化へと向かう金融・経済力学を前にしてとられたものであった。

一九八八年から数年経った一九九一年九月のＥＮＡ（国立行政学院）での研究集会で、レイモン・バールは、クリスチャン・サンテチエンヌとの対話の中で、国家はなによりまず一国の現在と将来の競争力を確保し、企業を競争の風土の中に浸らせなければならないという考え方を擁護しつつも、こう付言した。「個人的には私は公企業なら何でも反対という立場ではない、全く違う！　わが国にはとても優れた公企業がある。ＥＤＦは公企業であるべきでないなんて言うなんて私には思い浮かびもしないだろう。同様に、国の少数持分出資はその企業が国民資産から失われないよう保証するのに不可欠な場合もあると思う。（中略）〔他方〕競争的部門に属していて、国益と合致しないわけではない条件で競争に立ち向かえる企業、これはできるだけ早く民間に戻るべきだ[81]」。

その名は出していないが、これも「混合経済」論である。〔ミッテランのように〕「生まれつき」とは言わず、機能面で正当化しており、大規模インフラなどの公共サーヴィスは金のかかる投資を必要とするため、経済・銀行の公共部門に残ってもよいということだ。しかし金融と経済の自由化の動きはすぐに後戻りできないものと映り始める。

後にフランス銀行総裁（一九九三〜一九九九年）、ヨーロッパ中央銀行総裁（二〇〇〇〜二〇一一年）となるジャン＝クロード・トリシェは、一九八四年から一九八六年まで国庫局の次長兼課長、次いでエドゥアール・バラデュール〔財務相〕の大臣官房長を務めていたが、後年の証言の中で、「ni-ni」政策は左派であることを示す「イデオロギー的標識」の役割を果たしていた一方で、金融政策の現場では、「競争的ディスインフレ」と、ドイツ・マルクとの通貨上の連帯、そしてヨーロッパ統合に軸をおいた「超党派戦略」が一九八四年、いやもっと前倒しする形で実施されていた、と述べた。実際には、公的所有の銀行・産業グループは、一九八二年以降も社長によって完全に自立的に経営されており、政権担当者が誰であっても正当なものと認める〔企業ごとの〕戦略的必要の前では、「ni-ni」政策を遵守するのは難しかった。

ミシェル・ロカール、エディット・クレッソン、ピエール・ベレゴヴォワの各内閣（一九八八～一九九三年）のもとでは、いくつかの国有化（航空会社UTAがエール・フランスに吸収合併）や、公企業によるかなりの数の海外企業買収もあったが、何より多数の部分的民営化（石油・ガスのTOTAL、いずれも保険会社であるCNP、GAN、UAP、AGF、石油採掘のエルフ・アキテーヌ、地方自治体向け融資のフランス地方金庫など）が行われた。部分的民営化は許容され、受け入れられるだけの場合もあれば、投資証明書や支配的少数株主の形成のような人目に付きにくいが創意に満ちた手立てを使って奨励されることもあった。社会党の当局者は、こうした企業は国家の独立に直接関わらないし、国がごく一部で少額とはいえ出資を残していると言いつつも、実際の行動においては、必ずしも口にしないまま、部分的民営化は〔銀行・産業〕グループの経営、とりわけ外国会社との提携を大いに容易にするという考え方に同意していた。社会党の専門家の中にも個人的には、国は財政赤字のために今や吝嗇（りんしょく）な株主にすぎないから、「ni-ni」政策は財務面では何のプラスにもならない制約を課しているし、外国、特に英米の政府は、自国領域内に所在する企業をフランス国家の支配下にある会社が買収すると難色を示す、と認める者も少なくなかった。

民営化の過程は一九八七年、思いがけない形で中断し、次いで一九八八〜一九九三年の「ni-ni」政策によって一時的にブレーキを掛けられた。しかしそれも、金融市場の自由主義的なグローバル化や、より広くは、第三次産業化の前では大きな意味を持たなかった。他の金融・通貨・経済的施策が、民営化を上回るまでは行かなくとも、同じくらいには決定的だったからである。加えて、一九九三年三月の下院選挙で生まれた右派の新たな多数派は、民営化の過程がなお完了していないと判断し、第二次民営化を実施すべきだと考えてすらいた。

証券・銀行・金融の自由化政策は、政権交代を越えて一九八六年以降も継続されたが、公式の、全面的で法的な民営化の政策は、一九八七年の市場暴落と、次いで翌年のフランソワ・ミッテランの再選によって二重に妨げられ遅らせられた。国家と経済の関係は、シラク内閣が一九八六年三月に述べたように、根本から覆されたわけではなかったが、それでも混合経済の終焉はもはや不可逆のものに思えた。結局、フランスは、特に英米流の銀行・金融の自由化措置の面では「アップグレード」された〔追い付いた〕と言える。〔企業や資金が〕国境を越えていく（トランスナショナル）力学の点でもそうであり、民営化が一般化するという点でも、これはすでに一九七四年のピノチェトのチリに始まり、南米のいくつもの国を経て一九八〇年代ヨーロッパの様々な国に至るまで、多くの国ですでに国際的にテストされていたのだから、そう言えるのである。(82)

＊＊＊

しかし、一九八八年の段階では、フランスの社会と経済を自由化するという右派のプロジェクトは予告されたところまでは進んでいなかった。一九八六年に右派政権は、パリの金融市場に一九一四年ころの枢要な地位を取り戻し、株主の数を増やすことで「民衆資本主義」を築くという二重の努力を行ったが、失敗に終わった。フランスでは株主の数は増えた（確かに一九八六年から一九八八年の間に一〇〇万から六〇〇万まで増えている）が、それだけでは人の目を欺くことはできなかった。同時期に、イギリスでは、株主の数は二〇〇万から一三〇〇万まで膨れ上がり、シティの証券取引所の株式時価総額はパリ証券取引所より四倍から五倍も大きい。また、一九八八年や一九九三年になっても、企業に対する資本支配はなお〔国などから〕主要株主に移る途上にあり、〔企業統治の〕大変貌はまだ完成してはいなかった。

一九八〇年代末の時点で、経済・金融の力学においては自由化と規制緩和がすでに不可逆のものと映っていたにもかかわらず、イデオロギーや政治の面では、混合経済型の規制が維持され、経済的公共サーヴィスが、特に交通・エネルギー・通信の大規模技術ネットワークに関して、強力な地位を保つことに、フランスでは世論の大部分、特に左派（ただし左派だけというわけではない）がなお執拗に愛着を持っていたというズレが存在しており、しかもそれがまだ何年も（今日まで？）続くことを認めざるをえなかった。フランソワ・ミッテランの一九八八年の勝利〔再選〕は確かに〔対立に〕決着をつけずに均衡を保つという彼の技術のお陰であった。しかしミッテランは同時に、規制の政治文化と、今も作動中の経済・金融の力学の間に生じたズレからフランスに生じている持続的な緊張を耐えられる範囲に留めておく術を心得ていた。前者は左派の世論で支配的であり、自由主義的な流れの最も極端な形に反発を強めていた。後者は、一九八〇年代の自由化から一九九〇年代のグローバル化、さらにその先に至るまで、社会党の専門家や内閣からも支持を得ていた。しかし、両者がこのように複雑かつ不透明な形で接合していたことは、当時から懸念されていたように、左派の政治的アイデンティティや正統性に深刻な負の結果をもたらすことになる。

第Ⅱ部

国家の自由化、グローバル化、ニューエコノミー（一九九三～二〇一七年）

先に〔第2章〕触れた「現存する社会主義」の崩壊、もはや避けがたいグローバル化、そして新たな情報通信テクノロジーの発展と結びついた第三次産業化は、世紀最後の一〇年間に「短い二〇世紀」（エリック・J・ホブズボームが最後の著書[83]の中で用いている表現であり、一九一七年に始まるとされる）の正真正銘の終わりを告げ、新しい世界の始まりの土台をなしている。しかし、この転換は国民国家の境界と政策を完全に再編するのだろうか？　フランスの場合、マーストリヒト条約（一九九二年批准、同年一一月一日発効）によってヨーロッパ建設が新たな段階に入ったこととの諸影響がここに付け加わる。

実際、一九九〇年代には様々なレベルで実現した新たなダイナミズムが始まり、これが国民国家と社会との関係を強く変化させたのである。

1　「不可逆的で健全な現象[84]」？

まず、この変化は東欧（一九八九年）、次いでソ連（一九九一年）でほぼ同時に発生した社会主義政治経済システムの崩壊とともに、地政学的にグローバルな規模で生じた。この崩壊は、自由主義的資本主義（これは緊張と矛盾をはらみながらも政治的民主主義に結びつけられている）が決定的に勝利して唯一のモデル（horizon）となったという現実を動かぬものとし、やがてそれは理念となり確固たる信念となった。この目覚ましい出来事はとりわけヨーロッパにおいて、先行する一〇年間にインフレの抑制と経済・金融の自由化を目指して実施された政策（すでに一九八〇年代にはマーガレット・サッチャーが「代替案はない」と指摘していた）を断固として追求するよう官民の政策決定者に促した。

次に、同じく世界的規模で、資本・財・サーヴィス・情報・人が流通する単一の空間の構築プロセスが決定的な閾値を超えた。ローカル、リージョナル、ナショナルな差異があったにもかかわらず、何人ものアクターや観察者がこれを不可避であると言い、グローバル化という呼び方が用いられるようになった。その推進力となった主な次元が金融のグローバル化（英米でいうglobalization）である。その上、第三次産業革命と呼ばれることもある産業化の新たな段階においては、グローバルな規模で展開するアメリカ企業によって支配された情報通信テクノロジー（ＩＣＴ）とデジタルテクノロジーの飛躍的な発展が見られた。この「ニューエコノミー」は先進諸国において、一九五〇～一九七〇年代に成長を支えていた分野における産業解体をもたらした。

こうしてライバルだった経済システム（社会主義）が消滅するのと同時に、資本移動は自由化され、第二次産業化の市場・製品・領域・労働資格がテクノロジーの激変によって地位の低下を見た。こうした状況はまた、金融市場の驚異的な発展のみならず、通貨・金融の強い不安定性をもたらした。投機バブルと定期的な危機を特徴とする経済サイクルが再び出現したのである。この危機は地域ごと（一九九〇年代のヨーロッパ、東南アジア、ロシア）に発生したが、同時にグローバルなものでもあった。一九八七年の株価危機、二〇〇一年の「インターネット・バブル」の破裂、次いでサブプライム不動産危機、二〇〇八年の銀行・金融の体系的な危機、最後に二〇〇九年から二〇一一年にかけてのヨーロッパにおける債務危機がその例である。

一九九二～一九九三年以降、投資家は最も弱い通貨に弱気投機を仕掛け、市場で大量に売却することで、ポンド、次いで特にフランの投機危機を引き起こした。このことは今や金融市場が完全にグローバルに、つまり世界規模になったことの徴・所産・要因であるように見える。フランスでは、通貨当局、より広くは政治指導者たちが、資本移動が自由化されると同時に、指数関数的に拡大する（これには特に不安定性とそこから生じうる危機が伴う）ことがもたらす緊張に直面することになった。すでに一九八七年の一〇月には、（短期的なものではあったが）世界株価危機〔いわゆるブラックマンデー〕の真っ只中で、フランス銀行総裁であり後にＩＭＦの専務理事となるミシェル・カムドシュが、当時財務大臣だったエドゥアール・バラデュールに宛てた〔当時〕非公開の書簡の中でこの〔資本移動の自由化と拡大という〕二つの力の衝突を強調し〔たものの〕、健全なものと判断したグローバル化を追求する方向へと決然と、そして恐らく決定的な仕方で踏み出していた。

「特に一九八〇年代の初め以降、世界全体で生じている金融市場の規制緩和がそこかしこで〔資金の〕移動の伝播を触発したことは否定できません。かと言って、一部で提案されているように資本市場の自由化を見直すべきでしょうか? 私はそうは思いません。反対に、私は最近の株価暴風〔ブラックマンデー〕から教訓を引き出し、それが経済的ショックとならないように（我々はそのための手段を持っています）するべきだと考えます。（中略）今や我々は広範囲にわたって相互に接続されたグローバル市場の中で行動しているのです。（中略）市場のグローバル化は私の見たところ不可逆的であるとともに健全な現象です」(85)。

2　国家の金融からの撤退と通貨主権の喪失

グローバルな変化はヨーロッパでの同じく重要な変容と重なっていた。一九八〇年代末から、ドロール欧州委員長（任期一九八五〜一九九五年）のもとで決められたヨーロッパ建設の新段階がスタートしたのである。この新段階はまず単一ヨーロッパ議定書の策定（一九八六年二月二八日採択）として現れ、これが「大内部市場」の建設（一九九三年一月実施）へと至り、EU加盟一二カ国[86]、次いで一五カ国[87]における財・資本・サーヴィスの自由移動を保障することになる。次に、一九八六年から一九八七年のリラとフランに対する投機の動きが示したような、資本移動の増加が最も弱い通貨の為替レートの安定性にもたらすかもしれない影響に対応するために（それを和らげるためにも）、一九八九年六月に承認されたドロール報告書において経済通貨同盟（EMU）の再起動に向けた基本的な方向性がまとめられた。これがマーストリヒト条約につながり、一九九二年二月七日の調印を経て各国が批准していくことになる。

マーストリヒト条約は〔加盟各国の〕銀行・金融市場全体を統合するとともに資本移動の完全な自由化を実施した。条約は欧州中央銀行（ECB）創設の日程と単一通貨ユーロを一九九九年と二〇〇二年の二度に分けて導入することを予告していた〔一九九九年にまず非現金取引用の通貨としての利用が始まり、二〇〇二年に現金が流通〕。ユーロとそれがとって代わることになる一一通貨との間には変更不能の交換レートが設定された。条約には、EU加盟国が経済通貨同盟に参加するために満たさなければならない条件として、〔単年度の〕財政赤字をＧＤＰの三％以下とする、公債残高をＧＤＰの六〇％以下とするなどの五つの「収斂基準」が示されている。四年後に採択された安定成長協定は、これらの基準について詳細を定めるとともに、補足を行った。こうしてユーロ圏各国は歳出・歳入への景気変動の影響に対処するために、「中期的に均衡に近いか黒字」という財政状況に到達することを約束した。遵守できなかった場合には、制裁を受けることとされた。

フランスでは、ユーロ圏への参加によって、財政均衡と通貨の安定が政府の優先目標としての地位を確立するとともに、公共政策のその他の側面にとっては制約としてのしかかることになった。このことは〔左右の〕政権交代が（二五年間をほぼ半分ずつに分け合う形で）繰り返されても変わらなかった。

しかし、この重要な刷新は困難なコンテクストにおいて進められた。ヨーロッパは一九九〇年代の初頭にアメリカ発の不況に突入し、一九九三年の危機は一九二九～一九三二年の危機以来最も深刻だった。九〇年代の初めに旧ドイツ民主共和国〔東ドイツ〕の諸州が再統一された後のドイツにおける財政危機によって、ヨーロッパ経済は減速していた。そして最後に、すでに見たように、少なくとも一九九七年までヨーロッパはリラ・ポンド・フランに対する投機的攻撃に由来する深刻な通貨危機に直面した。これらのうちで最も深刻だったのは、マーストリヒト条約に関するフランスの国民投票において僅差で「賛成」派が勝利したにもかかわらず（あるいはむしろこれが原因で）一九九二年九月、一一月、そして翌年七月にフランに対して行われた攻撃だった。資本市場では、フランスでインフレが再燃することが懸念されていた。

ヨーロッパ通貨制度（ＥＭＳ）の中でのフランの（そして将来のユーロの）「信用度」を確保するた

めに見出された解決策の一つは、フランス銀行の「独立性」を定めた新たな定款を新法（一九九三年一二月三一日施行）によって採択することであった。これ以後、物価の安定が唯一の目標となり、フランス銀行には国債の引き受けが禁止された。こうして、欧州中央銀行の創設以前の段階で国家は通貨主権を喪失したのである。一九八一年、一九八二年、一九八三年、一九八六年の四度にわたってフランの切り下げが行われていたが、これから確認するように、通貨主権が失われたことの結果の一つとして、国際的な環境の中でフランス経済にとって定期的に必要となる調整は通貨以外の要素に転嫁されることになった。

通貨と金融に関するディリジスム〔国家主導〕型システムの消滅は金融市場からの国家の撤退によって完成された。一九九〇年から、対外的には為替管理が廃止され、対内的には国民信用評議会が信用に対する規制〔貸付制限〕ともども廃止された。一九九六年に証券会社が強化され、その内部では銀行の役割が増しただけでなく、（持続可能なものではなかったが）中小企業向けの「新市場」と「自由市場」が創設され、一九九七年には証券取引所の国際〔市場への〕参加とともに「新格付けシステム」がスタートした。続いて二〇〇三年には、パリ・アムステルダム・ブリュッセルの証券取引所が合併してユーロネクストが誕生し、〔フランスの〕金融市場監督局のような国から独立した規制機関が新設された。

3 本当の国家の後退——民営化の継続、産業・イノベーション政策の衰退

一九九三年に右派が政権に復帰したことで完全民営化の新たな波が訪れ、ローヌ＝プーラン、エルフ＝アキテーヌ、ペシネー、ユジノール＝サシロールやBNPなどの銀行、AGFなどの保険会社など二〇件ほどの完全民営化が行われた。〔続く〕ジョスパン〔保革共存コアビタシオンの左派連立〕内閣は一九九七年から二〇〇二年の間に公企業の資産を三〇〇億ユーロ以上民間部門に売却したが、これはジャック・シラクの二度の任期〔一九九五年から二〇〇二年が大統領一期目、二〇〇二年から二〇〇七年までが大統領二期目〕中に行われた民営化の総額に等しい。続くニコラ・サルコジとフランソワ・オランドの任期においては、それぞれなお約一六〇億ユーロであった。二〇一八年には、国家出資庁（APE）を通じて国は八〇以上の企業において資本参加しているが、その範囲は縮小傾向にある。以後、公共経済部門の大企業では民間資本の割合が高まっており（ルノー、エール・フランスなど）、あるいはすでに民間部門に移行していることもある〔旧フランス・テレコムであるオランジュやフランス・ガスなど〕。

より広くは、国家は投資・設備・インフラ政策全般に関して明らかに関与を弱めている。すでに見たように、一九七〇年代初頭までフランスでは国家や公的資本によって支えられた大規模プログラムの貢献によって、投資率は生産された富〔GDP〕の二〇％を超えていたが、一九八〇年代に国家が徐々に撤退すると投資率も時を同じくして二〇％を下回り、二〇一〇年代まで一八％程度でほぼ安定するようになった。一九九〇年代初頭や二〇〇八年以降の不況期にはさらに低下している。

こうして、一九九三年から二〇〇七年までの一五年間にフランスではとりわけイノベージョンに関する公共政策の後退を原因として産業とテクノロジーが衰退した。米・独を含むOECD主要国はGDPの二・五％以上、さらには三％以上を研究開発に割いている。一方、フランスでは一九九三年には二・四%だったものが、その後二・二%以下に低下し、二〇〇二年以降は二・一%を下回った。これはヨーロッパにおける「知識経済」の発展を目指した二〇〇〇年のリスボン欧州理事会の戦略に反している。国家は賃金の凍結と〔特に非熟練の〔職業資格を持たない人々の〕〕労働コストの引き下げを政策として実施することで企業の競争力を高めることを望み、真の将来志向の政策であるはずのイノベーション政策によって競争力を高める努力をしなかったのである。

一九九三年から一九九五年にかけてフランソワ・フィヨンが研究大臣を務めていた際、予算は〔薄く広く〕ばらまかれ、〔フランスの〕地位の低下は過小評価されていた。地位低下は減税政策の結果としての資金の減少を主な原因とした博士号と研究費の停滞として特によく現れている。ジャック・シラクの二期目には、二〇〇五年の国立研究庁(ANR)、二〇〇七年の研究・高等教育評価庁(AERES)や「競争力拠点」〔クラスター政策〕のような官僚制のイノベーションはあったものの、同様の傾向が見られた。今ではフランスは「ニューエコノミー」のイノベーションに向けた競争においてOECD加盟国のうち一〇位台に落ちている。

二〇世紀と二一世紀にまたがるこの二〇年間において、規制国家の機能は後退したが、適用分野によってまちまちであり、またとりわけ反対する社会的動員の強弱に応じて加速期と減速期とがあった。とはいえ、期間全体として見れば〔後退の〕動きは確かに始まったのである。

第4章　自由化、もしくは「国家改革」？

一九八八年にフランソワ・ミッテランが共和国大統領に再選され、二年間続いたコアビタシオンが終わった。首相にはミシェル・ロカールが任命され、一九九一年まで在職した。〔ミッテランの大統領〕一期目にはストライキの日数は急減し、最低水準にまで減少した。〔ところが〕一九八八年に公共・民間部門双方で曲線は反転した。郵便電信電話局（一九九〇年にラ・ポストになった旧ＰＴＴ）を行政機構の外に出し、「公的委託事業者（opérateurs publics）」を競争させる「ヨーロッパの展望」の中に位置付けることを狙いとしたキレス法〔一九八八年にＰＴＴ担当大臣となったポール・キレスが準備し、一九九〇年成立〕と、それに伴うフランス・テレコムの設立は郵便物の仕分けの中止を引き起こした。秋には看護婦の連帯組織（coordination）が長期ストに入り、五年以上失業状態にあったあらゆる人々に資格も事前学修も要求せずに国家試験〔看護学校への入学試験〕への道を開いた一九八七年一二月のバルザック・デクレに対して特に抗議した。地下鉄と首都圏高速交通網（ＲＥＲ）の車両整備士たちは一一月一四日から一九八九年元日まで労働を停止した。下院国民議会のＲＰＲ（一九七六年にジャック・シラクによって創設されたド・ゴール派政党、共和国連合）議員団はこうした状況を利用し、一二月に公共サーヴィスにおける紛争の管理に関する政府の説明を要求して不信任動議を提出した。

1 「公共サーヴィスの刷新[88]」から「戦略国家[89]」へ

首相による回答は場当たり的なものでは全くなかった。ミシェル・ロカールは就任直後から「市民社会と行政の尊重」に基づく「公共サーヴィスの刷新」を掲げていた。彼は「刷新された労使関係政策、責任感涵養政策、公共政策の評価義務」を前提としつつ「公平性と効率性に関する最良の条件において、共和国の価値を保障し、公益を守護するという不可欠の使命を確実に実施することができる」公共サーヴィスを提唱していた[90]。一九八九年のロカール通達は民間部門に由来する手法を重視することで行政改革のコンセプトを変化させた。それは「手続きの論理」を「責任の論理」によって置き換え、責任感の涵養とサーヴィスの自律性を要請し、公共政策の体系的な評価および利用者への接遇とサーヴィスに関する政策という原則を提起し、機能不全を起こしている、あるいはそう思われていることへの対策として「現代化」を掲げた。FOの書記長だったマルク・ブロンデルは「政府の姿勢は数年前から行われている公共サーヴィスを問題視する政策とは縁を切っている」と評価しつつも、「公共サーヴィスを民間企業のように管理しようなど、できない相談だ」と警告した。CGTも同様に「政府のいわゆる公共サーヴィスの現代化政策は、企業が置かれた環境に合わせて公共サーヴィスを作り変え（中略）公共サーヴィスの概念から、複雑な生産プロセスを開発・管理する企業の概念へと移行することを目指している」と見なし〔て非難し〕、「公共サーヴィスにおける労働のあり方を変えるために」一連の代替策を提案した。

〔現場での〕実践の対象となることが期待された用語が実際に急増した。つまり、ジャック・シラク内閣〔一九八六〜一九八八年〕が強調した概念である「現代化」「責任」「質」などがそうであり、これに「ガヴァナンス」「操縦（pilotage）」「人的資源」「報告」「評価」「エージェンシー」「コンピテンス」などを加えてもいいだろう。これらの用語のいくつかは民間企業の生産における規範に由来しており、「ニュー・パブリック・マネージメント」つまり新公共管理という行政組織に関するパラダイム・チェンジの骨格をなしている。

この新たな管理手法は一九七〇年代にニュージーランドで出現したもので、公共サーヴィスの利用者を顧客にたとえる。顧客は税金や使用料によってサーヴィスの代金を支払っており、〔したがって〕いくつかのサーヴィスの供給に関しては公的部門と民間部門を競争させることができるというわけである。このパラダイム・チェンジは国家の役割と行政機構の組織や手法の再考を迫る。フランス憲法にはなじみのない補完性の原理[91]に準拠することで、国家は公共政策の〔実施ではなく〕舵取りに専念し、いくつかの任務の執行をより効率的で低コストとされる独立した機関に委譲することになる。政策の実施を担う行政機関は、委ねられた資源の配分に関して十分な自由を有していなければならない。そこで用いられる決定と管理の手法は「市場のアプローチ」、具体的には、質の保証、構想と執行の分離、国家との契約下にある公的エージェンシーへの執行の委任といった継続的な改善技術に基づく。そうしたエージェンシーの最初期のものは、林野庁（一九六四年）、全国職業安定機構（ANP

E：一九六七年）、研究活用庁（一九六七年）、沿岸地域保全機構（一九七五年）である。次に、危機への対応として設置されたものとして、フランスエイズ対策庁（一九八九年）や二〇〇三年八月の猛暑の後で設けられた全国自律連帯金庫〔高齢者介護の財源を確保するための機関〕（二〇〇四年）がある。この他に、省エネルギー庁（一九七四年）や都市再開発庁（二〇〇三年）は新たな公共政策の出現への対応を目的とした例、社会的結束・機会平等庁（二〇〇六年）は地方分権化された政策の調整を担う例、食品・環境・労働安全衛生庁（二〇一〇年）は行政の現代化を目指した例である。さらに、ヒエラルキー的な手続きの契約的あるいは半契約的〔目標設定、サーヴィス提供契約〕手続きによる置き換え、パフォーマンスによる管理、業績報酬、かつて公共財と見なされた分野における市場ないし準市場の導入、管理指標に基づく評価の利用、民間部門に由来する人的資源の管理手法が付け加えられた。

これらの原則は経済協力開発機構（OECD）などの機関によって体系化され、一九八〇年代から西洋諸国において大いに発展した。イギリスで一九八八年に開始された国家改革によって省庁組織が自律した執行エージェンシーへと変容したことや、イタリアで諸改革によって八〇%の公務員の公法上の身分規程に終止符が打たれ、民間部門に近い契約に基づく地位に移行したこと[92]などがその例である。フランスではこうした改革は一九九〇年前後に始まり、一九九三年三月の総選挙での右派の勝利（これは新たなコアビタシオン政権をもたらした）と一九九五年の大統領選挙でのジャック・シラクの勝利によって確立されていった。

2 「改革する国家」から「改革される国家」へ[93]

政治学者のフィリップ・ブゼスは一九六二年以降のフランスの行政改革と、ニュー・パブリック・マネージメントが体現する経営管理的論理への公共サーヴィスの転換を分析した。一九九〇年頃、高級官僚たちはこの理論の「専門家にして伝道者」となり、〔フランスの〕行政システムとその管理規則を時代遅れで不適合なものと見なした。以後、彼らはそれまで実験的なものにとどまっていた経営管理ツールを、この新たな包括的で一貫したドクトリンの骨格をなすものとして体系的に推進するようになった。[94]「公共サーヴィスの刷新」というテーマは、それを包括し、乗り越えるものである「国家の改革」というテーマにとって代わられた。

第一〇次・第一一次プランの準備の際、「国家の効率性」委員会、次いで「二〇〇〇年の国家、行政、公共サーヴィス」委員会（それぞれフランソワ・ド・クロゼとクリスチアン・ブランが委員長を務めた）が初めて国家を検討対象とした。報告書『国家の効率性』〔一九八九年〕では、「現在の行政の動き方を統御するピラミッド型の図式と縁を切り」、「中央（官庁――原注）が現業組織によって実施される活動を枠付け、支援するループ型の図式」に置き換えることが提案されている。また、中央政府の決定を中継し、地方レベルの国家の機関を管理する機関を設置することで、国の業務の地方分散を進める必要性が強調されている。「中央の組織は不可避的にその任務に属するような権限のみを保持するべきである。その他のあらゆる権限は出先機関に移譲するべきである」。「国家はすべてを自ら実施しないことにコンプレックスを持つ必要は（中略）ない。それどころか、国家は絶えず「すること」と「させること」の境界を変更し、時代ごとの経済的・政治的・社会的・行政的な需要や条件の変遷に応じて活動範囲を修正するべきでさえあろう」。実際に、中央と地方の組織間での権限の再配分は一九九二年二月六日の共和国の地方行政に関する法律〔ジョックス＝マルシャン法〕と同年七月一日の事務地方分散憲章に関するデクレによって制度化されている。

一九九三年にフランソワ・ミッテランの首相となったエドゥアール・バラデュールは、会計検査院の主任評定官であり民間部門での勤務経験も豊富なジャン・ピックに国家の現代化に関する報告書の作成を委ねている。この報告書〔一九九四年〕はクリスチアン・ブランの報告書〔右派内閣成立前の一九九三年二月発表〕の延長線上に位置付けられ、「世界と我々の社会の変化、国境の開放、貿易のグローバル化、失業と排除の増加、加速する都市化、一部の農村地帯の過疎化」によって不可避となったとして、「国家の責任の刷新」を推奨している。

一九八〇年にOECDは年次報告書のテーマを『福祉国家の危機』〔厚生省大臣官房政策課調査室他監訳、ぎょうせい、一九八三年。原著：OECD, *The Welfare State in Crisis*, 1981. なお、以下の翻訳は訳者による〕とし、「国家を巨大な扶助バラまき機関へと変化させる」傾向を徹底的に批判している。報告書の中でも、国家に対する需要は非常に強いものであることは認められているが、それは「多かれ少なかれ国家には介入してほしい、という欲求を示しているのではなく、国家がなすべきことを適切に行うことへの期待を示しているのである」。規範の産出、その適用の制御、「グローバルな競争における我々の国の機会を脅かす大規模な赤字」を減らす能力を特徴とする規制国家を実現することでこそ、この需要に応えたことになるのだ。当時、国家は公共支出の激増と同一視され、「市民に不可欠な道標を提示することができなくなってしまっている」が、「価値やルール、参照基準を提示して、もう一度、国家を創設した人々の間に一体感を生み出すことで、人々を結び付け、自信を取り戻させる堅固で生き生きとした社会契約を再建する」ことは可能であるというのだが……。

したがって、「国全体の現代化への足かせ」となってしまった「国家組織の時代遅れの性格」に終止符を打つことはクリスチアン・ブランが「戦略国家」[95]と名付けたものを具体化することを前提とする。つまり、新たな的確な行動様式をとることで国営企業のパフォーマンスを向上させ、民間・公共部門間の協力を組織できるようになり、貿易のグローバル化が進む中で国民経済の競争力を改善することも可能になるというのだ。

こうした国家の軌道修正を求める呼びかけは一九九五年七月のアラン・ジュペ首相の通達に影響を与えている。通達では、軌道修正は「分野ごとに、公法人の責任となる任務と私的なアクター（市場、企業ないし社会的アクター）に属しうる任務との境界線」を画定することで、国家の任務と公共サーヴィスの領域を明確化することが前提になると付け加えている。ここで要求される明確化はヨーロッパ建設、地方分権化、そして一九九二年二月のいわゆるジョックス＝マルシャン法によって実施された事務地方分散とが組み合わさった影響から生じた複雑な仕組みにまで及ぶ。ジュペ通達は「ヨーロッパ連合条約によって認められた補完性原理に真の一貫性」を与え、「最適なレベルでの意思決定を目的として、現状の国家と様々な〔レベルの〕地方自治体の間での権限の配分を修正する」ことによってのみこの仕組みを制御できると考えている。

したがって、問題は「戦略国家」が意味する規制の機能〔予測、分析、構想、立法、評価〕と、規制の管理・適用ないしはサーヴィスの提供からなる実行者の役割とを明確に区別することによって、「中央の国家を変える」ことである。管理業務はそのために用意された地方または全国レベルで権限を有する機関に委譲され、事務分散が図られるべきだということになる。具体的には、「サーヴィス契約」を結んだ機関やエージェンシーが移譲先となり、この契約は必要であれば公的機関に対する統制を軽減でき、何より中央官庁の定員を大幅に減らすことに貢献するというわけである。

一九九五年の選挙キャンペーン中に、ジャック・シラクは公務員数の全般的削減には一切触れずに国家改革を掲げていた。一九九五年九月に設置された国家改革局は行政改革三カ年計画の作成を任務とし、計画は国家改革省際委員会に提出されることになった。この組織は、以後何度も名前を変えた(一九九八年に国家改革省際局、二〇〇三年に公共管理・国家組織現代化局、二〇〇五年に国家現代化総局など)。

その後、五年間のコアビタシオンは〔公務員や公共サーヴィスに直接関わる〕制度改革のリズムにブレーキをかけた〔その代わりに政治分野の改革が進められた〕。国民投票の対象が「国の経済社会政策の一般方針」と「公共サーヴィスの組織と機能に関する根本規則」に関する法案にまで拡張された。一九九六年には兵役が停止され、翌年には〔法改正により〕撤廃された。一九九八年には司法官職高等評議会の改革が行われている。二〇〇〇年には国民投票によって大統領任期の七年から五年への短縮が決められ、翌年には選挙日程が逆転された〔下院議員の任期は五年目の四月に満了するという選挙法の規定を六月満了、つまり四月に行われる大統領選挙の後に変更した〕。二〇〇二年の選挙キャンペーンの際になってようやく、ジャック・シラクが公務員数の削減支持を表明し、〔再選後の〕二〇〇四年五月には「より良く管理され、より軽量で、より効率的な」国家を提唱した。

3　片足立ちの左派

左派政権では、右派政権において実施された「国家改革」政策との断絶と連続性とが複雑に組み合わせられている。

一九八八年から一九九三年、次いで一九九七年から二〇〇二年にかけて、左派の政権復帰は学校・大学政策、社会政策、移民政策の見直しをもたらした。三度目のコアビタシオンとなったジョスパン内閣のもとでは、医療・住宅・労働権に関する社会現代化法が可決され、多くの規定が改正された。解雇に行政の承認を必要とする仕組みが再導入され、ギグー法によって外国人の親を持つフランス生まれの未成年がシェンゲン圏を自由に移動することが認められ、シュヴェーヌマン法（いわゆるRESEDA法〔外国人の入国・滞在と庇護権に関する法律〕）によってシャルル・パスクワ〔ド・ゴール派の有力政治家の一人〕の移民・難民に関する強制〔送還〕政策が否定された。近接民主主義に関するヴァイヤン法では参加型民主主義に特別の注意が払われ、地区評議会が創設された。そのお陰で、一九〇一年の結社法（当時公式に「自由の法」と名付けられていた）の一〇〇周年は、国務院評定官のジャン＝ミシェル・ブロルジェイを議長とする省際チームが担当して盛大に祝われた[96]。

反対に、国家と公共サーヴィスの「現代化」に関しては、連続性が支配的であった。〔下院の〕財政委員会の委員長を務めていた社会党のディディエ・ミゴーの発案による〔二〇〇一年の〕「予算法〔歳入歳出予算を法律として決定〕に関する組織法」（いわゆるＬＯＬＦ）は、ＯＥＣＤによって普及した経営管理手法を取り入れている。こうした手法はすでに英・米・カナダ・デンマーク・オランダで実験済みであり、どの国のケースもミゴーの議会報告で言及された。この法律はパフォーマンスによる管理を推進し、手段のロジックに代えて結果のロジックを用いる。予算枠の合併に「非対称的代替可能性」の原則が加わることで〔予算〕配分の責任は〔プログラムごとの予算〕管理者に委譲された。[97]

しかし、人件費を増やすことは禁じられており、一連の指標に基づく評価とコントロールの手続きのもとに置かれた。こうした制約が増えたことで、声高に叫ばれていたはずの〔プログラムごとの〕自律性は実際にはほとんどなくなってしまった。全会一致で採択されたこの法律は、その後のどの内閣においても見直されることはなかった。〔とはいえ、運用上では〕実際に転換と呼べるものが起きたが、それは関連部局間で妥協（巧妙なものであることが多い）が結ばれるのを助けるものだったとフィリップ・ブゼスは指摘する。曰く、「省庁間の協議の対象となる具体的な施策は、それらが影響を及ぼそうとする関係性の中に組み込まれている。ここには国ごとの制約が働いていることが示されており、フランスにおける国家の性格付けはニュー・パブリック・マネージメントの国際的なスタンダードとは異なったものとなっている」[98]。

4　治安を偏重し人種化していく政策

一九七〇年代には、移民労働者たち、特に「単能工」と呼ばれる資格を持たない労働者たちが、自律した政治的アクターとして振る舞い始めた。ペナロヤ〔金属企業〕やルノーの〔パリ郊外に位置する〕ビヤンクールのプレス加工部門といった工場を舞台に、また、SONACOTRA（移民労働者住宅建設公社）の集合住宅の家賃に関する長期のストライキのように住宅を舞台として、あるいは、〔パリ市内の〕サンチエやリヨン近郊のマンゲットでのトルコ人労働者によるハンガー・ストライキ（ここでは第二世代の若者を苦しめる国外追放ないし「二重罰」〔刑罰を受ける上に国外に追放されることを指す〕に対する闘争も行われた）を通じてである。これらの運動にはCFDTやその関係組織が強く関与していた。一九八二〜一九八四年の自動車ストは、当時「尊厳のスト」と呼ばれ、主にCGTが主導していたが、これは、平等と反人種差別のための行進、いわゆる「ブール〔アラブの逆さ言葉〕の行進」〔一九八三年に〕マルセイユからパリまで、多くの反人種差別団体の支持のもとに行われた）とほぼ同時期だった。最初の勝利の後、このストは経営側の巻き返しの試みと対峙しなくてはならなかった。この時、経営側を後押ししたのは公権力の側で起きたあるパラダイム・チェンジだったが、これは長く消えない帰結を残した。リヨン郊外のヴェニシィウー市にあるマンゲット団地における暴動や、一九八四年のタルボでの紛争〔一九八二〜一九八四年、自動車メーカーの工場で移民系労働者が争議を主導〕の際に社会的なアプローチではなく宗教的・共同体的説明が用いられたことは、実際のところ、移民問題に結びつけられた「都市における暴力」や「ムスリム問題」というカテゴリーを公的な討論において氾濫させた。これによって、社会問題を「人種問題化」させる有害なプロセスが推し進められた。同時に移民政策の厳格化が生じている。一九八六年には、いわゆるパスクワ＝ドブレ法によって外国人の入国と滞在の条件が制限されている。七年後には第二のパスクワ法が可決されたことにより、滞在許可証を有する外国人の両親を持ち、フランス国内で生まれた未成年によるフランス国籍の自動取得が過去一世紀来初めて停止され、一六歳から二一歳までの間に行われる「意志の宣誓」と呼ばれる事前宣誓が必要とされた。

一九九五年一月一日の安全に関する基本計画法は第一条で安全への基本権の原則を導入しており、この原則は治安維持に関するこうした考え方の系譜に位置付けられる。このかつてない原則は、ジャン＝ピエール・ラファラン内閣の内務大臣だったニコラ・サルコジが提案した国内の安全に関する二〇〇三年三月一八日法のみならず、社会党のダニエル・ヴァイヤンが提案した日常の安全に関する二〇〇一年一一月一五日法においても、一語一句そのまま採用されている。〔当時の〕「複数の左派」内閣の当初の諸価値はこの問題に極力慎重にアプローチすることを想定していたはずであったにもかかわらずである。この原則はウルリッヒ・ベックの『リスク社会』〔『危険社会――新しい近代への道』東廉、伊藤美登里訳、法政大学出版局、一九九八年。原著：Urlich Beck, *Risikogesellschaft : Auf dem Weg in eine andere Moderne*, Suhrkamp, 1986〕のフランス語訳の出版〔二〇〇一年〕と時を同じくして登場した新たなドクサを採用しており、このドクサは公共的自由の観念の代わりに基本権の観念を用い、安全への権利とリスクを新たな刑法の中心に位置付けるパラダイム・チェンジをもたらした(99)。

ジャック・シラクは大統領選挙キャンペーン中に、ライバルであるリオネル・ジョスパンの〔首相としての〕政治的実績をおとしめるために治安の悪化への不安を掻き立てた。彼の再選後にほどなくして採択された二〇〇二年八月二九日の国内の安全のための基本計画法〔〔頭文字をとって〕ＬＯＰＰＳ

Iと呼ばれる）では、大都市の外部での治安悪化や、市民が権利を有するはずの保護を国家が十分に提供できなくなった地域の増加、未成年の非行の増加、麻薬密売の横行が強調され、以下のように続けている。「確認された犯罪と非行の事実の背後には、まず被害者がいる。（犯罪や非行が）一九九八年から二〇〇一年の間に全体で一三・九二％増加したということは、四八万七二六七人の被害者が新たに生まれたことを意味している。これはリヨン市の人口よりも多い。国家がこうした非行の人的側面を手続きのあらゆる段階で考慮することは義務でもある。（中略）国家の役割は慰めを振りまくことではなく正義を再建することであり、被害者には体系的で均質な対応、司法のみならず治安当局からの迅速・適切かつわかりやすい対応が保障される地位を確立することが望まれる。治安当局はしばしば最初に通報を受けるのだから、被害者を適切な組織や最寄りの司法センター〔ＭＪＤ〕に橋渡しして助言義務を果たさなければならない」。

「被害者化」という言葉が一躍知れ渡り、大流行したことが示すように、ゼロ・リスクの名のもと、潜在的な被害者を保護することが至上命令となった。それを具体化したのが、第二次ペルバン法（二〇〇四年）による刑罰の執行に関する法（刑の宣告後の期間に関する刑法の一部）の導入であり、二〇〇七年の「被害者担当受任裁判官」の創設だった。このことは「人権が普遍的なものとして扱われる〔万人に同じ権利が保障される〕のではなく、損害の補償を受けるべき被害者の尺度で定められるようになる（被害者の人権が普遍的人権を狭める）という人権の転倒」[100]を引き起こすリスクを抱える。こうして要求されるようになった〔犯罪の〕予防は「犯罪者」のカテゴリーの拡大を伴う。一九九五年一月法〔内務大臣はシャルル・パスクワ〕の標的には、組織犯罪、経済・金融の大規模な違法行為、テロリズム〔半年後にフランスは現実に武装イスラム集団〔GIA：一九九〇年代に内戦を戦ったアルジェリアのテロ組織〕によるパリの地下鉄サン＝ミシェル駅での凄惨なテロに襲われた〕、麻薬の売人のみならず、軽犯罪や交通違反、非正規移民や闇労働、「都市暴動」に関わった者〔大部分が移民系である「団地」の若者たちのことを指す〕までが含まれていた。一方、二〇〇一年九月一一日の〔アメリカ同時多発〕テロの二カ月後に採択されたヴァイヤン法は、テロリズムと闘うための手段の強化とともに、階段での座り込みや届け出なしのレイヴ・パーティといった「社会的迷惑行為とマナー違反」を防止することも狙いとしていた。〔先述の〕LOPPSI法は新たな犯罪と刑罰を導入している。売春、物乞い、旅の人々〔フランスにおけるロマに対する呼称の一つ〕、建物のホールでの集会、脅迫、フーリガン、ホモフォビア、武器の売買などである。フランスでは、社会国家の弱体化やそれと関連した貧困の拡大が危険な階級〔歴史家・人口学者ルイ・シュヴァリエの著書『労働階級と危険な階級』〔喜安朗ほか訳、みすず書房、一九九三年〕は一九世紀前半のパリ民衆が貧困の中で様々な犯罪に走る姿を描き出した〕の神話をよみがえらせつつある。刑罰が社会的なもの〔福祉〕にとって代わろうとしているのだ。その上、人種差別と外国人嫌いを〔仮に必要であらば！〕助長する、差別的な刑法イデオロギーまで登場せんとしている。

5　労働の不安定化と高まる「柔軟性」

一九八六年以後の歴代内閣は、左右両陣営間の多数派〔政権〕の交代に関係なく、低賃金〔労働〕や非熟練労働にのしかかる事業主の社会保険料負担の軽減を第一に目指す雇用政策を二〇年以上にわたって追求していった。大量失業と闘う方法に関しては、党派を超えて診立てが一致していたからである。

第一次コアビタシオン政権の成立直後に、フィリップ・セガン労働相はCNPFに促されつつ一九八六年八月一一日のオルドナンスによって企業がパートタイム〔就労〕、有期契約、臨時雇用を利用しやすいようにした。[101] これらはレイモン・バールの時代にはすでに広く利用され始めていた。他方、国は好影響〔雇用増〕を期待して事業主に対して若者の雇用に関する社会保険料負担を免除した。また、失業を減らすことができず、〔シラク〕内閣は様々な措置を通じて社会保障による失業への対応を強化した。これには〔若年労働者向けの〕公益事業雇用（TUC）の継続や、五七歳六カ月以上〔の失業手当受給者〕に対する求職努力免除措置〔年金の受給が始まる六〇歳まで失業手当を受給できる〕の拡大が含まれ、ジスカール＝デスタン大統領の時代に多用され多額の費用がかかっていた早期退職制度に代わる役割を果たすことになった。

これらの措置や事業主の保険料負担の引き下げが国庫によって負担され、また減税〔富裕税の廃止や資本逃避を防ぐための課税免除〕が行われたことは政府の財政にとって重荷となった。民営化による収入があったにもかかわらず、政府財政は赤字のままで、赤字幅はGDPの二％以下となることはなかった。ところが、この時期以降の右派は、レイモン・バールの〔首相〕在任中に支配的だった原則とは異なり、財政赤字と累積債務の容認に転じ、以後、長く立場を変えなかった。労使関係を変容させるためには〔社会保障の負担増による〕財政赤字は支払わねばならない代償だと考えられたためである。

短い成長期が訪れたものの、一九八八年にミシェル・ロカールが首相府に、マルティィヌ・オブリが労働省に、ピエール・ベレゴヴォワが財務省に〔それぞれ首相・大臣として〕着任したことは雇用政策の変化をほとんどもたらさなかった。従来通り、若者や長期失業者の雇い入れに際して社会保険料の免除や、連帯雇用契約（CES）〔TUC後継の公的補助付き雇用契約〕としてまとめられた非熟練の若者のための措置、またパートタイム労働者の雇用に関する社会保険料軽減（これは特に女性に影響を及ぼす）が重視されたのである。失業がほとんど減少しなかったこと、マーストリヒト条約の批准に関する国民投票に対して左派の有権者の一部が離反したこと、一九九二年の通貨危機、そして一九九三年の不況は右派の政権復帰へとつながった。こうして政府の財政負担によって〔労働市場の〕柔軟化と労働コストの低下を目指す政策がはっきりと強化されていく。

6　社会国家への攻撃

参入最低所得（RMI）〔就業を目指す活動への参加を条件に与えられる扶助給付〕と定期的に引き上げが求められている一般社会拠出金（CSG）〔社会保障目的税〕という二つの持続的なイノベーションによって、ミシェル・ロカールは一九八八〜一九九〇年に扶助的政策を保険に置き換える動きと、労使の〔社会保険料〕拠出の割合を下げて社会保障の財源に税を用いることを開始した。OECDが一九九三〜一九九五年に発表した様々な研究（フランスでは計画庁がこれらに追随した）は事業主のために労働コストを引き下げることで「労働市場の硬直性」を克服することを推奨していた。これがはずみとなり、一九九三年三月の下院選挙での右派の圧勝により生まれたバラデュール内閣は、法定最低賃金（SMIC）の一二〇％以下の賃金については労働に課される事業主側負担の社会保険料を五〇％免除し、同じく最低賃金の一一〇％以下の賃金については家族手当の保険料を全額免除した。〔バラデュール〕首相は経済社会評議会の議長であるジャン・マテオリに「雇用創出を妨げる現象の調査」と「解決策の提案」を依頼した。マテオリは、最低賃金を「非熟練労働者の雇用に対する障壁」だとし、雇用のインサイダーとアウトサイダーを対置する内容の結論をまとめ、これが、二六歳以下（バカロレア〔大学入学資格試験〕プラス三年の学歴〔フランスでは学士号（icence）相当〕まで）の若者を対象とした職業参入契約（CIP）を導入する一九九三年一二月二〇日法のもとになった。この契約は一度のみ更新可能な有期契約であり、報酬は最低賃金の八〇％とされた。しかし、この「若者最低賃金（Smic-jeunes）」への反対運動に直面すると政府は法案を撤回した。これ以降、諸内閣は最低賃金と同等からその一・二倍まで、次いで一・三三倍まで、さらに二〇〇五年一月のフィヨン法では一・六倍までの賃金に対して、社会保険料を部分的に免除するほうを選んだ。ジョスパン内閣でマルティヌ・オブリ労働相は、一定の成長と若者雇用（emplois-jeunes）制度〔公的補助付きの有期契約〕のおかげで一九九八〜二〇〇〇年に強力に雇用が増加したにもかかわらず、低賃金〔労働〕に対する社会保険料の引き下げ政策を優先することに同意した。バラデュール内閣とジュペ内閣に引き続いて、リオネル・ジョスパンは（一九九八年四月に経済分析評議会に依頼したレポートに関連して）「労働、特に非熟練労働への課税」を「雇用の拡大に不都合な要因」として挙げている。

低賃金に対する「負担」を減らすべきという発想を今や公式化したこの用語法は、社会保険料が事業主のために減らすべき課税であると見なされ、賃金はなによりもコストと考えられているということを意味している。週労働時間の三五時間への短縮に関する法律（二〇〇〇年と二〇〇二年の二度に分けて施行された）は、これと同じ左派の文化的・イデオロギー的転換から生じたものだ。というのも、同法は社会的負担の「軽減」を含んでおり、これが事実上同法のある程度の成功に寄与したのである。この成功はバラデュールとジュペの施策とほぼ同等であり、どちらのケースでも最低賃金近辺の雇用を中心に約三〇万の雇用が生まれた。この数字は三五時間制〔の効果〕を少し上回っている。しかし、これらすべての民間事業主への補助金は国の財政にとってはコストの上昇を意味する。同じコストをかければ公共サーヴィス部門で数十万の雇用を生み出すことができ、そのほうが有益だったはずだ。

二〇〇五年に、二五歳以下の若年失業率が労働力人口（ただし、ここからは学業に専念している学生は除かれている）の二〇％を超えていたのに対して、ジャン＝ルイ・ボルローによる「機会の平等法」は初任〔日本でいう新社会人〕雇用契約（ＣＰＥ）というイノベーションを導入した。この契約は使用者によりいっそうの柔軟性を提供することで若者の雇用を容易にするものとされた。使用者には二年間の「定着期間」が与えられ、この期間には事由を明示せずとも一方的に契約を破棄できることになった。これは現行の法律上の原則との完全なる断絶を意味し、さらなる〔雇用の〕不安定化の要因をなしていた。

〔ドイツ軍からの〕解放から一九九三年まで、年金制度の改革は賃金労働者の権利の改善と老齢保険の拡大の方向に進んできた。一九九三年の右派の輝かしい勝利は老齢保険制度の「改革」を加速することになった。同年に可決された民間部門の年金改革は流れを逆転させ、その後それは止まることはなかった。年金の満額受給に必要な保険料の拠出期間が一〇・四半期増やされ〔一五〇から一六〇・四半期となった〕、年金の計算は最も賃金の高かった一〇年間ではなく二五年間に基づいて行われることとされた。そして、あまり注目されないが給付を大きく減らす重要な事実として、年金が平均賃金ではなく物価の上昇率に合わせて改定されることになった。全国老齢保険金庫〔年金制度を管理する公法人〕が二〇〇八年に公表した調査によると、これによる最良の効果（ママ）として一九九四〜二〇〇三年にかけて受け取りが始まった年金全体について、支給額がより低くなった。

一九九五年に、大統領選挙候補者だったジャック・シラクは「社会的分裂」を縮小する必要性をテーマとした選挙キャンペーンを行った。当選するや否や、彼は「欧州単一通貨にフランスが参加できるように」財政赤字の解消を優先しなければならないと表明し、そのように行動していく。一一月中旬にアラン・ジュペ首相は、一九九三年のバラデュールによる年金改革によって民間部門の労働者に課された措置を公務員と公企業の従業員にも拡張適用する計画を公表した。これは社会保障の基礎に攻撃をしかけたもので、社会保障は医療費と社会保障給付の徹底した削減という脅威にさらされた。同じ頃、国鉄（ＳＮＣＦ）総裁のジャン・ベルグニューは国との新たな計画契約を提案していた。これは六〇〇〇キロの路線の廃止およびその結果としての三万〜五万人の雇用の廃止を予定し、国鉄職員の身分規程の見直しを含んでいた。また、年金の受給開始年齢を引き上げるとともに、年金の計算方法、現役労働者と年金生活者への給付内容、被保険者の保険料を変更することが提案されていた。

しかしながら、これらの試みは反対運動に直面し失敗に終わった。

7　民衆動員とその新たな形態

一九三六年から一九六八年までに、複数の産業にまたがるものであれそうではないものであれ数多くのストライキが勝利し、そのたびに新たな社会的権利が獲得された。第一次石油ショックによって景気循環の暗転が始まり、加えて、それぞれ次元は全く異なるものの、公権力と経営者が同じ政策を始めた結果、ストライキ（一九九五年以降はしばしば「社会運動」と呼ばれる）は防衛的で、多くの場合、統一や団結を欠いたものになった。以後、ストの課題は、〔新たな社会的権利の獲得ではなく〕すでに獲得した権利を守ること、少なくとも守るよう試みることとなったが、〔それさえ〕成果は一様ではなかった。

一九八四～一九九五年の〔約〕一〇年は強力な集合的動員によって特徴付けられる。そのうちのいくつか（私立〔カトリック系〕学校を防衛するために行われたサヴァリ法〔サヴァリ教育相による私学の公共サーヴィスへの統合を目指した改革〕反対運動）は政治的な右派を基盤とし、一九九五年のもの〔下記の年金改革反対の大規模スト・デモ〕を除いて、大半が教育界や高校・大学生に端を発していた。一九九三年には「若者最低賃金」〔一三五頁〕への反対運動に労組が合流し、世論の多数派が運動を支持していた。運動の広がりと基盤の大きさからエドゥアール・バラデュール〔首相〕は〔成立した〕法律の執行停止に追い込まれ、一九九四年三月三〇日に完全撤回を表明することになる。

一九九五年には、ジュペ・プランとベルグニューの計画契約が同時に出され、国を一九六八年以来類のない規模の運動へと押しやった。当時これはジャック・シラクの大統領選挙当選〔第一回投票で過半数の票を得た候補者がおらず、第二回投票が行われた〕後の「社会的第三回投票」と呼ばれた。一〇月には公務員組織の様々な分野で運動〔スト〕と一斉行動デー〔デモ〕が繰り広げられた。一一月一八日には国鉄職員たちが無期限のストを開始する。このストでは、人のいないプラットフォームで焚火をする〔ピケを張って駅に来る乗客を説得するため〕など、これまでに見られなかった光景を伴う行動様式がとられた。いくつかの仕事道具〔警笛、普段は運転手に注意をするために用いられる赤いトーチ〕が階級の標識へと変化し、「この」ストの象徴となってその後の運動でも用いられた。国鉄職員に続いて広範な公共セクター〔例えば、EDFの職員〕や学生・教員、さらに新たなカテゴリーの賃金労働者も間もなく合流した。ただし、そこでは、一九三六年五月〔人民戦線政権成立に伴う大規模スト〕の状況とは異なり、民間部門の役割は小さかった。一九八二～一九九四年の時期の年間ストライキ日数〔労働損失日数〕が平均一一〇万日だったのに対して、一九九五年には突如として六〇〇万日という一九六八年以降未曾有の水準に達した。

「経済的に困難な時期には行政と公務員はスケープゴートにされ、公務員の人数を削ることで国の負担を減らし節約しようとする計画が立てられる」と研究者のフロランス・ガルマンは書いている〔前出注（88）〕。一九八〇年代末に妥当であったことは一九九五年秋のストの間、そしてそれ以降、より強い資格で妥当になった。当時、ジュペ・プランとベルグニューの計画契約の支持者たちの最前列にいたのはCFDTと、『エスプリ』誌の発意に応じた一部の名高い知識人たち〔ピエール・ロザンヴァロン、ジャン＝ポール・フィトゥシ、ジャック・ジュリヤール、アラン・トゥレーヌ、ポール・リクール、ミシェル・ヴィノック、ジャック・ル・ゴフ、アルフレッド・グロセールなど）や、クロード・アルファンデリのような「第二の左翼」とロカール主義に近い著名人たちであり、彼らは公共部門と民間部門とで動員に不均衡があることを指摘することで、運動を「特定部門のもの」「同業組合的（コルポラティスト）」はたまた「時代遅れ[102]」と形容して告発したのだった。彼らは（この時には失敗に終わったが）世論闘争に勝利しようとして、公務員を特権者と見なし、このストを「同業組合主義（コルポラティスム）」、さらには「利用者を人質にとっている」として告発した。これらのテーマは以降長く使われ続けることになる。他方、右派は利用者たちを身元を明かさないデモに動員しようとした。一九六八年のゼネストではこれらの言葉には登場の余地は一切与えられていなかった。

政治学者のソフィー・ベルーとジャック・カプドゥヴィエルは、二年後の一九九七年に「同業組合主義を悪者扱いするアプローチと手を切る」よう促し、印象を悪化させるような言葉遣いに異を唱えた。すなわち、同業組合的な枠組みは特に世代間の連帯、それも身分の安定している〔「正規」の〕人々と不安定な〔「非正規」の〕人々の間の連帯の再生を可能にするというのである。彼らが強調するには、職能は「伝統的に労働の世界を構造化していた媒介の危機に対する抵抗の極」となり、それゆえ、「雇用の危機によって再びアクチュアルな争点」となって中心性を取り戻した。一九九五年には、ＳＮＣＦでもその他の公共サーヴィス部門でも、「運営や使命がますます疑問視されている企業における単なる個別部門の利益の防衛が徐々に乗り越えられて、公共サーヴィスの問題や年金の防衛を中心としたより全体に関わる運動[103]」を可能にした。一九九五年の末に世論の広い支持を得た社会運動は事実としては〔社会保障や国鉄の〕改革案に反対して行われたものだったが、より広くは、世界＝経済への適合を目指す政府の自由主義路線への反対運動であった。この運動は政府に対して、「抵抗」というスローガンを通じて表明された規制国家の原則を対置し（このスローガンは二〇〇三年にもそれ以降の多くの運動にも見出される）、政府に公共サーヴィスを通じて社会的紐帯の保証者、そして雇用の提供者としての役割を果たすよう要求していた。

さらに、一九九五年の運動は市民共同体の一体性を維持していくための能力に関する考察にも寄与していた。その証拠に、非常に象徴的な「皆で一緒に」というデモには一九九五年一二月一二日に二〇〇万人を超す人々が参加して注目され、四日後には三〇〇万人になった。このスローガンは国境さえも越えて持続的に用いられ、闘争が共通の利益において行われるものであることを強調する意図があった。そこには、失業と不安定化〔雇用の非正規化〕の時期にはストはあまりにも高くつくと判断するが故に、大規模なデモへの参加をもってストに代える人々の利益も含まれる。このため、このデモは「代理スト」とも呼ばれた。社会保障とは〔ドイツ軍からの〕解放に際して再定義された共和国の契約のとりわけ象徴的な表現であり、〔一九九五年には〕社会保障の防衛はその契約の名において実施されたのである。「私たちは城の主塔だった」とは、現場であるオステルリッツ駅で撮影されたサブリナ・マレクの映画『ストライキの言葉』（*Paroles de grève*）の中で、インタビューされた国鉄の若いスト参加者の発言である。

この運動は歴史の終わりに関する当時の予言に反しているようにみえる。というのも、それは自由民主主義と市場経済が四年前に起きたソ連の消滅から帰結する、唯一の受け入れ可能な組織形態であると認めることを一致して拒否していたからである。当時、この運動は、〔市場から〕政治を経由して加えられる自由化への圧力を初めて本格的に拒否した例だと解釈された。それは、一九八二～一九八四年には明示もされず民主的に議論もされないまま、経済的・社会的・政治的転換〔ミッテラン政権の市場自由主義と緊縮政策への転向〕を受け入れざるをえなかった社会が態勢を立て直し始めた兆しだった。それはまた一つの職業「内」の団結こそ職業「間」の団結にとって必要な前提条件であり、また、労働組合運動を再建する上で避けて通れない通過点となるという仮説を補強した。一年後に同様の枠組で生じた最初のユーロ・ストライキはこの仮説を支持しているように見える。さらに、ジュペの法案とベルグニューの計画契約が撤回を強いられたことで「闘えば報われる」という古い考え方が力を取り戻した。しかしながら、勝利は全面的なものとはならなかった。一九九五年一二月三〇日に可決された法律は、政府が社会保障をオルドナンスによって改革することを許可した。この法律は一般社会拠出金（CSG）の引き上げと社会保障債務返済拠出金（CRDS）の創設を伴った。

この〔一九九五年の〕運動の中で人々が闘争への信頼を取り戻したことは、当時起きていた「サン〔sans：持たざる者たち〕」の動員の復活と恐らく無縁ではなかろう。一九九五年一二月には、一〇〇〇人ほどの活動家〔「権利に向かって前進！」〕、ホームレス委員会、住宅への権利運動、雇用・情報・連帯協会、反失業行動、全国失業者・不安定〔非正規〕雇用者運動）が「持たざる者たちのアピール」を作成し、多数の団体や労組の支持を得た。

一九九七年二月に、内務大臣ジャン＝ルイ・ドブレ提出の移民法案が上下院の第一読会〔二院制のフランスでは、上下両院の採択した条文に不一致があると先議院で第二読会に入る〕を通過した後で、街頭〔デモ〕が声を挙げた。その動員は連帯の力と伝統的な政治的アクターの危機とを同時に告げるというかつてない様相をまとっていた。最初に不服従の訴えを公表したのは五九人の映画監督であり、二月一二日にフランス全土でのデモを呼びかけた。パリでは一〇万人が、他の地方では数万人が彼らの呼びかけに応じている。首都においては、デモは巨大なお散歩といった様子で、先頭グループも順序もなければ横断幕もメガホンもなく、同時代に起きていた政治の構造解体にそっくりであった。法案の第二読会審議中の二月二六日には、再度デモが実施された。参加者は前回より少なかったものの、このデモによって、法案の中で最も議論を呼んだ非正規滞在者の宿泊に関して、これを「連帯の故の罪」とする条文〔外国人を宿泊させた者に報告を命じた条文〕を変更する修正案が可決されることになった。

これら一九八四年以降の動員の勝利は街頭デモにかつてない重要性を与えた。〔以下のように〕すべてのデモが勝利に至っている。すなわち、教育の一大公共サーヴィス化を目指したサヴァリ法案の撤回とそれに続くサヴァリ文相とモーロワ内閣自体の辞職（一九八四年七月）、アラン・ドヴァケ文相による大学改革案の撤回（一九八六年）、地方自治体による私立学校への補助を容易にした〔一九世紀の〕ファルー法・ゴブレ法の改正の撤回と「若者最低賃金」と呼ばれた職業参入契約の撤回（一九九三年）、ジュペ・プランとベルグニューの計画契約の撤回（一九九五年）、ドブレ法案の撤回と教育行政と労組を服従させることで「マンモスの脂肪除去」〔人員削減〕を目指したアレーグル改革の撤回（いずれも一九九七年）などである。以上より、デモは「抗議型民主主義」の主要な表現の一つとして定着したようである。リリアン・マチューによれば、抗議型民主主義とは、社会運動が民主的議論に参加する手法、という意味で理解しなければならない[104]。それゆえ、デモはやがてそれを実施する側からも、それを恐れる側からも、人民〔市民〕発議の国民投票〔フランスでは人民発議の国民投票手続きは正式に認められておらず、大統領の発議もしくは一定数以上の国会議員と有権者による共同発議のみが認められているが、共同発議の国民投票が実施に至った例は今のところない〕の一形態としてとらえられるようになった。それは、エリック・ホブズボームが五月一日（メーデー）の出現を特徴付けるために用いた表現を借りるならば「正当な権利として」[105]獲得されたのである。警察発表では、主催者発表では……といったデモの参加者数の問題にこの頃から強い関心が寄せられるようになったのは、こうした新たな理解に由来している。

その上、〔フランスにおける〕こうした反撃の始まりは、〔経済〕自由主義が世界中で相次いで遭遇し始めた困難の一例にすぎない。以後も、主なものだけでも、ヨーロッパの通貨危機や南米・アジア・ロシアの金融危機が起こり、ヨーロッパ規模、いや世界規模でも、反自由主義の闘いや行動が出現している。一九九四年のサパティスタの反乱〔メキシコ南部の貧困地域における武装蜂起〕や二年後に彼らが開催した第一回「人類のための世界会議」は、フランスの一九九五年のストから一九九六〜一九九八年の韓国の労働運動やブラジルの土地なし農民運動を経て、アメリカのUPS〔運送会社〕、ゼネラルモーターズやボーイングのストにまで至る社会的闘争と共鳴していた。これらの社会的闘争は新たな抗議のサイクルをスタートしたようにみえる。このサイクルは「別の世界は可能である」という確信によってもたらされたものであり、この確信にはやがて「もう一つのグローバリズム」という建設的な表現が与えられた。こうして自由主義的なグローバル化によって政治運動の規模は変容し、今や国民国家の枠組みを越えるようになった。一九九七年二月に始まった失業者によるヨーロッパ行進やユーロ・ストライキ、一九九七年三〜四月のルノーのヴィルヴォールデ〔ベルギーの自治体〕の工場閉鎖に反対するヨーロッパ・デモを含む国境を越えた闘争が出現したのも、自由主義的なグローバル化のせいである。国境を越えた運動は一九九九年のシアトルにも現れた。この時、ＷＴＯの会議〔第三回世界貿易機関閣僚会議〕、そしてすべてを商品化しようとするＷＴＯの目論見を挫折させたのは、〔国境を越えた運動の〕出生証明書代わりとなった。当時、これにはアメリカの労働組合も大きな役割を果たした。

しかし、二〇〇一年九月一一日の〔米同時多発〕テロとテロリズムの拡大（ミシェル・ヴィヴィオルカのコンセプトによれば「反運動[106]」）は、こうしたダイナミズムを（持続的に？）中断させ、社会的な問題を人種や治安の問題にすり替えた。こうしたすり替えは二〇〇七年大統領選挙でのニコラ・サルコジの勝利と同時期に起きた現象であった。

第5章　ニコラ・サルコジ、危機と「決別」（二〇〇七～二〇一二年）

「一九八一年以降、どの政権多数派も（選挙を乗り越えて）続投はできませんでした」。ニコラ・サルコジは大統領選挙への立候補を正式に表明する二カ月前に『フィガロ』紙のインタビューで宣言していた。「私たちのうちで連続性（前政権からの継承）を唱えて選出されるものは一人としていないでしょう」。選挙キャンペーンが続くうちに（サルコジのスローガンであった）「決別」は、フランソワ・ミッテランが勝利する上で重要であった「静かなる力」に倣って「静かなる決別」へと変わったが、決別をどういう時間の幅で考えるかが多様でありえたので、受け止め方も様々となった。ジャック・シラクが不十分であったとサルコジが考える点に対する暗黙の批判をそこに読み取ることもできよう（もっとも、サルコジ自身、三年間シラクの経済財務大臣を務め、その後は内務大臣を務めていたのだが）。しかし、「イモビリスム（退嬰主義）を選択」したと彼が非難する社会党に対抗する上では、このスローガンは明示的にある運動の表現として用いられている。第一回投票と第二回（決選）投票の間に彼がベルシーで行った演説では、決別とは彼が「一九六八年五月の相続者」と見なす左派に対する拒否を意味しており、明らかにより長い時間軸に位置付けられる。一九六八年五月は、教育の分野をはじめとする様々な価値を失わせた元凶である「労働の価値」の拒否が噴き出したものだと名指しされ、「一九六八年五月のページをめくろう」という呼びかけには「歴史を単純化したわかりやすさ」が見られる。〔このわかりやすさが〕「新政権に一種の正統性を与え、（また――原注）端緒となった有害な出来事に必要な対抗策をとることを可能にさせるのだ」[107]。サルコジ候補は「悔恨を促し、共同体主義（コミュノタリスム）を擁護し、ナショナル・アイデンティティをけなし、家族・社会・国家・国民（nation）・共和国への嫌悪をあおる」人々に対して、「本当に職務を全うし、その結果、封建制・同業組合主義（コルポラティスム）・個別的な利益を圧倒する国家を再建し、（中略）あらゆる共同体主義と分離主義に対して単一不可分の共和国を作り直す」ことを呼びかけたのである。

〔当選後の〕二〇〇七年九月、この共和国大統領が決別しようとする時代はさらに過去へと遡った。この時、サルコジは「一九四五年にレジスタンス全国評議会（CNR）綱領とともにそうしたように、一九五八年にド・ゴール将軍とともにそうしたように、〔今もう一度〕国家を作り直し、公共サーヴィスを作り直し、公務員を作り直す」時が来た、と述べたのだ。彼はフランスの社会モデルが作り上げられ、適応していったこれらの時代をとらえることで、逆説的にもそれらを引き合いに出して「政治を実践する〔今の〕やり方と手を切る」絶対的な必要性を正当化したのである。また、「フランスは技術・経済・社会の新たな現実に適応するために必要な自己改革に取り組んでいない数少ない国の一つです」とも付け加えている。しかしながら、上記の決別は、どのように受容されたにせよ、二〇〇八～二〇〇九年の世界金融危機の予期せぬ発生や、その後のヨーロッパにおける債務危機があった以上、予告通りの姿にはなりえなかった。こうしてそれ〔決別〕は新たな意味を持つようになる。

1　執行権の強化

選挙キャンペーン中にニコラ・サルコジは第五共和制の諸制度を刷新し、「現代民主主義の新たな要請」へと対応させることには賛成の立場をとったものの、既存の制度的な枠組みの有効性を改めて主張し、「輪郭を見極めるのが困難」として第六共和制の構想は拒否していた。大統領任期の七年から五年への短縮や選挙日程の変更によるコアビタシオンのリスクの低下は、国家元首の権力を強化する「多数派支配型政治（fait majoritaire）」を（再び）明確化した。二〇〇七年七月にエドゥアール・バラデュールを委員長として設置された「第五共和制の諸制度の現代化とバランスの回復に関する検討・提案委員会」はすでに始まっていた再定義をさらに前進させることを目指し、大統領制を憲法上、公式のものとすることで首相に対する大統領の優位をしっかり確立しようとした。最終的にこの計画は放棄されたのだが、現状が維持されたというわけではない。

二〇〇八年七月二三日の憲法改正法による改革は、いくつかの大統領の特権に（大きく変更するところまではいかないが）影響を与え、また首相を犠牲にして議会の権限の一部を強化した。例えば、首相は上下院において議事日程の支配権を失い、政府は三〇日のうち一五日しか日程を決められないこととされ、政府提出法案の審議は政府原案ではなく委員会案に基づいて行われることになった。このように、政府（内閣）の長である首相の弱体化は明白であり、事実上これは国家元首（大統領）の権力の強化を意味している。その上、大統領はアメリカ大統領が年頭に行う一般教書演説に倣って、これ以降、上下両院議員に対して政策全般の方針を直接表明することができるようになった。〔ただし〕実際にはヴェルサイユで両院合同会議が開かれる時のみであって、ニコラ・サルコジが望んだように上下両院の通常の本会議で行われるわけではなかった。さらに、あらゆる公共政策が今やエリゼ宮〔大統領府〕で策定されることになると、大統領府事務総長と大統領補佐官たちに政治的な役割が与えられ、とって代わられた政府（内閣）は単なる執行機関となった。

この〔憲法改正の〕法律の曖昧さは複雑な力関係に由来しており、同法は他方では司法官職高等評議会の議長を大統領が務める仕組みに終止符を打ち、検事長の任命に際して評議会が諮問を受ける権限を認めた。しかしながら、ニコラ・サルコジは二〇〇九年の破棄院の年頭集会に際して、司法の独立性という原則とは両立できそうもない立場を表明し、新法への対抗姿勢をとった。「司法とは、地球と無関係であるかのように不定軌道で地球の周りを回っている惑星ではありません。憲法が国家元首に司法の独立の保障を託し、司法官の任命を委ねることで意図したのはまさにそういうことです」。彼は同じ演説の中で予審判事の権限を奪う予審制度改革を提案する一方（これは実現しなかった）、執行府に従属するという検事の地位の改革は主張しなかった(108)。

2　「国家の生産性を改善する(109)」

二〇〇五年の六月に、ドヴィルパン内閣は国家改革の権限をそれまでの公務員担当大臣から予算担当大臣の管轄へと移した。これは二年後に事前協議なしで打ち出された「公共政策の全般的見直し」

（ＲＧＰＰ）の前触れであった。この「国家改革に向けたアクセル」（政府による表現）は重要な転換をもたらした。特に象徴的な施策として、退職した公務員のうち二人に一人しか補充しないという原則がそこには含まれている。先行した「予算法に関する組織法」（ＬＯＬＦ）同様、「公共政策の全般的見直し」もカナダなど外国の経験を参考にしていたが、公共支出削減を明確に目標としている点で先行する改革とは異なっていた。自由主義の推進を信奉している人々は競って（フランスの）公共支出が当時ユーロ圏で最高水準にあること、資本市場での公債発行において不利になる危険性があることを繰り返し指摘していた。政府の監察・監査官団のメンバーだけでなく、フランスの行政の文化とはかけ離れた（民間）経営的手法に通じた民間のコンサルタントからなるチームが公共政策の見直しを担うことになった。彼らは雇用と職業教育、企業の成長、都市と住宅、家族、医療保険、連帯、貧困との闘いについても検討を任された。こうした監査は利用者のためのサーヴィスの改善と介入政策の有効性の改善を任務としており、フィリップ・ブゼスは、これらの監査を通じて高級官僚とは異なる正統性を持ったコンサルタントたちが国家の中心へと招き入れられる結果となったことを示している。彼らはまたコストを削減するためにより生産的な運営方法を見出し、構想されたシナリオの実施条件を特定しなければならなかった。さらに、これらのチームの（政権から）独立した運営管理官たちに国の人的資源管理、地方行政の組織、国と地方自治体の関係、手続きの簡素化という四つの省庁横断的なテーマが委ねられた。二〇〇九年から二〇一一年の予算計画（二〇〇八年の憲法改正により、複数年にわたる財政計画（法）が策定されるようになった（三四条））の作成に間に合うように、以上のプロセス全体が二〇〇八年の五月には終わっていなければならなかった。

作成された提案は中央の行政機関と地方出先機関の再編を重視するものだった〔軍隊や裁判所の配置の見直し、地域圏医療庁の創設、地域圏と県における国の出先機関の再編、大使館・領事館のネットワークの再編〕。また、行政手続きの簡素化と行政機関の管理運営の合理化が提案され、四％から五％の生産性向上が見込まれた。二年後に始まった第二期のＲＧＰＰでは国〔＝中央政府の機関〕とその事業実施機関の運営費がターゲットになった。国の側でも、監督機関を一つにすることで戦略的な操縦（pilotage）をより効果的に行っていく義務を負った。各責任者には一通の職務委嘱状が与えられ、主な事業実施機関との間でパフォーマンス改善契約が調印されることになった。

3　地方自治体の改革

二〇〇八年七月二三日の憲法改正法によって、行政の財政均衡に関する目標が憲法に明記され、これが地方自治体改革に関する法律をも支配した。二〇〇八年に設置された「フランスの成長を解き放つための委員会」（いわゆる「アタリ委員会」）は、〔従来の〕地方分権化法は「自治体やその施設・機関の全体像を再編成せぬままいくつかの権限を各レベルの自治体に委譲した」と明言して、実施後の状況を厳しく批判した。委員会は自治体の種類が多すぎると見なし、異なるレベルの自治体間での権限の重複が責任の分散と決定の麻痺を生み出し、住民を当惑させていると告発している。委員会の提案は地域圏を強化し、市町村連合体を憲法上の存在である「都市圏」（人口六万から五〇万人）に移行させるというものである。

目的はローカルな公共サーヴィスのコストを削減できる閾値を越える規模を確保することと、各自治体の権限を明確化して一〇年かけて県を廃止することであった。二〇〇八年九月に、ニコラ・サルコジは、フランス人には「県の歴史的正統性を放棄する準備」はできていないとしつつも、「地方自治体の層の数と権限の錯綜が非効率と余分な支出の原因になっており、自治体の階層〔構造が妥当か〕という問題を提起する」時が来ていると述べた。「我々の経済の競争力が重要であり、それが過重な公共支出に耐えられなくなっている」時に、この改革によって「地域圏と県の公選職〔議員・首長〕を半分に減らすことができるでしょう」というわけである。

〔地方自治体改革〕法案は二〇一〇年一二月一六日に可決された。同法に先行した予算法は外国企業のフランスへの投資を阻害するとして営業税〔一九七五年創設の投資に対する課税。旧営業税（patente）を代替〕を廃止し、その代わりに国がすべての地方自治体の収入を安定させることを目的とした地域経済補償拠出金を交付することになった。地域圏議会議員と県議会議員については、「これら二つの自治体を競争ではなく補完性という形で組織する」ことを目的に、地域圏と県に共通の地方議員（conseiller territorial）が代替する予定であった。この施策は二〇一二年にエロー内閣が廃止したため日の目を見ることはなかった。二〇一〇年一二月法はまた県と地域圏の一般権限条項[110]を部分的に廃止することで、この二つの地方政府の能力を制限している。「〝行政のミルフィーユ〟が新たなスケープゴートにされており、同名のお菓子にとっては少々不当な仕打ちだ」とヴァル＝ド＝マルヌ県議会議長はおどけて書く一方、より真剣な調子で、彼が「県に対するクーデタ」と呼ぶもの〔この改革〕を、ヨーロッパで標準となる地域圏を作るためと称して進められた「テクノクラティックな再集権化」だと捉えている[11]。ニコラ・サルコジがこの改革によって同時に、二〇〇四年の地域圏議会選挙での社会党の全面的な勝利を受けて〔地方で〕対抗権力が形成される可能性を弱めたいという、より厳密な意味で政治屋的な関心に応えるか少なくとも満足を与えようとした可能性も排除しきれないだろう。

4　公務員の地位の見直し

一九八八年にミシェル・ロカールは非常に慎重に「公務員一般身分規程と公職俸給表への愛着」を改めて表明してはいたが、「職務・技術・資格の変遷を考慮に入れるために、労働組合と協議しつつ」それらの適合を図ることが必要だと付け加えていたのも事実である。公務員数の削減が期待されていたが、以後は身分規程の明示的な見直しが付け加えられた。一九九五年の「国家と公共サーヴィスの改革の準備と実施に関する」通達は、もはや躊躇せずに公務員が果たした責任と達成した実績を報酬とキャリアにおいて従来よりも考慮に入れることを公共管理の刷新に結び付け、そのためには「個人の評価方法の現代化と付随的報酬〔日本でいえば諸手当〕体系の明確化」が必要とされた。それから八年後に、国務院の「公務員職の将来見通し」に関する公的報告書〔通称・ポシャール報告〕は公共部門における人的資源管理にパフォーマンスを結び付けることが絶対に必要であると強調し、フランス・モデルを構成する〔公務員の〕身分規程制度を破壊する変革を強く推奨した。アングロサクロン・モデルに基づく雇用型〔ジョブ型〕の公務員の地位が選ばれたのである。すなわち、契約の観念が新たな制度の中心として重視され、管理の構造は官吏団（corps）〔フランスの公務員は省庁ではなく、身分や権限、俸給表が異なる官吏団に所属する〕ではなく「職務の枠組み」によるものとされた。

ニコラ・サルコジはナント地域圏行政学院を訪問した際に、財政赤字と公債残高の大きさを思えば「市民には公共サーヴィスのコスト・パフォーマンスの改善が、公務員にはモチベーションを高める、公平な管理規則」が必要だと明言した。そのためには「より人数が少なく、より給料が高く、より良いキャリアの展望のある公務員職」が前提とされ、「官吏団は徐々に例外となり」、職務による管理がとって代わるという。彼は「より水平的であり、より垂直的ではない管理」に言及しつつ、「新人職員には公務員の身分か、交渉と合意で定められる私法上の契約か、どちらかを選択させる」ことを提案した。その結果、公務員の官吏団への加入は例外となる。公務員職の将来に関する白書の作成を委ねられた国務院のジャン＝リュック・シリカニは二〇〇八年四月に公務員職の管理の刷新と公的雇用市場の創設を勧告し、改めて契約、職務と個人別のパフォーマンスを奨励するとともに、試験制度を廃止して職務による選抜を行うことを提案している。しかしながら、これらの計画はお蔵入りとなった。二〇〇九年八月の公務員職における職の異動とキャリアに関する法律を例外として、公務員の身分は定期的に脅威に曝されながらも変わらぬままであった。

同時に二〇〇九年から政府は俸給指数の凍結による公務員の「賃金抑制」を継続することと、さらには退職者二名につき補充者数を一名に近づけることによって公務員の定員を大幅に削減することを目指した（一年で差し引き約三万人の削減となる）。この施策は特に国民教育省と警察に打撃を与え、定員はせいぜい二〇〇〇年代初頭の水準となった。同様に、全国職業安定機構（ANPE）と商工業雇用全国連合（UNEDIC）〔失業保険の管理組織〕が合併して新たに雇用センター（Pôle emploi）となったことが、二〇〇八年の危機の影響（失業者数は急増し労働力人口の一〇%にまで達した）と重なり、〔合併の結果として、二つの組織の〕異なる職務が複雑に混ざり合い、とりわけ失業者に対するサーヴィスの劣化が生じた。

5　「統治するのは街頭ではない……」

二〇〇三年五月七日に、〔年金改革に関する〕フィヨン法案への最初の反対デモに「六〇歳での年金満額受給権」を要求する基本方針に署名した全労組が参加（署名したものの不参加のCFDTは除く）した後で、ジャン＝ピエール・ラファラン首相が「統治するのは街頭〔デモ〕ではない」とラジオで宣言すると、最初の影響として一九九五年のピーク時の行列に匹敵する規模の新たなデモが発生した。しかしながら、今回は成功には至らなかった。二〇〇三年五月一五日の閣議決定に対して、CFDTは若くして就労した人々に六〇歳での年金受給を認めることと引き換えに今度も賛成し、この決定が二〇〇三年八月二一日法の基礎となった。同様に、CFDTは二〇〇八年一月一一日の労働市場の現代化に関する合意にもFO、CFTC、CFE－CGC〔一般社員とは区別される幹部職員が加入するフランス幹部職員同盟〕とともに署名したが、CGTは「いくつか積極的な施策があるが、賃金労働者の不安定性を拡大する」として署名を拒否した。

当座は二〇〇三年の動員の失敗は一時的なものにも見えた。実際、少し後の二〇〇六年二月に若者向けの初任雇用契約（CPE）の導入を目的としたボルロー法が審議されていた際、ドミニク・ドヴィルパン首相は多数の修正案を提出していた野党を抑え込むために、憲法四九条三項〔法案について下院に対して政府が責任をかけた場合、二四時間以内に提出された内閣不信任動議が可決されなければ、法案は採択されたと見なされる〕を利用して強行突破を図ろうとした。複数の労組中央の支持を受けて、大学生と高校生の運動はギアが一段上がり、大規模デモ、大学の占拠、道路の通行止め、鉄道線路の封鎖などの形に発展した。今度の運動は法案に打ち勝ち、四月一〇日の閣議で取り下げに追い込んだのである。二〇〇八年一二月には、グザヴィエ・ダルコス教育相が提案した中等教育改革案が高校生と教員の大規模な抗議運動（同時期のギリシャにおける学生暴動の反響で増幅された）のせいで、これまた撤回されている。

これらの運動を例外として、二〇〇三年を境に流れは逆転し、それ以降デモの効果はなくなっていった。ラ・ポスト、フランス電力－フランスガス公社（EDF－GDF）、教育界は一九八〇年代以来、社会闘争の〔労働側の〕先頭に立ってきた。しかし、大部分の労働者〔ブルーカラー〕雇用が外部委託され、子会社化が相次ぎ、財政目標の達成を軸にした経営管理の仕組みが労働に圧力を押し付け、大量失業の影響がますますひどくなる中、他の場所と同様にここでも、抵抗と集合行動の能力が弱められ[112]、二〇〇六年には持続的なストを企てることも難しくなった。当時「屈するな（Ne pas plier）」という団体のグラフィックデザイナーたちが思い付いた「ゼネラル・ドリーム（Rêve général）」というスローガンの感情的・詩的重みは、行進の中で叫ばれた「ゼネラル・ストライキ」への祈りが一九三六年や一九六八年に起きたようなストの全般的拡大の代替物をなしていることを図らずも明らかにした。この意味でそれは戦略というよりも前世紀にジョルジュ・ソレル〔二〇世紀初めに革命的サンディカリズムに理論的裏付けを与えた思想家〕が定義したゼネストの神話に属している。実際のところ、ストはFOや連帯（Solidaires）〔一九九八年、CFDTを脱退した組織を中心に旗揚げされた左派労組連合〕の特殊性を強調するための標識、あるいはCGT内部の方針をめぐる議論を盛り上げるための標識になっていることが明確になった[113]。

また、デモの影響の縮小は憲法改正にも原因がある。二〇〇二年から二〇〇五年の首相だったジャン＝ピエール・ラファランはデモが政治システムの中に勝ちとったかにみえた地位から追い落とすことを望んでいた。同じ頃、〔大統領選挙と下院選挙の〕選挙日程の順番が入れ替わったことで、コアビタシオン政権の再来という障害を取り除くという目標が達成された。ここで、一九八四年から一九九五年の間に集合的な動員がポイントをあげたのは、時の政権の内部に対立があるかどうかによって、あるいはより多くの場合に、コアビタシオン政権に付き物の対立によって少なくとも部分的には説明されるという仮説を立てることができる。大統領選挙の前年にあたる二〇〇六年のドミニク・ドヴィルパン首相とニコラ・サルコジ内相の深刻な対立は、恐らく同年の初任雇用契約（CPE）反対運動の勝利と無関係ではない。後からみれば二〇〇三年以降の時期における例外だったと判明したものも、こう考えれば説明しやすくなる〔CPE反対デモの成功は非コアビタシオン政権下における例外的な勝利だった〕。ラファラン内閣はジュペ・プランが挫折した場所〔問題〕で成功することと、街頭デモから生まれたこうした形態の「対抗民主主義[114]」の影響を最小化することを目指し、どちらの分野でも勝利を収めたことで、以後長期にわたって行動の枠組みを組み変えたのである。

次なる転換点は二〇〇九年に、金融危機、年金制度への新たな脅威、日曜労働の拡大に関する計画、ＣＦＤＴの戦略的な方針転換（フィヨン改革への支持が内部の危機を引き起こしたのが原因）などの影響が組み合わさって生じたようである。「金融危機によって増幅された経済危機」に直面したことで、全労組（ＣＦＤＴ、ＣＦＴＣ、ＣＦＥ－ＣＧＣ、ＣＧＴ、ＦＯ、ＦＳＵ〔教員組合を中心とした統一労働組合連盟〕、連帯（Solidaires）、ＵＮＳＡ（独立系組合全国連合））が年来の防衛一辺倒の思考法と手を切ったのである。一九九五年以来、初めて全労組が産業横断的かつ統一的な行動を再開し、「企業・経営者・国家に共同で呼びかける」ことを決定した。この呼びかけはマネタリスト政策をはっきりと拒否しており、それはいくつもの法案や法律（その筆頭にあるのがＲＧＰＰ（公共政策の全般的見直し）である）の明示的な見直しと「国際金融界」の規制とを意味した。これらの労組は対案として「経済危機下における雇用維持を優先」し、「購買力を向上させ不平等を縮小する賃金政策」と〔官民双方の生活・労働条件の〕「集団的保障」の改善とを優先する「景気浮揚」政策を掲げた。二〇〇九年一月二九日の全国産業横断一斉行動デーは、主催者によれば「何百万人もの官民の労働者、多くの若者、求職者、年金生活者」の支持や参加を受け、その後三月一九日、五月一日、同二六日の三回にわたって開催された。こうした「一斉行動デー」に訴えることは活動家の間では内部対立を引き起こした。代わりにストを行うこと、さらには無期限ないし「ゼネラル」ストライキを呼びかけることが提案されていた。とはいえ、どの組合組織もそれが自分たちの行動能力を超えていることを知っていた。

ヴルト法（日程は異なるものの、特別制度も含めて、官民の全労働者の法定年金受給開始年齢を二〇一八年までに六二歳へと徐々に引き上げようとするもの）に反対する一斉行動デーは再び〔労組間の〕統一行動として組織され、ジュペ・プランや初任雇用契約（ＣＰＥ）に対する反対運動のピーク時よりも大規模なデモを引き起こした。こうしてこの行動様式がストの代わりに諸労組の抗議行動のレパートリーの中心的な要素となりつつあることが確認された。しかし、数の力は政府の改革案の成立を阻止するにはもはや不十分であった。ヴルト法は二〇一〇年一一月九日に成立している。こうして左派にせよ右派にせよ、デモ参加者は、（二〇一三年の同性婚を認める法律の成立を阻止しようとした）ほとんど前例のない規模の「みんなのためのデモ」がピークに達した際に、フランソワ・オランドが要約したように「法律はデモ参加者の人数に応じて作られるわけではない」ということを、挫折を経ることで理解していったのだった。

6　リヴァイアサン国家との決別

二〇〇八～二〇〇九年のフランス経済振興計画を発表する際に、ニコラ・サルコジは次のように宣言した。「行政機構の重みによって身動きがとれず、フランス人の税金を浪費している官僚国家とは決別します。企業家国家、投資家国家、将来を予測し準備を整える国家をつくるのです。以上が我々の政策の方向性です。（中略）財政再建に向けた我々の努力を評価したいのであれば、まず我々の公務員組織の人員削減、行政組織の削減と合理化、国防省や司法地図〔裁判所の配置〕、病院、年金の改革などを注視しなければなりません」。リヴァイアサン国家とその手先とされた公務員への攻撃は期待に十分応えるような効果を直ちには生まなかった。とはいえ、人的資源の大量消費者である医療や教育を中心にいたるところで生じている見直しを過小評価することはできない。

二〇〇六年四月に成立した研究のためのプログラム法、二〇〇七年七月の大学の自由と責任に関する法（LRU法、いわゆる「大学自治に関するペクレス法」）、二〇〇九年七月の病院・患者・医療・地域法（HPST法）は、様式と規模は異なるものの、〔いずれも〕競争と、グローバル化した市場の国家による建設へと道を開く規制緩和の論理に則っている。(115)

〔上記の改革の〕一〇年前に、ヨーロッパ統合に伴う要請によって大学は大規模な改革の道へと追い立てられた。ジョスパン内閣の国民教育相だったクロード・アレーグルはジャック・アタリに高等教育のヨーロッパ・モデルの出現に関する報告書の作成を委ねた。一九九八年一月に提出された報告書では、〔ヨーロッパ〕諸国の競争力にとって研究・教育が果たす決定的な重要性が強調されている。したがって、これらの国々〔の研究・教育〕は厳密にナショナルな枠組みにとどまることはできず、グローバル化されねばならない。これはフランスの場合、複雑な学位制度に終止符を打ち、アングロサクソン・モデルに合わせていわゆるLMDモデル（学士・修士・博士）を採用することを意味していた。五月には、フランス・イタリア・イギリス・ドイツの教育大臣による宣言によって、高等教育の再編に関する政府間プロセスが打ち出された。目標として掲げられたのは、四カ国の学生の移動を促進し、可能な限り教育をモジュール化すること〔機能単位に分割し、国家間で互換可能にすること〕で、グローバル化した「知識経済」においてヨーロッパを競争的な空間にすることであった。大学の自由と責任に関する法（LRU法）はこのように再定義された枠組みに大学を適応させることを目的としていた。この枠組みは二〇〇三年に始まったいわゆる「上海国際大学ランキング」においてフランスの大学の上昇を助けると見なされていた。(116) これはのちに付け加えられた卓越性に関する措置の目標でもあった。

二〇〇九年に、ジュペ＝ロカール報告書は「競争力という挑戦に立ち向かい、新たな成長モデルを生み出す」ための「大規模起債」ないし「未来投資プログラム」というアイディアを打ち出した。その舵取りはルイ・シュヴァイツァー〔財務官僚出身であり、ルノーの社長などを歴任〕が率いる投資庁が担うとされた。〔投資庁やシュヴァイツァーにとって〕高等教育と人材養成こそが戦略的な軸の一つをなす。「その狙いは、世界的競争と、基礎研究およびその経済的活用に挑むことができる卓越した拠点大学を誕生させ、フランスの研究所に卓越化を実現するための手段を与えるとともに、技術移転を加速することにある」。二年後に国立研究庁（ANR）が行った最初のプロジェクトの募集に対して、「独立国際審査委員会」によって選抜された八つの卓越性イニシアティブ・プロジェクト（IDEX）が総額六〇億ユーロを超える基金（この元金には手を付けられない）の利子の形で、八年間にわたる補助金を受け取った。採択された大学が手にした利益は否定できないとはいえ、それがフランスの大学を競争のロジックに組み入れたことを覆い隠すことはできない。これには地域的な不平等の拡大や、〔学生の〕需要に対して〔国立大学の側で〕適切な対応が伴わなければ私立の高等教育への移行が進むといったリスクがある。実際に私立高等教育〔機関〕の定員は増えており、二〇一二年には六人に一人の学生が在籍している。

このじわじわと進む規制緩和は当時病院で起きていたものとは異なっている。一九七〇年のブーラン法によって保健衛生法制に導入された「病院公共サーヴィス」という概念は二〇〇五年の公衆衛生法典の改正によって同法典から消失し、代わりに一四の「公共サーヴィス・ミッション」が登場した。二〇〇三年と二〇〇五年のオルドナンスによって定められた病院・保健衛生計画の新たなルールは近接医療圏における病院間の市場シェアを再配分し、病院公共サーヴィスに参加していた非営利民間病院に適用されてきた特有の地位を廃止して、営利の民間病院にも新たなミッションの一部またはすべてを担うことを可能にしたのである。その上、「活動実績に応じた料金体系」（T2A：診断群分類別の入院一件当たり包括払い方式）が導入されたことで、公・私立病院のコストの比較が容易になり（それ以前には公・私立病院間で医療費の計算システムが異なっていた）、場合によっては、営利主義的な病院経営を利するような競争を煽るリスクが想定されていた[117]。

これ以降、高等教育と病院を規制することになった法律はどちらも経営の自律を標榜しており、それは大学や病院長の強化された「責任」と「自由」とを結びつけるものと見なされた。「自由」とは、右派が一九八四年に私立学校の防衛のためのデモに際してポール・エリュアール（『自由』という詩で有名）に言及しながら巧みに自らのものとし、その後旗印にしてきた言葉だった。大学では、こうした自律は「責任と権限の拡大」（RCE）（体制）への移行によって具体化された。これは各大学への賃金総額の管理の委譲として理解する必要がある。同じく病院では、組織編成の自由と手続きの柔軟化を前提とする公立病院の地位の「現代化」によって具体化されている。

自由主義の固定観念からすれば、この自律は少なくとも相対的なものにとどまった。大学は国家の強いコントロール下に置かれたままである。国は（大学で）提供される教育と研究の単位をいかようにも（à priori）認可する権限を持ち、財政的コントロールを行う役割を保持し、繰り返し赤字が出る場合には大学区長（各大学区において国民教育大臣に代わって教育行政の監督を担う）を通じて学長（同輩によって選出される教員＝研究者ないし同等の者でなければならない）にとって代わることができる。二〇一〇年に病院・患者・医療・地域法（HPST法）の延長線上に創設された地域圏医療庁は保健医療・医療保険・高齢者および障害者担当大臣の監督下に置かれた。また、政府によって任命されるその事務局長（必ずしも医師である必要はない）が監督と統制の権限を行使するのは国の名のもとにおいてである。ここでいう地域圏は選挙によって選出された機関と混同してはならず、ディディエ・タビュトーによれば「医療制度の規制と舵取りにおいて国の役割を確立するのに最適な装置」として設立されたのである〔前出注（117）〕。

反対に、パフォーマンスの改善を実現するための契約的手続きの実施は二種類の機関に共通している。大学では、ジョスパン法以降、機関契約がルールとなっている。病院に関しては、センター（pôles）へと再編された部門ごとの目標が導入されるようになった。これはアングロサクソンのビジネス・ユニットの影響から二〇〇五年のオルドナンスによって創設されたものである。センター長の医師は機関計画に沿った目標契約の枠内で決定と管理を委任される。その際、センターの成果に応じた報酬政策を用いることができる。どちらの場合でも、評価の手続きが強化されている。二〇一〇年に創設された地域圏医療庁（ARS）には単一の機関の中に国家と医療保険の権能が集約されている。同庁は全国レベルで策定された医療政策を地域圏レベルで応用する責任を負い、病院長の評価権をはじめとした様々な権限を有している。研究・高等教育評価庁（AERES）は独立した行政機関であり、教育・研究機関や科学協力のための組織、また研究プロジェクト型の資金調達を担う国立研究庁（ANR）の評価を行っている。

治安業務も公共政策見直しの例外ではないことに注意しよう。一九九六年に始まった徴兵制の段階的廃止によって職業軍人の組織となった軍は白書〔一九九四年の『国防白書』〕が勧める国防政策改革の影響を受けている。「公共政策の全般的見直し」(RGPP)は他所と同様にここでも補助的業務の合理化と共有化〔組織の合併・再編〕をもたらしている。二〇〇九年に採用された現代化計画は二〇一六年までに八三カ所の基地ないし部隊の閉鎖、三三基地の他都市への移転、その他約六〇基地の作戦上の強化を予定していた。これらの再編は特にフランス北東部に影響を及ぼし、軍人を中心に五万四〇〇〇ポストの削減につながる見通しだったが、テクノロジーと組織のイノベーションによって埋め合わせられることになっていた。同様に警察も、RGPPの開始時点では一〇万五〇〇〇人だった定員が五年間でおよそ九万九〇〇〇人へと減らされ、公道や警察署で住民と直接つながりを持つ警官の人数が削減され、近接政策が犠牲となった。この時、国内の治安に関して得られた成果の評価を担う特別措置は同時に「統計的効率性」を求めていた[118]。司法においても同じ原因が同じ結果をもたらした。司法地図の改革は、多数の裁判所の廃止とより大きな拠点への移転、検察の財政部門の資金難、予審判事の廃止決定、地域圏会計検査院の権限と行動手段〔資金・人員〕の縮小へとつながった。これらの施策は商業的な民のために公を後退させるものだった。対象となったのは、軍の運営費用の一部、警察や司法の場合には電話の盗聴、DNA鑑定の民間ラボへの委託、〔行動監視用の〕電子アンクレットの製造、民間建設の刑務所を国が借りる仕組み(その帰結は周知の通り)などである。

7　治安偏重国家

ニコラ・サルコジがラファラン内閣、ドヴィルパン内閣の内務大臣に就いてから、外国人の入国と滞在の条件を厳格化するための法規や施策が増加した。この動きと並行して、テロや悲劇的な事件、あるいはより散文的な例でいうと選挙日程などの日付がしばしば明白な政治的道具化の意図をもって利用された。二〇〇四年には外国人の権利に関係した既存の法律や規則が「外国人の入国・滞在と庇護権法典」（CESEDA）へと再編され、それまで有効だった一九四五年のオルドナンスとは様々な点で異なるものとなった。これに続く様々な法律によって家族呼び寄せの条件は厳格化され、統合の原則が規範化され、二〇〇六年には一〇年間のフランス滞在をもって自動的に正規化がなされるという原則が廃止され、その翌年には特に両親に子どもたちの適切な統合に留意するよう義務付ける「家族受け入れ・統合契約」が導入された。連続性と強化が顕著なのはこの点である。二〇一〇年七月三〇日のグルノーブルでの演説において、今や共和国大統領となった人物〔サルコジのこと〕がとりわけロマを標的にしつつ「五〇年間にわたる規制が不十分な大量の移民」に対する攻撃を先導したが、これは治安悪化と移民とを結び付け、外国人をスティグマ化の格好の対象とする、しつこく登場するようになったライトモチーフの一活用例にすぎない。外国人を明示的に対象とするわけではないものの、二〇一一年には「家族の権利と義務に関する助言」が人口五万人以上の都市で義務化された。新たな法規によってフランス語の知識を証明する免状の取得が一〇年間の滞在許可証の授与条件となった。ベッソン法は非正規滞在中の外国人を可能な限り迅速かつ持続的に追放する措置を「完成」させた。この法律は「グレー」な結婚に対する罰則、仮想待機ゾーンを〔空港などの本来の待機ゾーン以外の場所であっても入国者に対して〕設置する可能性、フランス領内への再入国の禁止、あるいはまたデジタル監視下の居住指定を導入している。

一方、フランス難民無国籍者保護局（OFPRA）の管轄が外務省からニコラ・サルコジが創設した移民統合ナショナル・アイデンティティ共同発展省へと移されたことは可能な限り庇護権の適用を制限しようという意志の表れである。国外退去処分は容易に実施できるようなって、〔法廷における〕防御権はもはや保障されなくなった。大統領が躊躇せず数値目標を設定するといったノルマ至上主義に応えるために退去処分は増加した。

とはいえ、外国人だけが監視と処罰を目指す政策の被害者となったのではない。監視社会は刑法の拡大とテクノロジーの変容が組み合わさった結果として生じたものである。警察、憲兵隊、内務省その他はますます多くのファイルを保有し、それらのうちのいくつかは情報処理と自由に関する全国委員会（CNIL）のコントロールを逃れている。一九九八年に創設された全国自動DNA型鑑定ファイルは二〇〇一年と二〇〇三年に対象が拡大され、二〇〇九年には年齢を問わず一〇〇万人以上のデータを収集しており、CNILが禁止しているにもかかわらずファイル間の接続が増加している。警察業務記録セキュリティ化・階層化閲覧システム（CHEOPS）は様々な警察のアプリケーションを束ねて、アクセスを容易にしている。二〇〇二年の治安に関する基本計画法はSTIC（内務省認知犯罪データ処理システム）と〔憲兵隊に属する〕JUDEXのファイルの情報をARIANEファイルに統合し、これが二〇一二年にいくつかの〔個人情報〕保護〔の規則〕を無視してTAJ（犯罪前歴データ処理システム）になった。

　これらのファイルはプライバシーの保護をしばしば侵害している。テロとの闘いを目的としたCRISTINA（国土安全・国益保護国内情報一元化）ファイルは二〇〇八年に総合情報中央局と国土監視局のファイルを元にして作られ、ファイル化された人物の個人情報のみならず家族や交友関係のデータまでもが含まれている。ファイルは「国防秘密」に分類された時点でCNILのコントロールからは除外されている。同年に総合情報部のために創設されたEDVIGE（資料・総合情報活用）ファイルは重要な公的役割を果たしている人物と「公序を損なう恐れのある」人物に関して政府にとって必要な情報を一元化することを目的としている。これには「客観的な身体的特徴」と「振る舞い」に関する情報を含むことができるとされ、民族的（エスニック）な出自、健康や性的志向、一三歳以上の未成年を含めた「当人と偶然ではない直接的な関係を維持している、または維持していた人物を中心とした、当人の周辺に関するデータ」までが対象となる可能性がある。司法官組合や人権連盟を含む多くの団体が攻撃を開始したため、EDVIGEはEDVIRSP（資料・治安関連情報活用）という新たなファイルに変更され、目的は維持されたものの、健康と性的志向に関するデータは削除された。

　予防が有罪の推定と混同されるに至ったことは、フランス法がチェーザレ・ロンブローゾの「法実証主義」に影響を受けた「社会防衛」へと逸脱したことを示している。(119) 例えば、二〇〇九年に始まった治安侵害予防ファイルは有罪判決を受けた者に加えて「とりわけ都市部やスポーツ・イベントの際に集団的な暴力活動に関与する可能性のある」人々を対象としている。犯罪の変化への司法の適応に関する二〇〇四年三月九日法によって創設された性犯罪者司法自動ファイル（FIJAIS）は、軽犯罪者（罰金、運転免許取り消しなど）、予審法廷で審理されたか、免訴、〔軽罪の〕無罪判決、判断能力の喪失を理由に〔重罪の〕無罪判決の対象となった者も含むことができる。ファイルに掲載される期間は最長三〇年にも及ぶ。未成年者も例外ではない。「電子アンクレット」の着用は二〇〇五年一二月の再犯に関する法律によって導入され、二〇〇八年二月の保安勾留に関する法律によって保安監視へと拡大されたが、アンクレット着用についても同様にファイルが創設されている。法律の非遡及性の原則に対して完全に違反する条文が含まれ、ファイルへの掲載は、法の公布前に罪を犯した者や刑務所に服役中の者にも適用されることになった。

したがって、二〇〇八年に国民教育省が作った初等教育生徒データベースという、公式には生徒の就学管理を学校・〔大学区の〕視学官・市町村役場のレベルでデジタル化することを目指していたものが、家族に対する不当な社会的コントロール装置へと転じてしまうのではないかという不安を招き、反発が生じた結果「必要最小限」[120]へと縮小されるに至ったことは容易に理解できる。監視カメラの利用、無線周波数による特定、フランスのパソコンに対するスパイウェア使用（二〇〇一年の日常生活の安全に関する法律によって許可された）、ウェブサイトの検閲やその他の技術革新は、国家の触手を四方八方へと伸ばすことになり、公共空間と私的空間への脅威を増大させる恐れがあった[121]。

同時に、刑法の変化の中には一七八九年以来規定されてきた必要性原則と比例原則（司法の活動を必要な範囲に制限し、判決の量刑を適切なものにすることを目指した原則）に反したものがあり、裁判官の（犯罪者の状況とパーソナリティに応じて）刑罰を個別化する自由を侵害している。第二次ペルバン法はアメリカの犯罪学の原則からフランス法にとって異質な概念を導入している。例えば、刑事裁判に対して商法にならって調停者となるよう求め、裁判官に検察官の決定を追認するように強いる「有罪の事前申告」や、当時野党が「密告の合法化」と呼んだ「悔悟者」制度などである。同法はタテの構造を強化してその中に検察官を位置付け、その権限を強化し、そうすることで刑事裁判における法務大臣の権力を増大させ、裁判官のそれを削っている[122]。

成年・未成年の再犯に対する闘いを強化する二〇〇七年八月のラシダ・ダチ法は、一六歳以上の未成年累犯者に対して未成年であることを理由とした減刑を否定し、再犯者に対する最低刑(peines planchers)の導入を定めている。専門家によって心理療法へのアクセスが必要と認められた受刑者については、精神医学的治療や心理学的追跡検査の命令を含む裁判所による追跡調査が義務化された。拘留中に行刑した裁判官によって提案された治療を拒否した拘留者は追加的減刑〔社会復帰の努力を特に強く示した者に与えられる〕や仮釈放も認められない。保安勾留と精神障害を理由とする刑事責任喪失宣言に関する二〇〇八年二月の法律は、刑期末に危険とされる人物を検討対象とする委員会が、一年間(更新可能)当該人物を「社会的予防原則」の名において社会医療司法保安センターに入所させることができると定めている。これはフランス法の伝統的な考え方とは断絶したものであり、人権連盟は「無制限の恣意的収監」と呼んでいる[123]。二〇一〇年二月の集団暴力に関する法律は、〔一九七〇年の〕破壊行為者取締法の反憲法的な原則を再度導入している。破壊行為者取締法はデモの際に逸脱行動が生じた場合にデモを主導した組織が集団として責任を負うという原則を導入していた。二〇一〇年三月一〇日の再犯リスクに関する法律は保安監視と治療命令に関する制度を変更し、性暴力で有罪判決を受けた者に対して化学的去勢を課す可能性を高めている。

　ラシダ・ダチ〔法相〕の要請により設置されたヴァリナール委員会の結論に着想を得た二〇一一年八月一〇日の法律は軽罪裁判所の特別組織として少年事件担当裁判官と他二名の裁判官からなる未成年者軽罪裁判所を設置した。この裁判所は一六歳以上の未成年とその成人の共同正犯や共犯者を管轄し、法的に再犯に当たる状態で犯され、三年以上の収監が課される犯罪を対象としている。この法律は未成年者の刑事裁判を根底から揺るがすものであり、フランスが批准した一九八九年の子どもの権利に関する国際条約によって一八歳とされた刑事上の成人年齢や一九四五年のオルドナンスによって定められた裁判管轄と司法官の専門分化に反している。同法はまた一三歳から一六歳の未成年が一定の状況下で司法の監督下に置かれうると定めている。一九四五年のオルドナンスが「問題の処理を専門の裁判官に予審・判決双方の段階で委ねることで」「未成年者、とりわけ非行少年を効果的に保護する」ことを意図し、また教育的措置を重視していたのに対し、二〇一一年法は非行少年とその家族に制裁を加え、責任を負わせることを優先している。「検察」法とも言われる同法はそれまで重罪裁判所にしかいなかった陪審員を軽罪裁判所にも導入した。より厳しい刑罰を課すという目的から、ここでもまたアメリカの制度にならったのである。

　こうした法律の硬化は警察留置の増加（一九八二年から二〇〇七年にかけて倍増）と刑務所の定員超過の悪化へと機械的に帰結し、一部の刑務所では収容率が二〇〇%にも達している。[124] 受刑者の基本的人権と尊厳の侵害が、二〇〇八年に初代の拘禁施設監査官長〔二〇〇二年に国連総会で採択された拷問等禁止条約の選択議定書を受けて創設され、拘禁施設の監査・受刑者の人権保障を担う〕となったジャン＝マリ・ドラリュによって告発されたが、その後も絶えず繰り返され、フランスはヨーロッパ人権裁判所によって定期的に非難されている。

公共サーヴィス、公的自由や共和国の創設以来の諸原則といったフランス流の考え方がこうした攻撃を受けるのと軌を一にして、後に「信用刺激」を発生させるための〔新たな〕経済方針がとられた。

8　赤字の拡大、さらなる柔軟化と扶助への傾斜

ニコラ・サルコジは所得税の減税政策を継続することで、富裕層が租税逃亡（exil fiscal）せずにフランスにとどまるよう説得することを望んだ。所得税の減税は二〇〇二年にローラン・ファビウスが始めたものであり、左派の新たな象徴的・政治的譲歩の徴(しるし)であった。こうして二〇〇七年には労働・雇用・購買力法（TEPA法）が可決され、その中には所得の五〇%を課税の上限とする「租税防壁」や政府が「信用刺激」を期待する富裕税の軽減が含まれていた。この政策はGDPの約一%に当たる歳入の減少をもたらした。政府はさらに二〇〇九年に外食産業への付加価値税の減税を付け加えた。しかし、こうした国家歳入の減少はすぐには影響が出なかったものの二〇〇八年から二〇〇九年の危機に正面衝突することになった。〔政府の〕赤字は歳入の減少と社会支出の機械的な増加という二つの動きが重なることで悪化し、GDPの四%を超えた。

サルコジ候補のもう一つの選挙公約は「たくさん働いてたくさん稼ごう」という原則に従って賃金労働者の購買力を増加させることだった。労働・雇用・購買力法（TEPA法）は残業代に対する所

得税と事業主の社会保険料負担の大半を免除することでそれを実現しようとした。これは法定労働時間に依拠するという原則そのものを空洞化するための遠回りの方法であった〔その主な効果はより高い残業代が支払われることだった〕。同法は〔週に〕三五時間以上働くよう促された男性と、当時三人に一人がほとんどの場合やむをえずパートタイムで働いていた女性との不平等を拡大するという効果も持った。〔しかし〕こうした措置は、これまた二〇〇八年から二〇〇九年の危機にぶつかったため、なかなか効果を発揮しづらかった。失業の増加を抑えるために一九九三年以来実施されてきた雇用政策に沿って、政府は〔失業を〕社会的に処理する〔すなわち、資格水準の最も低い労働者の採用を促すために社会保険料を免除する〕政策を継続した。手段としては、民間および公共部門において最低賃金での雇用に対する補助金や事業主保険料の軽減といった〔公的〕援助付きの〔労働〕契約が用いられた。

二〇〇九年には貧困労働者〔ワーキングプア〕の数を減らし就労復帰を促すことを目的として参入最低所得（ＲＭＩ）の代わりに積極的連帯所得（ＲＳＡ）が導入された。〔しかしながら〕恐らくは支給額の乏しさ、行政手続きのたいへんさ、「貧困労働者」というスティグマ化などのために、受給資格があるものの申請しない人が多いため、有効性がしばしば批判されている。この施策は社会保障システム全体にも影響を及ぼしている。労働法制改革により一九九〇年代から実施されている政策が継続され、とりわけ資格の水準が低くしばしば若年の労働者に関して、事業主の社会保険料負担が政府財政へと転嫁された。こうした改革と組み合わされることで、ＲＳＡは一九四五年以来社会国家の基礎にある保険的な手続き〔制度〕に対して扶助支出を膨れ上がらせた。

最後に付け加えると、二〇〇三年のフィヨン改革に連なるものとして、ヴルト法は二〇〇七年から二〇〇八年にかけて部分的にではあったが年金保険の特別制度を〔一般制度＝民間部門に〕合わせようと試みた。二〇一〇年に政府は一般制度と公務員の〔年金〕制度を改正し、二〇一八年までに最低退職年齢を六二歳へと引き上げ、年金の満額受給の開始年齢を六七歳に遅らせることにした。労働法制に関するものと同様に、この新たな施策も就労期間の中断が長い人々とその他の人々との不平等、そして特に男女間の不平等をさらに悪化させた。女性の〔職業〕キャリアは男性よりも短く、男性に比べ三〇％から五〇％少ない年金しか受け取っていない。

第6章　社会自由主義からコンプレックスなき自由主義へ（二〇一二〜二〇一八年）

1　それで左派は？

過去二〇年間は二つの結びついた変化によって特徴付けられる。一方では、グローバルなテロが頻発し、もはや一時的なものとは見なせなくなったことで、国は治安関連の法規を強化・修正せざるをえなくなった。これらの法規は、フランス刑法の骨格をなす哲学に反する治安偏重シフトをもたらし、国家と公的・私的空間との関係を変更し、外国人嫌悪によって増幅された雑多な心理を通じて移民政策に影響を及ぼした。他方では、グローバル化した市場への参入がEUによって正当化された財政的ロジックと結び付いた。こうして公共部門にとって、矛盾はしないにしても異質な管理手法を導入する国家改革が始められ、発展することになった。いくつかの左派内閣が実施した揺り戻しの動きは、強固に定着したプロセスであることが明らかとなったものを決定的に方向転換させることはなかった。それがまったくもってフランスに固有ではないだけに、その表現であり推進力でもある報告書や法律、通達を読むにつけ、ただただ同じことが繰り返されているという感覚を与えるかもしれない。

フランソワ・オランドと社会の自由化

二〇一二年五月の大統領就任に際して、フランソワ・オランドは前任者との違いをこれ見よがしに際立たせるために一九六八年五月の遺産の継承を訴えたが、そのアプローチは奇妙なものであった。彼は「型に嵌められ、権威主義的で、時代遅れな社会」こそド・ゴール将軍のフランスの特徴だったと告発しており、これは行政型規制や「近接支配」（ドミニク・メミ）〔前出注（40）*Mai-Juin 68* 所収の Dominique Memmi, « Mai 68 ou la crise de la domination rapprochée »〕の反対派によって当時行われていた告発と見事に一致している。とはいえ、「人間と自然を尊重することができ、物質的繁栄をすべての尺度にすることを拒否する友愛の社会」という「ユートピア」に突き動かされていた「一九六八年五月の夢想しながら行進するデモ参加者たち」〔二〇一一年一〇月のオランドの演説の一節〕が、オランドが彼らを念頭に描く将来展望に同じくらい共感してくれるかというと定かではない。

社会の自由化という一九六八年五月の影響は一定の時間差を伴いつつもまさしく新保守主義的な反動を引き起こした。一九八〇年代末にそれはシャルル・パスクワと約六〇名の上院議員らによる死刑制度復活の試みや「プロライフ」組織による暴力的なデモとして現れた。後者は一九九三年には人工妊娠中絶妨害罪を創設し、〔医師を介さない〕自力での中絶を処罰対象から除外する法律の採択につながった。ジョスパン内閣は社会的自由化のダイナミズムを再開し、同性愛者に開かれた最初の市民間のパートナーシップである連帯市民協約（ＰＡＣＳ）を導入した。二〇〇五年には尊厳死に関するレオネッティ法が成立し、同じダイナミズムが全く異なる場面に関してみられることになった。同法は一〇年後〔二〇一六年〕にクレイス＝レオネッティ法によって補完されている。フランソワ・オランドはこのように理解された社会的自由化を選挙キャンペーンの明示的な目標とせず、先に引用した演説でも言及しなかったが、それでも、二〇一三年にはトビラ法という重要な進歩が見られた。同法は同性愛者に結婚と養子縁組を可能にしたが、「みんなのためのデモ」〔トビラ法が「みんなのための結婚」と呼ばれたことに対抗して用いられた反対派による運動の名称〕という前例のない規模の動員が生じ、「右翼の一九六八年」とも称された。女性に対する暴力と闘うための計画や、ジェンダー・ステレオタイプと闘うために学校で行われた「平等のＡＢＣＤ」などの実験も同じプロセスに位置付けられる。同様に、低リスク・ドラッグを医療専門職の監督下で使用する部屋（いわゆる「麻薬注射室」）の実験や、中等教育機関での緊急避妊薬へのアクセスが、予防を目的とした医療制度現代化法〔二〇一六年〕に含まれるという形ではあったが、導入された。

公共サーヴィス――政策ごとに異なる変容

フランソワ・オランドの任期の初期には、病院・患者・医療・地域法（ＨＰＳＴ法）を含む前政権の目玉立法の廃止も目立った。マリソル・トゥレーヌ大臣〔社会学者のアラン・トゥレーヌの娘で、オランド政権の社会保障・保健医療大臣を務めた〕は同法を「公共サーヴィス創設の価値観に対する前例のない侵害」と呼んでいた。様々な法律や通達が民主主義、公共サーヴィスの諸原則、平等、司法の独立の名のもと、マニュエル・ヴァルス〔二〇一四～二〇一六年首相〕によれば「責任と平穏の精神において」採択された。例えば、デュフロ法は、市場の自由を侵害するリスクを承知の上で、家賃統制や集合住宅管理者への規制を導入している。〔二〇一四年の〕トビラ法は、〔被告人個々の事情に合わせて決める〕量刑の個人化と〔矯正に効果のない刑罰は科さない〕刑罰の有効性の原則を元に戻した。二〇一六年の組織法は閣議による検事長の任命を終結させた。非正規状態の外国人による滞在許可申請の審査条件に関するヴァルス通達は、先行するいくつかの通達の全部または一部を廃止した。

二〇一三年一一月に国家改革・地方分権化・公務員大臣だったマリリーズ・ルブランシュに提出されたペシュール報告書は、一般利益に適う諸価値や、市場経済における公共サーヴィスの役割とその地域的基盤とを保持するための変化を提案している。そうしなければ、政府のすることの意味を保てなくなるというのだ。この報告書は、公務員組織について雇用見通しを中期で立てることや、三種類の公務員組織〔国・地方自治体・公立病院〕間の異動を促進すべく身分上の地位の擦り合わせを行うこと、そして服務規則の統一を支持している。この報告書に基づいて公務員の職業倫理と権利・義務に関する法律が作られ、そこでは、公務員の活動の特殊性の基礎となる主要な義務として、中立性・不偏性・誠実性・非宗教性が定められた。その一方で、報告書は、人的資源や契約化、賃金政策に関して新公共管理がなだれ込んできたことで公務員組織が被った歪みを修復しようとはしていない。「手当に関する状況を単純化する」ことを目的とした「職務・拘束・専門性および職務へのコミットメントを考慮した手当（つまり、ボーナス支給――原注）制度（ＲＩＦＳＥＥＰ）」の実施はいくつかの側面でそうした歪みを強化してさえいる。

医療に関しては、二〇一六年の医療制度現代化法はいくつかの論争の的になってきた措置を廃止した。とりわけ同法は医療センターとその一四の公共サーヴィス・ミッションの代わりに「地域病院グループ」を用いることにした。これは近隣の病院が共通の保健医療計画を作成し、ミッションや補助的業務を共有することを可能にしたものである。この住民のための地域医療サーヴィスは少なくとも以下の五つの領域、すなわち、近隣での治療、治療の継続性、予防、精神科医療、障害者の治療へのアクセスをカバーすることで、医療供給の構造化を進めるものでなければならない。第三者払い方式の一般化〔従来フランスの医療保険では、患者が窓口でいったん医療費全額を支払い、後から償還を保険に申請する方式がとられてきた。これを日本と同じ、保険から医療機関への直接・後払い方式に変えること〕（ただし最終的には、公的保険が〔一〇〇％〕カバーする場合〔長期の疾患や出産等〕に限定された）や歯科・眼科・補聴器に関する社会保障料金の適用対象者の拡大は、医療の不平等と闘うためのものだった。また、医療民主主義の原則が導入され、クラス・アクションを通じて〔個人ではなく集団で〕被害者が自らをよりよく守れるようになった。

ペクレス法の後に成立したフィオラソ法〔二〇一三年〕を見る限り、高等教育においては、断絶が起きたかどうか、医療ほど明らかではない。技術短期大学（ＩＵＴ）で技術バカロレア保持者向けに、技術・専門科で職業バカロレア保持者向けに、それぞれ入学枠を設定したのは、一貫性のある進路指導を目的としたもので、〔教育の〕民主化を目指して大学進学率の改善手段たろうとしたのは確かである。しかし、その一方でこの法律は、大学の自由と責任に関する法（ＬＲＵ法）や責任と権限の拡大（ＲＣＥ）の諸原則については、ほとんど修正していない。また、同法は従来は一つの選択肢にすぎなかった大学や学校の再編統合のペースを上げようとした。「あらゆる種類の高等教育機関、研究組織、社会経済的アクター、地域圏や大都市圏（メトロポール）をはじめとした地方自治体による持続的な協力の強化」を目指して、一年以内に三〇件ほどの再編統合が行われることになった。このことは高等教育の地域圏化や、〔大学に対する〕財政責任の国から地方自治体への転嫁が推進されるのではないかという懸念を招いた。〔もしそうなれば〕地方自治体自体の財政力は一様ではなく、したがって、〔大学間に〕構造的な不均衡と不平等が生まれることになる。

投資庁〔前出一六二頁。二〇一〇年サルコジが創設〕の資金による将来投資プログラムはこうした不均衡を強力に拡大させ、あらゆる法的・財政的枠組みの外側で大学の構造を変化させることにつながった。二〇一八年には〔高等教育〕省は、卓越性イニシアティブ・プロジェクト（ＩＤＥＸ）〔前出一六二頁〕の配分に際して、予算と人員採用に関して設定した条件を〔応募した大学が〕充たしているかどうかで決めることをもはや躊躇しなくなったが、これは教育法典や補完性、合議制、大学の自由といった諸原則に違反している。これもまた、専門家の役割が増大し立法者にとって代わっていることを示している。

以上のように、様々な公共サーヴィスがみな変容していったが、変容のあり方はそれぞれ異なっていた。

国家改革――連続体

国家改革の問題はフランソワ・オランドの大統領選挙キャンペーンではほとんど触れられなかった。彼はただ「数値目標政策」を終わらせ、公共政策の全般的見直し（ＲＧＰＰ）を廃止する、つまり、国家の職務と組織の全体を再編することを望むと言っていただけであった。その一方で、彼は選挙の前にも後にも、予算に関するゲームのルールであり、公共政策を枠付ける原則となった「予算法に関する組織法」（ＬＯＬＦ）を見直しの対象としなかった。行政総監察官団（ＩＧＡ）、社会問題総監察官団（ＩＧＡＳ）、財務総監察官団（ＩＧＦ）は、オランドの公約に従って、ＲＧＰＰの評価をまとめ、「新たな行政刷新政策の条件と方法について政府に情報を提供する」ことになった。その評価は、一辺倒ではないにせよ、批判的だったのは間違いなかった。ＲＧＰＰはトップダウン型のアプローチであり、「かなり早くから歳出削減に集中し」、「行政機関にとっては押し付けられたものと受け止められた」。実質的な財政効果はあったが、期待を下回った（期待されていた一五〇億ユーロに対して、一二〇億ユーロの歳出削減）。その上、国家公務員のポストが一五万人分削減され、そのうち六万五〇〇〇人分が直接ＲＧＰＰに由来するものだった。ＲＧＰＰは多くの国家公務員に「深刻な不満」を生んだ。しかしながら、三つの監察官団による報告書は、様々なパートナーとの協議を深め、省庁に責任意識を持たせてより強く関与させることによって、（ＲＧＰＰで進めてきた）これまでの努力を継続することを勧めている。その結果、二〇一二年末には、来るべき公共政策現代化法に関する議論を行うための「公共政策フォーラム」や、地方制度改革案を検討する地方民主主義全国三部会、高等教育・研究に関する全国会議（フィオラソ法作成の前奏曲）が次々と開かれた。

首相の直接的な指揮のもとで実施された公共政策の現代化はＲＧＰＰとは異なっていた。後者が国によって実施される施策に限定されていたのに対して、前者は（政府から自律性を持つ）独立機関や地方自治体、社会保険の管理組織によるものも含む公共政策全体に及ぶ。公共政策の簡素化（共和国大統領はこれを「我々の時代の焦眉の義務」と称した）、デジタル化の加速、政策評価の強化は「優先的な活動」へと昇格された。

しかしながら、たとえ〔RGPPとは〕目標と方法が異なるように見え、〔政府内の力関係として〕財務省が弱まる形でガヴァナンスのあり方が再均衡したとしても、現代化法はまず会計のロジックに関しては〔RGPPとの〕連続体の中に位置付けられる。政府にとっての課題は良質でより効果的な公共サーヴィスを維持することであり、これはコンセンサスにしかなりようがないが、同時に政府が望む新施策〔競争力のための税控除という非常に自由主義的な施策と世代契約〔若者を雇用し、その指導者として高年齢労働者の雇用を維持する企業に助成金を支給する仕組み〕〕の財源を調達するために、二〇一四年と二〇一五年に少なくとも一〇〇億ユーロの歳出削減を行う必要があった。しかも、やがてますます強まる財政制約のもとでそれをせねばならなかった。

自由主義的方向転換

フランソワ・オランドは財政赤字の削減計画を公表していたが、他方ではヨーロッパ財政協定の即時の再交渉を選挙キャンペーン中に公約していた。二〇一一年にニコラ・サルコジが署名していたこの協定はヨーロッパ諸国の財政赤字の抑制を目的とし、各国自身の歳入で資金を賄うよう促していた。しかし、〔オランド当選後の〕二〇一二年一〇月にフランスは構造的財政赤字をGDPの〇・五%までとする条約を批准し、唯一の埋め合わせは、総額一二〇〇億ユーロの予算枠をもつ成長協定と抱き合わせになっていたことのみだった。フランスは直ちに欧州委員会から赤字削減を勧告され、会計検査院は歳出削減努力の継続と強化さえ促した。二〇一二年末には、フランス企業運動（MEDEF）会長のピエール・ガタズによる企業の社会保険料と税負担の一〇〇〇億ユーロの軽減を求める強力なキャンペーンを受けて、フランソワ・オランドはほぼ同時に責任・連帯協定と四〇〇億ユーロの競争力と雇用のための税控除（ＣＩＣＥ）の実施を公表した。ＣＩＣＥは事業主の社会保険料負担の削減による労働コスト軽減を要とした景気浮揚策の基礎と見なされていた。

これ以降、公共サーヴィスの質の改善という当初の目標よりも、公共支出の規模の縮小のほうが公然と優先されるようになった。二〇一二年から経済財務省の管轄とされていた国家改革は同省の手元から離れて首相府直属となった。首相の側には国家改革専任のアドホックの担当大臣が置かれた[125]。二〇一四年三月の市町村選挙での社会党の敗北の後、マニュエル・ヴァルスが首相に任命されたことで、〔左派の〕自由主義的な方向転換がもはや遠慮なしに実施されるようになる。〔すでに〕ヨーロッパ中でそれがルールとなっていた。

新たな経済大臣の名を冠した二〇一五年のマクロン法は、日曜労働を規制緩和し、労働裁判所の改革を開始し、従業員貯蓄〔利益分配制度で従業員に付与された資金を企業内で運用する仕組み。預金と年金を選択できる〕と従業員持ち株制を奨励し、バス路線の許可制度といくつかの許認可専門職（執行官、公証人、競売吏）の規制を自由化した。また、公企業四社の赤字返済を目的とした国による五〇～一〇〇億ユーロの公企業株の売却を認めた。労働・労使間協議（dialogue social）の現代化・職業キャリアの保障に関する法律、いわゆる「エル・コムリ法」は二〇一六年に労働法典を改正し、経済的理由による解雇を容易にするとともに労働組合の役割を周縁化〔縮小〕した。従業員の「キャリアの保障」は代償として労働法の根本的な見直しを伴った。最も重要なのは〔労使関係における〕規範の階層構造の逆転である。同法は、労働時間と残業手当に関して、産業部門レベルの合意に対して企業レベルの合意が優越すると規定している。〔後者の〕合意による規則のほうが従業員にとって不利なものであってもである。これは実際には、一九三六年以来の労働条件の統一と改善の趨勢を覆そうとするものであった。また、エル・コムリ法によって、困難な状況にあるとされる企業が賃金や労働時間の変更を含む「雇用維持合意」を交わすことが可能となった。一定数の連続した四半期を通じて注文や売り上げが低下した場合に企業が困難な状況にあるとされ、既存のルールが大幅に緩和されている。さらに、多数派による企業レベル合意、すなわち従業員の少なくとも五〇％を代表する労働組合が署名すれば合意が成立することと、従業員の三〇％以下しか代表しない〔少数派〕労組の求めで企業レファレンダムを実施できることも採択された。後者では、従業員の有効投票の半数によって承認されれば、〔少数派労組が署名した〕合意が成立することになる。労働裁判による補償は、法定の解雇補償の計算方法をモデルにして勤続年数に応じて決定されるようになり、上限が設定されることになった。社長と従業員は、いくつかの条件があるものの、労働組合代表抜きで直接交渉できるようになった。最後に、この法律は四つの従業員代表機関（労働組合代表委員、従業員代表委員、企業委員会、衛生・安全・労働条件委員会）を合併させた。

これまで、社会的獲得物に対する侵害は右派〔政権〕によるものだったが、この労働法典の改正は社会党政権によるものであり、労働法とより広くは社会法を市場の規律に従わせることを目的としていた。この改正は二〇一七年のエマニュエル・マクロンの当選後にペニコー法によって完成される。社会学者のカレル・ヨンが示したように、それは労働法の目的が反転するプロセスに位置付けられる。つまり、労働法は「労働の保護、いわんや労働の解放の法律ではますますなくなっていき、資本の安全を守るための法律となりつつある」。団体交渉は労働者にとって資本主義下の市場の不確実性を減らすこと、さらには一部の者にとっては、市場を乗り越えることを目指すものであった。〔ヨンによって〕言及される〔新自由主義者たちが提唱する〕新たな「社会モデル」はというと、労働組合員や彼らを介して全労働者に、市場の不確実性、賃金の引き下げ、勤務するポストの変更、さらには雇用の喪失を〔自分たちが負うべきリスクだと〕納得させようとしている。「攻撃的」合意〔二〇一三年の「防御的」合意は、不況による経営危機を雇用維持のための労働契約変更の条件にしていたため、機能しなかった。そこでこの条件を外した〕や「競争力」の合意〔競争力を維持し雇用を守るために、労働時間や賃金の変更を受け入れる〕は組合員らに使用者の規律権力の一部を引き受けさせようとさえしている。労働組合が認められ評価されるのは、それが「労使間協議」への貢献によって企業の戦略の正当化に協力する場合のみである[126]〔それゆえ、労組は合意に従わない労働者に圧力を加えざるをえなくなる〕。

中間色の地方制度政策

マニュエル・ヴァルス首相を後ろ盾に、政府は前政権の地方制度政策についても見直しを行ったが、重要な修正は行ったものの、真の断絶を提案したわけではなかった。二〇一四年一月、ローカルな民主主義の復活を目的に掲げる法律によって、地方議員〔前出一五三頁〕が廃止され、その権限が〔名称が変更された〕県議会議員に返還された。また、一般権限条項〔前出注(110)〕が復活し、その行使のための条件が明確化された。全国レベルではなく地域圏レベルでガヴァナンス協定が、地域圏議会議長の肝煎りで結ばれるように、地方公共政策会議が導入された。一一の通常のメトロポールと三つの特殊な地位を有するメトロポール（リヨン、エクス゠マルセイユ゠プロヴァンス、グラン・パリ）が設置された。

しかし、同年六月に欧州理事会が「フランスは現在進行中の地方分権化プロセスにおいて、日程を確定した上で多重行政の排除、地方自治体の合併の促進、地方自治体の各レベルでの権限の明確化を目的とした予備的措置をとるよう努める〔自治体の数の多さと権限の錯綜が非効率と追加的な支出の原因となっている〕」ようにと勧告した。その結果、二〇一五年一月一六日に新たな法律によって地域圏の合併が定められ、地域圏の数は二二から一三へと減少した。なお、完全に副次的なものと思われがちだが、この〔地域圏〕再編の結果として、実施されたばかりの大学再編が再調整を迫られたことには特に触れておきたい。その上、新法は復活したばかりの一般権限条項を廃止し、代わりに個別権限を〔自治体各層間で重複がないよう〕排他的な形で割り振り、〔結果として〕地域圏の権力を増大させた。

治安政策の憲法化

ニコラ・サルコジの大統領任期中には治安面がかつてない重要性を持った。〔オランド政権になると〕内務省では、マニュエル・ヴァルスは当初は移民政策の方針を変え、二〇一三年に前年より国外追放を一万件減らし、〔不法移民に滞在資格を付与する〕正規化を一万件増やした。とはいえ、彼はニコラ・サルコジが用いたのと同じような言葉で公然とロマを攻撃し、その上、あえてグルノーブルで〔サルコジと〕同じように発言した。首相になると、彼は二〇一四年四月の就任演説〔正確には、同年九月の下院での施政方針演説〕の中でテロの脅威に加えて、「価値観の危機、我々の共和国をめぐる協約の基礎となるルールが尊重されていないという印象」、「マナー違反の増加や、我々の教師・裁判官・親・治安部隊といった権威を負った者たちへの絶え間ない反抗を特徴とし、〔また〕暴力的になることが多く、手に負えない社会」に言及した。彼はライシテ（非宗教性）に対する挑戦、人種差別・反ユダヤ主義・非寛容・反イスラーム的、反キリスト教的行為やホモフォビアの台頭を前にした不安を語っている。間もなく立法上の対応がとられ、二〇一五年四月には一八八一年の報道の自由に関する法律に関連した報道犯罪は〔これまで特別措置の対象となってきたが〕、他のあらゆる一般法上の罪と同様に扱われる刑法上の罪となった。これは報道と創作の自由を危険にさらすことになった。

同じ〔九月の〕演説の中でマニュエル・ヴァルスは「移民は我々の国にとって幸運、機会、活力です。しかし、成功するためには、移民は組織され、規制されねばなりません。そうするのは、すべての新たにやってきた人々に対する我々の義務です。フランスに対する我々の義務でもあります」と念を押した。「経済的・社会的危機は、それだけでは信頼の危機を説明できません。公共心の危機、アイデンティティの危機もまた存在しています。これほど速く動く世界の中で、フランス人は我々の共和国モデルが〔人々を〕上昇させ、保護し、統合する能力に疑問を感じています。今や至る所で自閉の誘惑が大きくなっています。わが国の農村地域や都市周辺地域のみならず、都市においてもそうであり、都市では同じ一つの国民（nation）に属しているという考え方に対して共同体主義的分裂が優位となり亀裂が生じています」〔四月の首相就任演説〕。また、九月にはこう述べている。「国民が形成されるには、象徴が必要です。我々の国旗、国歌がそれです。国民は秩序とルールを必要とします。なぜなら、秩序やルールがなければ最初に苦しむのはいつだって最も弱い者たちだからです。共和国の市民は一人ひとり同じ権利と義務を有しています。そして、我々の警官・憲兵・裁判官たちこそが、それらを保障し遵守させるために一丸となって働いているのです」。ニコラ・サルコジ〔の主張〕に呼応していないとはいえない。

二〇一五年と二〇一六年のテロ、特に二〇一五年一月のシャルリー・エブド〔編集部〕に対するテロと一一月のバタクラン〔パリの劇場〕とサン＝ドニのテロ、次いで二〇一六年七月のニースのテロはこれらの〔ヴァルスが述べたような〕要求をエスカレートさせ、それゆえ新たな行動の枠組みを描き出した。警察官の定員削減は二〇一二年から一時停止された。フランソワ・オランドは二〇一五年一一月のテロの翌日に二年以内の警官・憲兵隊員の五〇〇〇人増員、裁判官の二五〇〇人増員、税関吏の一〇〇〇人増員、そして二〇一九年までの防衛予算三八億ユーロ増額を発表した。同年までに廃止されるはずだった三万四〇〇〇ポストのうち、一万八五〇〇が維持されることになった。二〇一六年七月以降、軍・警察・憲兵の実働可能な予備隊員をなす国民衛兵〔フランス革命で創設されパリ・コミューン後に廃止された、市町村や街区ごとの民兵組織と同じ名称〕が創設された。

パリとサン＝ドニのテロの翌日に発令された緊急事態は二〇一七年七月一一日法に至るまでに六回延長され、アルジェリア戦争時代の一九五五年四月に創設されて以来、最長の期間となった。期限の延長を定める法改正のたびに内容も変化していった。二〇一五年一一月二〇日法は居住指定や家宅捜索に関する規定を強化した。二〇一六年七月二一日法は検察官の指示なしで鞄や車を調べることを可能にし、刑務所内の監視カメラシステムに関連した個人情報処理の実施〔逃亡や自殺を防ぐための監視カメラの利用〕を〔法務省の〕刑務所行政局に許可した。二〇一五年の諜報法と二〇一六年の反テロ法は警察・諜報組織には新たな監視手段を、裁判官と検察官には新たな調査手段を与えた。すなわち、テロ関連または人命の危機がある場合の夜間の家宅捜索、端末やその利用者の加入者番号を特定するための近接技術装置〔ＩＭＳＩキャッチャー〕の使用、私的空間への音響装置の設置〔盗聴〕、検察による緊急調査の枠内での画像撮影とデジタル情報傍受などである。これ以降、テロ活動の現場に行ったか、行く意思表示をした者は、戻った際に行政による検査の対象となりうることになった。テロ行為の実施を促したり、擁護したりするウェブサイトを習慣的に閲覧することは犯罪となった。テロを擁護するサイトのブロックを妨害する罪が新設された。重罪裁判所は無期懲役判決を下されたテロリストに対して保安期間〔刑の軽減などが適用されない期間〕を最長三〇年間にすることが可能とされ、これは「本物の終身刑」と呼ばれる。

治安〔強化〕の要求は治安政策へと変化し、今や問題はそれを憲法に書き込むことであった。

二〇一五年一一月、バタクラン劇場とサン＝ドニのテロの二日後に、フランソワ・オランドはヴェルサイユで〔憲法改正のために召集される〕両院合同会議を開催し、緊急事態とフランスで生まれた二重国籍者の国籍剥奪を憲法に書き込む意思を表明した。直ちにこの発言は〔所管ゆえに〕改正案を弁護する立場となる法務大臣のクリスティアヌ・トビラの辞任を招いた。トビラは「重大な政治的不一致に基づき」政府を離れると発表した。以後、マニュエル・ヴァルスが「我々の最高法規であり、他のすべての法規に優越する我々の憲法を脅威の現実に適合させる」ことを目的としたいわゆる「国民保護」法案を下院に提示する役回りとなった。ラジオでヴァルスは「フランス人の安全を確保するために、時には我々の自由のうちいくつかを制限しなければなりません」とも付け加えた。

憲法改正法案の第一条は緊急事態を憲法に書き込んでいる。従来、その発効には議会による〔関連法案の〕採択が必要だった。以降は、当局が実施できる行政警察〔公共の秩序の確保〕措置の決定だけが議会のコントロール下に置かれる。「緊急事態を最高規範に書き込むことは、その適用を法に従わせることです。これこそが法治国家の定義そのもの、その本質的定義なのです」と首相は述べ立てたが、国民戦線やその他の極右が選挙で勝利した場合に自由が被りかねないリスクについては考慮されていなかった。民法二五条は、テロや国民の基本的利益の侵害があった一定の場合に、フランスに帰化して二重国籍になった者に関してのみ国籍の剝奪を規定していた。新法の第二条はフランス人として生まれた二重国籍者にまで対象を拡張している。「この制度の創設時〔フランス革命中の一七九一年〕と同様に今日でも、〔国籍の剝奪は――原注〕フランス人による、国民の生存に深刻な損害をもたらすことを選んだ他のフランス人に対する集団的な対応です」と首相は宣言した。「これは共和国をめぐる協約を守ろうとするすべての者たちによる、それを破ろうとするすべての者たちに対抗する団結を示す所作なのです。これは〔我々の間に〕分け隔てをしようとするのではなく、反対に我々を結び付けるものを明示しようとするやり方なのです」。

国民議会と上院との間で立場に隔たりがあり、同一の条文について合意できなかったため、フランソワ・オランドは二〇一六年三月三〇日に法案成立を断念することに決めた。残ったのは、二〇一二年に彼を政権の座に就けた政治勢力との修復不能な断絶であり、やがてこれが前触れとなり、エル・コムリ法への拒絶とも組み合わさって、オランドは二〇一七年の大統領選挙再選に向けた立候補を断念せざるをえなくなるのだった。

2 マクロン流の国家——企業に対峙する専門家執行府

いくつかの戦線

以上のように、二〇一七年三月〔実際には四～五月〕の大統領選挙の前夜には、フランスの国家はほぼ自由化された国家となっていたが、その中心部はなお社会〔国家〕的なままであった。その原則そのものである完全雇用は一九八〇年代初頭の景気の反転以降、終焉を迎え、このことは社会保障システムに正面から打撃を与えた。このシステムは就業者と退職者の間の再分配と連帯に基づいており、したがって、工業中心の経済構造に主として基盤を置いていたが、その経済構造は、ニューエコノミーとグローバル化によって今や脆弱化してしまった。

一九七〇年代に主張された個人主義は、一九六八年春〔五月事件〕の帰結であり、当時は解放をもたらす潜在力を備えていたが、四〇年後には、嫌々ながらの個人主義とでも呼べそうなアトム〔原子〕化へと道を譲った[127]。一般利益は多数の個別利益へと細分化された。労働市場について当てはまることは社会福祉についても当てはまる。つまり、実施に移される措置は個人化され、個人の再参入〔労働再開ないし社会復帰〕、その「能力」の活用、「軌道」の修正、「社会的紐帯」に関する研究から導き出された〔社会的関係の〕心理学化、そして「対話」「信頼」「コミュニケーション」の回復などに力点が置かれる。同じことが医療に関しても言え、今では公権力が個人による予防や、職業上のリスクに関しては事業主による予防に力点を置いている。政府は、後退しつつある集合的な保護〔社会保障〕を個人、家族、企業の自己責任化や民間の活動の拡大によって置き換えようと努めている。情報と透明性を当てにすることで、社会学者のアンソニー・ギデンズの表現によれば個人を「リスクの文化」で動く「責任あるリスク・テイカー」へと変容させようというわけだが、このことは各自が選択に際して不確実性を合理的に把握できるということを前提にしている。つまり、エル・コムリ法についてすでにみたように、社会組織が弱体化した分の一部を個人に背負わせようという自己責任化の手法の一つである。(128)

経済成長に伴う統合政策は、大局的な均衡を追求し、中央から社会を均質化しようとするものだった。〔しかし〕その後、参入政策は特定の人々や、社会空間のうちの一部の地域に対象を絞り、対象に合わせて固有の戦略を展開するようになった。(129)ジスカール・デスタンとレイモン・バールの指揮のもとで一九七〇年代末に登場した早期退職措置が増加していったのは、失業の増加に対応したものと考えられていた。しかし、それは上記のような国家の新たな介入方式への移行を示すものでもあり、経済活動・就労を促進するのではなく、労働市場の再編によって強いられた非就労〔者〕を支援することを狙いとした公的扶助政策へと向かっていった。そして、〔社会〕保障の様式は、ある者にとっては職業的連帯となり、別の者には「国民的（ナショナルな）」連帯になるという、階層化された二重の連帯の形へと再編されていった。(130)一九八四年に「受給権が切れた」失業者のために特別連帯手当（ASS）が創設され、これが商工業雇用全国連合（UNEDIC）への国庫補助にとって代わった。二〇〇八年一二月一日の「積極的連帯所得（RSA）を一般化し、参入政策を改革する」法律はひとり親を給付対象に加えた。中央国家が方向付ける都市計画は「都市政策」〔都市内部での衰退・貧困地区などに着目した政策〕・住宅政策に道を譲り、〔地方〕政治家と専門家にはより大きな責任が与えられた。これらの政策は失敗するたびに新たなものが登場し、「社会問題の空間化[131]」が進められた。

世紀転換期以来、繰り返された攻撃は時に困難ではあったが、結局は勝利を収め、年金の諸制度や、港湾労働者と不定期労働者の地位が次々に破壊された。一方、公務員職の身分と規模に対する攻撃は慣行の再定義を通じて狡猾に進められた。つまり、新公共管理のために公務員組織において身分保障を伴う〔正職員〕ポストが新設されなくなったことにより、あらゆる種類の契約型雇用が増加し、公共サーヴィス〔部門〕に民間部門同様の〔雇用の〕不安定性が持ち込まれた。二〇〇二年から二〇一二年の間に、国家公務員組織においては公務員身分非保持者が年平均〇・六％、地方公務員組織では同じく二・八％、病院公務員組織では同じく四％増加した。これらの契約型雇用は二〇一四年には公共部門の雇用全体の一七％以上を占め、地方公務員組織では平均を上回る割合となっている。

公共サーヴィスにおける新たな経営管理手法の導入は「公務員の仕事への主観的関与[132]」を掘り崩す、帰属意識剥奪の企てという性格を有していた[133]。この意味の喪失感は社会心理的なリスクの高まりと無関係ではない。フランス・テレコム〔オランジュに改称〕や警察、社会福祉の医療部門などのいくつかの部門における憂慮すべき自殺の増加がそのクライマックスである。「不服従のフランス」〔二〇一六年結党の急進左派政党〕の議員たちがバーンアウト〔燃え尽き症候群〕を職業病として認めさせようとする試みは成功しなかったが。二〇一四年九月に、閣議の決定によって地域における国の活動をより有効なものとするための意見聴取が開始された。国家公務員・地方自治体の代表、〔公共サーヴィス〕利用者、企業による会合が一五〇回にわたって開催され、「国家に対する強い需要」が浮かび上がった。つまり、〔上から〕戦略指導をすると同時に近接し〔身近にいてくれ〕ており〔住民にとって身近な政治・行政を実現するために、一九九〇年代から法律や制度の名称として「近接性（proximité）」が頻繁に用いられている〕、地域の経済発展に伴走し、人々や地域の間の平等を保障し、公共サーヴィスへのアクセスを保障する国家が求められているのである。こうした需要が強いことは、政治家が公に口にすることこそ稀だが、相次ぐ改革の結果として、地域のネットワークの網の目が現実に解けてきており、かつそれが人々に実感されていることを反映している。

ロジェ・タボーは第二次世界大戦末期に書いた『私の村――人と道路と学校（一八四八～一九一四）』（*Mon village : ses hommes, ses routes, son école : 1848-1914, l'ascension d'un peuple*）の中で、いかにして経済取引の拡大と、当時「村の共和国」〔フランス近代史の大家アギュロンが一九世紀前半の南仏農村を描いた主著のタイトル〕を体現していた制度〔学校など〕の発展が共和主義の理念の定着を可能にしたのかを明らかにしている。司法地図から病院地図へ、小学校の学級削減から郵便局の閉鎖へと、過去数年間、公共サーヴィスの破壊が続き、時に組織された過疎化といった様相を呈した。その代償として、地域間で不平等が増大したのみならず、特に恵まれた地区が見捨てられた広大な周辺部と隣り合っているのだから、都市の内部でさえも〔公共サーヴィスの〕制度間でとまでは言わないが〕地域的な不平等は増大してしまった。かつてロジェ・タボーの村を開けさせた〔公共サーヴィスや経済取引の〕ネットワークは、今日ではグローバル化とそれに付随した権力と不平等の再定義を構成する非物質的な〔金融や情報の〕ネットワークへと村を譲り渡している。国家はもはや国土全体のための妥協を形成することができないし、恐らくより正確には、グローバル化の時代にもはやこの目的を優先目標と考えていないのである。これによって、農村の過疎化と、国家〔全体〕ではないとしても、少なくともその機能のいくつかが「脱国家化（ナショナル）」するリスクを招いている。

しかしながら、北欧を除く西欧諸国の大部分に比べ、フランスでは社会国家の中心部がよりよく、またより長く抵抗している。ＯＥＣＤの最先進一九カ国の国家機関によって実施された公共部門雇用の比較研究によれば、フランスの住民一〇〇〇人当たりの公務員数は八九人（平均は八三人）であり、上半分に位置している（この数値は三〇年来安定している）[134]。本書〔初版〕執筆の時点（二〇一八年）では、公務員の身分も同様に持ちこたえている。ＩＮＳＥＥが一〇年おきに実施している調査によると、補助金付き契約を除く公共部門雇用は六・七％、すなわち年間〇・七％増加しており、二〇一二年には総雇用の二〇％を占めている（一〇年前には一九・三％だった）。

ただし、こうした全体の推移は地域間格差と公務員組織の三つの部門間で起きた大規模な〔職員数の〕再配分を覆い隠している。すなわち、国家公務員組織は、法務省を除く全省庁にわたって減少し続け、代わりに地方公務員組織が急増し、病院公務員組織はわずかに増加している[135]。二〇一四年まで定員はなお年間〇・三％増加して公務員総数は五四〇万人に達し、以降上述の格差を維持したまま安定している。二〇一五年にはこれらの数値はほぼ変化していない。とはいえ、フランスでは行政が過剰であるというわけではないと先に引用した報告書〔前出注（134）〕は強調している。フランスのＧＤＰに対する公共支出の割合は五七％で、二〇〇〇年から二〇一五年まで継続して上昇しており、ＯＥＣＤ諸国の中でも最高水準に達しているのは否定しがたい。しかし、住民一人当たりで算出した〔公共支出の〕伸び率では平均程度である。

その上、過去二〇年間のフランスの公共支出の内部構造を見ると比較的安定していることが確認でき、このことは所得の不平等の拡大を抑制する効果を持った。所得の不平等はイギリスではよりはっきり拡大しており、成長の大部分がとりわけ上位一％の最富裕層のものとなったアメリカではそれをさらに上回る[136]。国の経常支出は中位であり、外部委託の経費は平均以下だが、社会保障給付（ＧＤＰの三五％前後）は明らかに平均を超えている。報告書の表現によれば、フランスの特殊性はしたがって公共支出一般ではなく、むしろ再分配システムの占める位置とリスクの共有にあり、これはまず家族給付・社会的最低所得保障給付・年金に関わる。こうして、フランスは引き続き「行政化されているというより社会化されている[137]」という結論が支持される。

二〇一七年〔の大統領選挙の際〕に、〔経済〕自由主義系の二候補、つまりフランソワ・フィヨンとエマニュエル・マクロンのプログラムは完全に同様というわけでは確かになかった。前者は「みんなのためのデモ」から生まれたサンス・コマン〔「常識」の意〕運動〔同性婚反対派の政治運動〕の支持を得て、社会・治安面では保守派の立場をとり（緊急事態措置の強化）、後者は社会・文化自由主義の路線をとっており（勝利後にそれは生命倫理法改正への着手として具体化される）、緊急事態の問題については多くを語らなかった。反対に、二人の候補の欧州統合に関する立場は非常に似通っており、特に〔単年度〕三％の上限を守るための財政赤字削減の必要性を改めて強調した。そのため彼らは公務員数の抜本的な削減を主張し、エマニュエル・マクロンは一二万人、フランソワ・フィヨンは五〇万人という数字を掲げ、公務員の身分規程への攻撃や退職年齢や方法の変更、労働法改革〔エル・コムリ法〕の維持ないし強化を構想していた。このように、我々が言及してきた戦線のいくつかは今なお〔経済〕自由主義者たちにとっての戦場であることがわかる。

専門家執行府へと縮小した国家

エマニュエル・マクロンの自由主義（彼は著書『革命』〔ポプラ社、二〇一八年。原著：Emmanuel Macron, *Révolution*, XO Éditions, 2016〕の中でこの言葉を一度も使っていない）は、様々な形に変化している。二〇一七年から二〇一八年にかけて、時にはオルドナンスによって駆け足で決定された一連の改革は、彼の確信的な経済自由主義に沿ったものである。エマニュエル・マクロンがエドゥアール・フィリップ内閣を成立させるや否や、社会国家の主な構成要素の一つである労働法が厳しく問い直された。変形労働時間制を特に一年単位で利用可能になったこと、〔労働時間を時間数ではなく日数で計算する〕労働日数制（ペニコー法実施のための最近のオルドナンスによって利用が容易となった）、残業代の非課税化の復活と〔残業時間の〕上限の引き上げ、深夜・日曜労働といったペニコー法によって導入されたすべての措置は、事業主に従業員の労働時間を「市場の時間[138]」に適合させることを可能にした。

失業保険改革、自発的退職プランによる公務員身分規程の刷新計画、契約職員と業績報酬の利用拡大、年金改革計画、医療供給の変革プラン、国鉄（ＳＮＣＦ）を公的資本を有する株式会社にする改革、新規採用者に対する国鉄職員身分規程の不適用、さらには学生の進路と成功に関する法律（ＯＲＥ法）（公には善意に基づくものであるからといって、この法律が大学間の競争や、これを通じて社会的・地域的差別のプロセスを悪化させてしまうことを隠すことはできない）も上記と同じ方針を特徴としている。

生命倫理法改正への着手はエマニュエル・マクロンの文化的自由主義の証である。彼の「積極的自由主義」は『エスプリ』誌の人格主義によって形成されたものであり、これによってマクロンは、万人にとっていつも有益である個人的自由の働きを通じて個人が潜在的可能性を解放する能力に賭けるようになった。しかし、自由主義経済学者フリードリヒ・ハイエクの『隷従への道』〔村井章子訳、日経BP、二〇一六年など。原著：Friedrich Hayek, *The Road to Serfdom*, Routledge：University of Chicago Press, 1944〕以来の系譜に位置する他の人々が市場を信頼するところで、エマニュエル・マクロンは国家と公共政策に賭けることで、市民に自分の力を発揮する「潜在能力」（アマルティア・センの用語[139]）を与え、そうして各人に才能を開花させようとしている。[140] このように定義されたマクロンの自由主義は、それゆえ厳密な自由主義者たちがみればマクロンの国家主義（エタティスム）を疑わせるような施策とセットになっている。「見えざる手とは結局のところ相変わらず国家のものなのだ」とコンサルタントのエルヴァン・ル・ノアンは明言し、他の自由主義者たち同様、大統領は「福祉国家のシステムから抜け出すことではなく、その改良・改革を提案している」と考えて嘆いている。「その上、それはフリードリヒ・ハイエクが強調していたように、程度の差はあれ中央の側にある権力が正しい方向へと導いてくれるという非常にフランス的な、合理主義とデカルトに影響された自由主義だ」と『フィガロ』紙のジャーナリストでありエッセイストのウージェニー・バスティエは書いている。[141]

その上、エマニュエル・マクロンは制度の集権化を進め、個人の自由を犠牲にして国家による統制を強化している。彼は緊急事態の永続化につながる関連措置を法律に導入した。彼が実施した司法改革は防御権を弱め、裁判を受ける権利を制限している。〔二〇一八年九月成立の〕庇護・移民法は基本的な保障と人権を弱体化させることで極めて多くの外国人の状況を著しく悪化させることになろう。こうした制度的虐待の強化は政治的自由主義の後退を示している。というのも、権利や自由の尊重と、社会の防衛との間に不均衡が定着し始めたからある（これらは〔どちらも〕自由な社会の基軸であるべきとされる）。〔それでも〕エマニュエル・マクロンに言わせれば、国家の問題が提起されないわけではない、という程度らしい。

歴史家のニコラ・ルセリエは著書『統治する力』（*La force de gouverner*）の末尾で「（一世紀余りをかけて生じた――原注）執行権の変容と、議会の共和国に対するその最終的な勝利」を強調している。彼によれば、執行権は「組織と行政合理化の真のモデルとなった。現代の執行府は国家の頭脳、巨大な現代行政組織の指揮者、公共政策の主宰者となった。執行権のそうした姿の原型となったのが、経済介入計画や、福祉国家の導入と結び付いた大規模な社会改革だった[142]」。こうした変化はエマニュエル・マクロンの大統領任期中にさらに増幅している。

こうした変化を体現している概念の一つが、「共和国前進（La République en marche）」がしばしば用いる「市民社会」である。長い間用いられなかったこの概念は一九七〇年代のある時期に復活し、「現存する社会主義」の黄昏(たそがれ)時にポーランドやチェコスロヴァキアでソヴィエト体制と闘う勢力を指した。一九八〇年代に再登場するとより持続的に用いられるようになり、伝統的な政治的代表制の危機を背景として、新たな形態の政治の担い手を指すようになった。当時それは「社会運動」という表現と同じように、融通無碍な言葉として広く用いられるようになった。〔今のフランスの〕政治的左派はこの言葉を我が物とし、「もう一つのグローバル化」運動支持者、「広場の運動[143]」に参加する活動家、結社活動の担い手、「参加型民主主義」の指導者や、より最近では「立ち上がる夜」〔二〇一六年にエル・コムリ法への抗議をきっかけとしてパリの共和国広場などを舞台として行われた抗議運動〕を指すために使っている。ただし、右派も同じくこれを頻繁に用いている。フランスでは、「みんなのためのデモ」は市民社会に属すると主張し、より重い歴史を背負った「現実の国」[144]のほうを好むのでなければ、市民社会のイメージを打ち出すことにこだわっていた。市民社会の概念は欧州委員会によっても活用され、二〇〇一年に出版された『ヨーロッパ・ガヴァナンス白書』（*Gouvernance européenne, Un livre blanc*）では、ＥＵの機能に対するその潜在的な寄与が称賛されている。ただ、激しい反応を引き起こす場面もあった。例えば、「もう一つのグローバル化」を目指す結社であるＡＴＴＡＣ〔通貨取引への課税（トービン税）を訴え国際的に活動〕によれば、「ガヴァナンス」とは、実際には（ＩＭＦ・ＯＥＣＤ・世界銀行とともに）国際レベルであれ、ローカルなレベルであれ、新自由主義〔経済〕を管理する方法であり、そこでは「「市民社会」の介入を求めるのと並行して、政治機関の役割を縮小するような公的問題の管理形態」がとられるという。そうであれば、「「市民社会」とは新自由主義の枠組みにおいて国家の漸進的な消滅に付き添う民間アクターの総体に他ならない[145]」。〔この語の〕用法が多様なのは、社会学的に互いに非常に異なった現実〔がぶつかっていること〕を確かに示している。

社会学者のゴーチエ・ピロットによれば、「エマニュエル・マクロンの市民社会は民衆の運動の空間ではなく、うわべの反政治主義の表現であり、いくつかの左右両極の潮流ほどポピュリストではない。それは、履歴書上で組み立てられた市民社会であり、高学歴で、企業や弁護士事務所や大学の比較的高いポストに就いていて、社会の中にすでに上手に組み込まれた個人からなっている。（中略）

要するに、フランス社会の一部の根強い不安定性と、その不安定性の〔再〕生産メカニズムを告発しようとするグローバル化の敗者からなる市民社会とは正反対のものである」[146]。

二〇一七年の大統領選挙の際にこうして市民社会に寄せられた関心は、反政治主義の高まりによって生み出されていた。〔左右の政権党の〕政治プログラムがほとんど交換可能なものになってしまった、政権交代はいかなる影響ももたらさない、公約が守られなかった、有権者の言葉が十分に考慮されていないといった感情と、相次ぐスキャンダルによって反政治主義は増大していた。この市民社会の概念を「前進」という運動は「政治家としての当選経験が一度もない人々」と定義し、これが「前進」の基礎を固め、権力〔政権〕獲得に大きく貢献した。ところが、選挙での勝利後になると、この概念は権力行使の一つの手段となり、執行府の実質的な強化と組み合わされる形になった。例えば、エドゥアール・フィリップ首相は組閣に際して多数の「専門家」ないし「技術者」を起用したことを自慢している。曰く、こうした「政党での活動に由来しない正統性を持つ男女こそ、市民社会と呼ばれるものです」。専門家の大臣への任命と、大統領府の官房に専門家が増加・集中したことは、官僚制上層部の緊密なコントロールと対になっていた。エマニュエル・マクロンは「共和国人事部長」と呼ばれ、各省の局長候補者に任命前に直接面会したが、管轄の大臣はそこに同席させずバイパスしており、第五共和制下では前代未聞の振る舞いだった[147]。このようにコントロールされた高級官僚の力は各省の大臣官房における専門補佐官の人数の減少によって強められている。『ル・モンド』紙のインタビューで「ある高級官僚は「権力は大統領府にますます集中しており、ホワイトハウスのようになっている」と語っている」〔前出注（147）〕。

大統領任期の五年への短縮と〔大統領選挙と下院選挙の〕選挙日程の逆転は、すでにみたように、議会に対する執行府の強化に貢献した。〔マクロンは〕すでに開始されたこのプロセスを憲法改正案でさらに推し進めようとした。特に予定されていたのは、国会議員数の三〇％削減（これによってフランスは、ロシアとドイツに次いでヨーロッパで住民あたり下院議員が最も少ない三カ国の一つとなるだろう）、一五％の比例代表制枠の導入、一つの公選ポストの連続当選三期までへの制限、下院の法案修正権と議事日程の制限などである。経済社会環境評議会（CESE）の改革は、似たような仕方でメンバーを半数に削減することを予定しているのは確かだが、市民社会とのよりよい結び付きという装いのもと、評議会を上下院と競合関係に立たせることになる。実際、エマニュエル・マクロンは評議会が、「市民の請願を受け付けたり、五〇万人以上の署名があれば、政府と国民議会に伝達して審議を求めると議決できることにしてはどうか」と提案することで、「フランス人が公的決定に参加する特別の経路」にしたいと述べている（*Le Monde*, 30 jarvier 2018）。その一方で、「経済・社会・環境に関する法案についての政府の諮問は評議会を通すことにしてもいいし〔そうすれば、多くの委員会を廃止することができよう〕、評議会が公聴会を多数実施し、専門知識を〔導入して〕公表する場となってもいいと付け加えている」〔となれば、議会と直接の競合関係に立つことになる〕。

〔マクロンによる〕制度の集権化は、要求されてきた地方分散化を伴っており、これには、〔財政的・行政的な裁量を大幅に減らされてはいるものの〕地方自治体を、そしてとりわけ企業を、国家と社会の再定義された関係の中核に据えていくこと、〔その前提として〕前もって伝統的な政治領域とそこに集まる様々な中間団体の大部分を周縁化することが念頭にある。

圧迫される地方自治体

「ジャコバン主義」（ここでは中央集権的な意味でのそれ）だと一部から指摘ないし告発される点に関して、エマニュエル・マクロンは、地方が自律と〔発展の〕モーターの役割をセットにして取り戻すために、「地方との真のジロンド主義的協約」〔ジロンド主義はジャコバン主義と対になって分権的な志向を指す〕を呼びかけた。ヴェルサイユの両院合同会議において明言されたこの目標は、首相の庇護のもとで全国地方会議の開催につながった。この会議の目的は、市町村連合とメトロポールのレベルに特に注意しながら、全国とローカル双方のレベルで資源を再均衡させることで、地域間の結束に配慮することだった。例えば、最も貧しい地方には補助金の削減を免除し、最も恵まれた地方には全国レベルの努力に一層貢献してもらう、といった形で空間的公平性に配慮しつつ、要求される努力を地方ごとに調整することを目指した。

市町村連合とメトロポールのレベルは直接普通選挙を組織することで民主化される予定であった。推進者らの言うには、これ〔この改革〕だけが、各市町村の個別主義を終わらせ、生活圏のサイズで計画の共同体を創り、この生活圏レベルで都市計画を作り直すことができ、同じ地方内の市町村同士で競争する現象を避けられるという。国家と地方自治体の運命とが結び付いている以上、互いに「信頼」が必要だが、これは両者が責任を分かち合い、それぞれが「今後数年間に向けた応分の努力」に取り組んでいくことを意味する。この原則は、マクロンの五年間の任期全体で一三〇億ユーロの支出削減を自治体が約束せよという要請となって表れた。その引き換えに〔地方自治体に〕与えられたのが、ルールの緩和、学校の日程などに関するいくつかの自由の回復、「一般利益が正当化する限りでの」権限の拡大であった。つまりは「支出削減と引き換えの自律[148]」と要約されるであろう「ギブ・アンド・テイク」であったが、とりわけ住居税の計画的廃止を通じた地方自治体の独自財源の縮小を伴っていた。希望する自治体は、市町村や県の合併やメトロポール化の推進によって、地域の現実に組織を適合させることもできると予定された。

とはいえ、国家は地方の発展において積極的な役割を維持した。五〇〇億ユーロの投資計画（うち一〇〇億ユーロはエコロジーおよびデジタル転換プロジェクトに充てられる）によって、原則として国家は地方を財政的に支援することになっていた。都市再開発庁をモデルとして創設された地方結束庁は、こうした「戦略国家」ないし「先導役国家（État animateur）」といった新たな姿勢を確認している。その戦略目標は、世界＝経済によって要求されたものだが、地域間の平等という理想を掘り崩す可能性がある。地方公選職〔議員・首長〕の三大団体は実際に「極度の再集権化」を嘆き、職業訓練の改革と地域圏への移転によって「国土の一部が完全に丸裸にされた」と告発しながら、政府が提案した財政協約への署名を拒否した。鉄道網の競争解禁がＳＮＣＦの「小規模路線」（その存続は偏に公共サーヴィスの防衛というロジックが受容されているおかげである）にもたらすリスクや、より広くは、農村部における公共サーヴィスの破壊が、同様に不安を引き起こした。

専門家執行府と対峙する企業

一九六八年に、ＣＦＤＴの自主管理主義派は国家なき社会を構築する方針を標榜していた。この自主管理主義派は企業にもとりわけ解放者としての役割を付与していた。例えば、ＣＦＤＴ化学連盟の書記長だったフレッド・クランノは「企業という小宇宙」に言及していた。「実践においては自明に見える。自主管理は社会的・人間的関係を完全に修正するので、こうした体制においては組織の多元性〔労使の対抗関係〕を残して何になるのかについて至極当然に自問するようになるほどである」[149]。一方、ピエール・ロザンヴァロンは、自主管理を語ることが左派にとっては「自由主義の遺産の（中略）読み替え・継承を可能とする媒介概念」[150]として機能したとする。

しかし、すでにみたように、自由主義の遺産は一九七〇年代から一九九〇年代にかけて根本的に性格を変えた。自主管理のユートピアから、企業レベルでの規制緩和へと変わったのである。すでに一九六八年一二月二七日法によって、代表性を有する労組には組合企業支部の設立と企業内の組合代表委員の指名が認められていた。同法は企業レベルの労使交渉を正式なものとし、そうすることで、CFDTがとりわけ関心をもっていた、すでに触れた労使合意方式〔五七頁〕に関する要求に応えたのである。これを労組の成果獲得と見ることもできるかもしれないが、これは先述した〔雇用・参入政策の〕個人化〔一九一頁〕のプロセスの場合と同じことである〔二面性がある〕。一九八〇年代には局面が変わり〔経済自由主義が支配的となり〕、次いでその後数十年間にはその傾向がさらに強まる中、この法律は「あまりにも制約が強いと見なされた法的な縛りから企業を解放し、ギブ・アンド・テイク方式に基づく協約〔労使合意〕による企業ごとの自己規律を容易にすると同時に、労働の現場で労組が要求活動を再活性化させる」[151]のに貢献したとされる。

一九六八年から四〇年後、二〇〇八年八月二〇日の社会的〔労使関係の〕民主主義の刷新と労働時間改革に関する法律は、職場選挙〔労使協議機関である企業委員会や苦情処理を行う従業員代表を選出〕での各労組の得票を考慮することで労組の代表性の枠組みを再定義し、労働の代表を企業中心に改めた。こうした労使関係制度の再編は、後にエル・コムリ法とペニコー法によって推し進められることになるが、UNSA、CGC、CFDTはこの再編に最も適合的な組織である。UNSAはその超分権的な組織形態から、労使関係の分権化と、規範の上下関係の逆転〔企業レベル合意が産業レベル合意に優越〕によって推進される企業レベルのミクロ・コーポラティズムの道を象徴している。CGCはその社会的構成の故に、大企業内部でエンジニアと幹部職員が従業員の中心的なカテゴリーとなったことから利益を得ている。職場選挙が行われることが最も多いのは大企業だからである。他方、CGTの社会的基盤を形成していた労働者層は選挙が少ない下請けや小企業に追いやられてしまった。CFDTはというと、社会保障を国家に丸投げし、労働組合運動や「労使間協議」を企業の競争力向上を担う媒体として再定義することを理論化しようとしている[152]。

社会国家を危機に追いやる動きが、公共政策の自由主義路線に対抗する強力な動員の原因になってきたのは、これまであちこちで述べてきた通りだが、この動きは労働組合運動のダイナミズムを再編し、CFDTを筆頭とするいわゆる改革派の組合とその反対側のCGT、連帯（Solidaires）、FSUとの戦略上の相違を明るみに出した。後者の三労組はCGTの本質をなしていた動員と規制の文化によって突き動かされており、現在の政策のマネタリスト路線を告発し、消費による景気浮揚政策を対置することで、給与生活者にとっても国民にとっても必要な政策転換の不可欠なアクターとして重きをなしている。反対にCFDTは、企業の競争力向上の媒体としての労働組合運動という立場を主張し、上記の動員と規制のサイクルに交渉と規制と呼べるような別のサイクルを置き換えようとして挑戦を繰り返している。

二〇一八年一月にエマニュエル・マクロンはノタ委員会〔ニコル・ノタは一九九二年から二〇〇二年のCFDT書記長〕に「企業を再考する」ことを依頼した。マクロンは、企業が一般利益に叶うものであることを実定法上認めさせ、利益参加と利益分配〔いずれも従業員に対する利益分配の制度であり、前者が企業利潤の分配、後者が業績報酬〕のルールに従って集合的〔に生み出された付加〕価値のより民主的な分配を促すことで、企業に「サン＝シモン主義的とまでは言わないものの、社会の担い手としての役割」を与えようとしているのだ、と経済学者のヴィルジル・シャサニョンは述べている。続けて曰く、「彼〔エマニュエル・マクロン〕が支持していると見られる政治活動の哲学は現代的なサン＝シモン主義のイデオロギーを表しており、それは、我々の世界＝経済における国家の構造的な弱さを確認しつつ、企業は確かに資本主義のみならず社会と都市管理にとっても第一の制度だと認めるものである」。こうして彼〔マクロン〕は「経済的人格主義」の名のもとに、「企業を人々の解放の場とする（中略）第三の道」を思い描いている[153]。

二〇一八年一月の「企業の成長と変容のための行動計画」（PACTE）は、企業の定義を社会的・環境的義務を含むように拡張し、〔企業の〕ガヴァナンス機構における雇われ取締役の地位を強化しようとした。こうした処方はCFDTが「経済的・社会的関係および企業の世界の現代的ヴィジョン」を目指して二〇一七年一二月に作成した「企業、ガヴァナンス、利益参加、利益分配」のための提案と完全に一致している。

こうした構想に由来する〔PACTE〕法案は、企業の定義そのものの基礎となり、「経営者に株主の利益以外の利益を考慮することを禁じる」民法の二つの条文の見直しを規定している。その目的は「企業の社会的目標を変化させ、そこで働く男女のことを一切考慮せず、環境への損害を無視して単に利潤を追求することではもはやありえないようにする」ことであった。法案をＭＥＤＥＦに集った企業経営者たちに提示した連帯エコロジー転換大臣のニコラ・ユロによれば、これらの改正によって取締役は、労使関係、環境、社会にとって有益な妥協を、企業の財務上の利害に反するリスクを負わずに、取締役会で主張することが可能になるとのことであった。

岐路に立つ社会運動

「対話は慇懃でしたが、その裏では何も起きていません。対話の真似事でした」とフランス市町村長会の会長フランソワ・バロワンは明言した。「我々に提案されたのは議論だったのに、実際にはただの意見聴取会でした(154)」。

ほとんど一字一句同じ感想がペニコー法や失業保険改革や職業教育やＳＮＣＦ〔国鉄〕改革などに関する〔交渉の代わりの〕「協議」集会に参加した労働組合リーダーたちからも聞かれている。この「協議」は大統領によって表明され、とりわけミュリエル・ペニコー労働相によって引き継がれた政府の原則に由来している。〔後者曰く〕「一般利益は政府と、人民によって選ばれた議会に属しています。（中略）それを実現するために、時には中間団体を押しのけなければなりません。これは社会的〔労使関係の〕民主主義と政治的民主主義の間の〔役割〕分担の問題です(155)」。地方議員と労組、労使同権制〔政府ではなく労使の協議によって物事を決める仕組み〕を一挙に周縁化すると明示的に認めており、ジャン＝

クロード・マイイ（二〇〇四〜二〇一八年ＦＯ書記長）は、労使同権制は政府のおかげで「国家化された労使同権制」になってしまったと二〇一八年三月に述べている。

その名に値する交渉の欠如と二〇一四年から二〇一八年までの諸内閣の頑固さは、反動として新たな動員の盛り上がりを招いた。エル・コムリ法とペニコー法に関する議論は長く強力な動員を引き起こした。これに伴うデモには稀に見るレベルの暴力が目立ったが、それはかつてない治安維持措置が展開されたことによって煽られた暴力であり、行使した者たち自身がその適切さを疑問視していた。これらの法案はどちらも憲法四九条三項（一五七頁）に訴えたおかげで採択されていた。しかしながら、それはまたしても動員の失敗を意味した。予想されていたよりも穏やかに過ぎて行った二〇一七年の秋の後で、二〇一八年の春には多方面にわたる反対運動が生じ、動員は、年金生活者、高齢者介護施設、司法関係者全般、学生、国鉄職員、公務員、エネルギー部門に一斉に及んだ。本書（初版）執筆時点（二〇一八年六月）では、エマニュエル・マクロンが「凝結」と名付けた「諸闘争の収斂」は生じていない（他方でマクロンはそんなものが訪れる可能性を否定しているが）。新たな社会契約が緊急に必要であるという問題が未解決のままなのは間違いない……。

第7章　二年後……

本書初版(156)の刊行以来、結論の大部分が少なくとも四つの分野において確認されている。

1　「新たなタイプの民衆動員」

二〇一八年の春、すべての鉄道労組の呼びかけによって始まったストは、五日につき二日というかつてない形態のおかげで長期間に及んだ。四〇年間にわたって、集合的な動員が社会国家の解体を、阻止せぬまでも、少なくとも遅延ないし迂回させてきたし、頻度は少ないが治安政策についてもそうだった。しかし、それらは相次ぐ経済・金融の規制緩和の試みを食い止めるほどの規模になったことは決してなかった。今回の非常に長期のスト（三カ月間にわたって飛び飛びで合計三六日）は、またしてもSNCFの「改革」の撤回を勝ちとることはできなかった。この「改革」は、公企業であるSNCFを株式会社に変え、二〇二〇年一月一日から（新規採用者に対して）国鉄職員の身分規程という歴史的獲得物を廃止することを定めていた。先に引用した若い国鉄職員は一九九五年冬のストの終わりに「私たちは持ちこたえなければなりませんでした。私たちが城の主塔だったんです」と述べていた〔一四一頁〕。主塔は今や陥落した。次いで、今度は別の戦線も崩壊した。二〇一八年の新学期には、パルクールシュプ（Parcoursup）と呼ばれる、新規バカロレア取得者の大学登録手続きの導入によって、先行する多くの試みが挫折してきた選抜手続きが事実上導入された。二〇一八年一一月に黄色いベスト運動が始まった時、「改革」の加速に向けて道は均されていたように見えた。〔二〇一八年の初版の時点で〕本書が黄色いベスト運動の盛り上がりを予想していたと主張するのは思い上がりだろう。〔しかし〕少なくとも、本書が公共政策とそれが場合によっては引き起こす動員〔抗議運動〕とを各段階で結び付けようとしていたことと、本書初版の最後のパラグラフ〔結論末尾は初版も同一〕を見れば、共和国大統領の中間団体に対する軽蔑の故に、新たなタイプとなる可能性のある動員が盛り上がりつつあり、それがどのような将来展望とリスクをもたらすかも認識していたことを示している。

ガソリン税の増税によって引き起こされた絶えず姿を変えるこの動員は、あらゆる組織の外部にあり、ほどなくして社会と税制の公平性というより広い問題へと展開していった。この動員は代議制民主主義の機能に対する根本的な批判を含み、フリーランスや中間職種の人々、労働組合を持たない極小企業の労働者・従業員らが集った。中でも、不安定な状態で働く多くの男女が、地理的な近さをもとに結集していた。そしてそれは特定の地理状況において発生しており、すでに一九八〇年代に地理学者のロジェ・ブリュネが「空白の対角線」と呼んでいた区域と輪郭が概ね一致することを、人口学者のエルヴェ・ル・ブラーズが巧みに示している。[157]〔北東部の〕アルデンヌから中央山塊を経てピレネーへと至るこの区域では、近接公共サーヴィスの不足から自動車が不可欠となっている。エマニュエル・マクロンは、社会学的な基礎に基づいて自ら政治を再編し、自らの行動を通してある種の中間団体なき直接民主主義を正当化しているように見せることによって、事実上、この運動の出現を助けたのである。黄色いベスト運動は、マクロンの「右でも左でもなく」〔路線〕や「現職追放運動（dégagisme）」の「鏡効果」〔の産物〕ととらえることができる。その結果、全く異なる〔二つの〕市民社会が利益を得た。一つは、エマニュエル・マクロンが〔大統領選挙の〕第一回投票で言及していた「新世界」を構成する高学歴者と楽観主義者からなる市民社会と、グローバル化によって不安定化し、あるいは周縁に追いやられた黄色いベスト運動の市民社会である。思い切って仮説を立てるならば、この〔二つの〕対照的な政治的表出の組み合わせによって、ポピュリズムという曖昧な言葉のフランス版の輪郭をうまく描くことができるかもしれない。

　エマニュエル・マクロンと黄色いベスト運動は、危機の間ずっと、完全な断絶ではないにしても、少なくとも相手との窓口を持たないまま動いていた。黄色いベスト運動は、近接した〔身近な〕公共サーヴィスの不足を告発しながら、社会国家の再建を要求し、賃金交渉よりも税制と最低賃金を争点とするのを好み、国家による仲裁を頼りとした。同時に、彼らは交渉も選挙の道も拒否している。エマニュエル・マクロンは、「国民大討論」というその原則自体が代議制民主主義にとって異質な手法によって他のアクターに訴えることで対応した。〔運動の側と政府の側、双方で起きた〕この二重の離脱は、大統領にとっても、黄色いベスト運動にとっても、社会国家の解体の兆候となるものであり、それはとりもなおさず、政治システムと過去〔第二次大戦後〕七〇年間にわたってそれと不可分だったアクターの解体の兆候である。相互に関連性はないとはいえ、一〇カ国以上の民主主義諸国でほぼ同時期に起きた動員は、各国が直面する類似した問題――すなわち、指揮統率の形態に対する不信、社会的不平等の拡大、そして様々な形態の社会保障の破壊――の兆候である。「時代は、数十年来定着していた我々の経済・政治・社会・行動のあらゆるモデルの問い直しに直面している。あたかもそれらが行き過ぎてしまったことが自覚されたかのようだ」[158]。その意味において、焦点となっているのは「グローバル新時代」の最初の社会運動なのかもしれない。

〔黄色いベスト運動の結果〕二〇〇六年の初任雇用契約（CPE）に反対する社会運動と二〇一三年の環境税〔貨物トラックに対する重量税〕に反対する赤い帽子運動以来初めて、動員が政府に、戦略的後退ではないにしても、少なくとも迂回へと追い込んで、譲歩を余儀なくさせている。例えば、炭素税計画の撤回、活動手当（prime d'activité）〔低賃金を補填することで就労を促す社会保障給付〕の増額、残業代の非課税化、所得税の最低税率の引き下げ、そして、住居税の部分的廃止のような大統領選挙キャンペーンの公約の実施などである。確かに、時折、黄色いベスト運動と労働組合活動家の行進が列を並べることはあったものの、一部で期待されていた「諸闘争の収斂」は、二〇一九年になっても、我々が初版を書き終えた時同様、実現していない。しかし、労使関係の雰囲気は重苦しくなったままで、〔ストなどの〕運動が増加・多様化していることには、二〇一八年四月の本書初版執筆完了時にも簡単にだが触れている。これらの運動は今日では公共サーヴィスの大部分において起きており、学校、病院、RATP、国鉄、警察、アーティスト、弁護士や消防士など、それぞれに独特の形態をとり、しばしば「怒れる…」といった曖昧な名称が付けられている。ただしそれでも、政府が年金改革の道へと突き進むのを断念させることはできなかった。改革撤回を要求する運動が始まり、この二〇二〇年三月初めで三カ月目に入った。特に、フランス史上、最長〔五〇日超〕の交通ストが起こり、ある参加者はこれを「公益ストライキ」と名付けた。また、一〇日間連続のストや職域横断デモなど、数多くのかつてない行動が今の運動の特徴となっている。つまるところ、大統領任期五年間のうち三二カ月が経った時点で、大規模な社会的動員が合計で二二カ月を超えるという新記録が達成された。同様に、本書で長々と詳述・解説してきた、国家の三つの異なる顔〔秩序維持国家・規制国家・社会国家〕に関する最近の展開も、本書の初版で行った分析を大筋で裏打ちしている。

2　秩序維持国家のさらなる強化

すでにみたように、秩序維持国家は、一方では都市と農村の公共サーヴィスの閉鎖と中央・地方行政の定員数の暴力的な削減を続け、他方では執行権とこれに仕える選挙で選ばれていない専門家を強化するという〔一見〕矛盾した動きを示してきた。司法・郵便・病院の後は、職員数一〇万人を超える財務総局の番であり、二〇一九年に全体の四分の一にあたる一〇〇〇カ所近くの財務局と税務センターの閉鎖と、税務関連で一万五〇〇〇ポストの廃止が発表された。多機能だが開所時間が不定期で契約職のスタッフのみによって運営されるフランス・サーヴィス・センターが五〇〇カ所設置されることが予告されたが、あまり埋め合わせにはならない。

反対に、専門家執行府は強化されている。上院の右派野党によって大統領の憲法改正案にはブレーキがかかったようだが、エマニュエル・マクロンは、黄色いベスト運動が掲げた反議会主義やエリートの拒絶を解釈し直した上で足場とすることができる。そうして彼は国会議員数の削減や、ティィリエ報告書に基づく国立行政学院（ＥＮＡ）の廃止といった問題を再び日程に載せた。同様に、「国民大討論」や気候市民会議を通じて、執行府と市民社会との間に直接的紐帯と称するものを様々な形で導入しようとしているが、こうした場では選挙の代わりに抽選が用いられている。

さらに、〔フィリップ首相による二〇一九年六月の〕「大統領任期の第二幕」の宣言に反して、執行権は中間団体の周縁化に固執している。

まず、「国民大討論」の際の大統領府の宣言や要請に反した市町村長の周縁化が挙げられる。実際の政策は、地方自治体の権限と物的・財政的手段の削減継続や、二〇一五年の共和国の新たな地方組織法（ＮＯＴＲｅ法）の実施として表れた。以後、国家は市町村が選んだわけではない市町村連合体を押し付け、おまけにサーヴィス事業者まで一方的に指名し、市町村に公共調達の受託企業を押し付けている。これにさらに財政的手段の縮小が加わる。二〇一七年に決定された一一〇億ユーロの交付金の削減が継続されるとともに、住居税がほぼ完全に廃止され、その埋め合わせも十分ではない。フランス市町村長・市町村連合体議長会（ＡＭＦ）の事務局長が、市町村長は「国家機構の下請けになって、（中略）財務諸表に目が釘付け」になることは拒否する、このままでは「国民を団結させてきた共和国の理想が少しずつ剝離」していくと世論に警告したほどである。[159]

次に、ＣＦＤＴやＵＮＳＡのような最も立場の良い組合も含め、労働組合の周縁化が追求されている。失業保険「改革」やとりわけ年金「改革」に関する「協議」が予告されているにもかかわらずである。到達すべき話合いの着地点、そして執行府が期待する歳出削減は最優先で、予め決められていたのである。

また、秩序維持国家の強化は特に治安面において現れた。二〇一八年末の黄色いベスト運動の動員の第一「幕」に際して、圧倒され対応し切れなくなった機動隊は「暴力的で過度な介入」に打って出ることで反撃を続けたが、これは欧州評議会と国連から上記の表現で非難された。この介入によって死者一名、四五〇〇名近くの負傷者が出る結果となった。刑罰による対応は警察留置一万件および四〇〇〇件の即時収監を伴う禁固刑の実刑を含む三一〇〇件の有罪判決という前例のないものとなった。二〇一九年四月一〇日のいわゆる「破壊行為者取締」法のうち、いくつかの当初の規定は、憲法院による審査によって人権宣言が保護する表現の自由に対する不適切・不必要・過度の侵害を行うものとして削除されたが、それでもなお〔成立した〕同法はデモの自由の行使条件を制限したのだった。

3 規制国家の後退再び

もう一つ確認されたのは、イノベーションと投資からの国家の撤退が継続、さらには加速したことである。財務省企業総局（DGE）の地域圏配置の人員が七〇%も急削減されたこと、同局の中央組織が「プロジェクト・モード」に再編され行政上のヒエラルキーが消失したことは、この撤退の徴（しるし）である。その上、二〇一九年九月の予算法可決の際、「競争力拠点」〔クラスター政策〕の財源（二〇〇億ユーロ以下の規模しかなく、その半分は民間資金で賄われる）と運営から国を撤退させ、拠点を四八カ所に減らし、地域圏に移譲するという決定が実施に移された。これは、二〇一五年以降続いている単一省際基金の運用額の低下（今やごくわずかとなった）を追認するものでしかなかった。しかし、フランス競争力拠点協会（ＡＦＰＣ）の代表が二〇一九年七月に指摘したように、「イノベーションを地域圏の管轄にすることには全く意味がない」。というのも、競争力拠点の意義はまさに複数のレベルに跨る協力（世界・ヨーロッパ・国家・地域圏・企業）に由来し、この協力によってこそ、全国やヨーロッパのレベルで卓越した地位を持つ経済部門の発展が保証されるのであって、地域圏のロジックを大きく超えているからである(160)。

同時に、上述した市町村の財政資源の縮小は、インフラ（特に道路）のかつてない低落を招き、世界経済フォーラムのランキングでフランスは七位から一八位になった。これに鉄道建設やエネルギー関連施設などの重要部門における専門知識・能力・雇用の喪失が加わり、ゼネラル・エレクトリックやジーメンスが利益を得て、フランスの産業基盤とイノベーション能力の継続的な衰退に拍車がかかった。二〇一九年に事業主のために、競争力と雇用のための税控除（ＣＩＣＥ）の基金額が倍増され、企業に対する生産税が減税され、その影響で企業の利益率が回復し、実際、二〇一九年に過去一〇年間で最高となったにもかかわらず、である。

4　継続する社会国家の解体と公的扶助への偏向

四番目にして最後の確認は、二〇一八～二〇一九年にかけて、社会国家の二つの重要部門であり、それまで最も抵抗力が強かった、失業保険と年金制度とが解体されるに至ったことである。

二〇一八年一一月一日に実施された前述の失業保険「改革」は、第一に〔制度を管理する〕商工業雇用全国連合（ＵＮＥＤＩＣ）に六〇億ユーロの支出削減をもたらすことを目指している。これは執行府が明言した目標である。このために、三つの施策が失業手当受給者の二人に一人の給付を大幅に減少させている。雇用センター〔全国職業安定機構の後身、一五五頁〕に登録した求職者のうち手当を受給しているのは四一％のみであり、しかもその半分は八六〇ユーロ以下の手当しか受け取っていない。こう指摘しておくのは、「制度の寛大さ」なるものを言い立て、改正法支持のために用いられる議論を相対化するためである。手当の受給に必要な保険料拠出期間の四カ月から六カ月への延長や、以前は一カ月だけだった、受給権の復活に必要な期間の六カ月への延長は、若者と雇用が最も不安定な者にとりわけ影響を与える。賃金が四五〇〇ユーロを超える場合の支給額も低下した。一九九〇年代以降、影響を増した新古典派経済学に基づいて、改正法を正当化するために流された売り文句とは反対に、特にドイツやイギリスを対象とした多くの調査が、こうした給付削減が期待通りに再就職を容易にするのではなく、むしろ貧困率と低賃金率を増加させるばかりであることを示している。要するに、これは「非常に懲罰的な改革」なのである。[161] 二〇一九年から二〇二〇年に失業がやや減少したという論法は、創出された三〇万の雇用のうち八〇％以上が有期契約（その多くが一カ月以下）だった事実によって弱められる。さらに、使われた手続きは、執行府にとっては、ＵＮＥＤＩＣを管理する主役たる労使の頭越しに進めるものであり、ド・ゴール将軍が望んだ、〔失業保険〕創設当初の労使同権制（一九五八年）はこうして否定されたのである。

後退が生じたもう一つの分野が年金「改革」である。二年間にわたる本物の交渉なき議論にもかかわらず、政府はポイント制による普遍的制度なるものによってより公平な制度を導入すると主張してきたが、二〇一九年秋以降、どの労働組合も説得するに至らなかった。満足しているのはMEDEFのみである。実際、政府は、ポイントの価値を定義・変更する手続きや、労働の過酷さを考慮する範囲、教員やその他の公務員の処遇改善の具体的な形態などを未決定のままにした。ましてや〔年金受給の〕「均衡年齢」は、二〇二〇年一月に二つの法案によって一方的に決定され（これは〔受給開始年齢は変更しないという〕二〇一七年五月の選挙公約に反している）、二〇二七年を目途に〔年金〕会計を均衡させるために、最終的に六四歳とされた。

キャリア全体に基づく年金の受給額の計算が従来の制度と比べて有利になるのは、恐らく四半期につき一五〇時間以下の労働を長く続けた労働者（特に女性）だけか、あるいは一〇〇〇ユーロ以下の年金しか受給していない農業者・職人・自営業者らだけだろう。他のすべての人は、民間部門では最も賃金が高かった二五年間、公共部門では退職前の六カ月間の賃金に基づく賦課方式の制度を放棄することで損をするリスクがある。ただし、高報酬の無期契約を二三歳で手に入れた幹部職員や、早くに採用された高級官僚は例外である。どちらもキャリア〔満額受給に必要な保険料拠出期間〕を満たすことができ、〔保険料拠出期間が不足した際の減額措置が解除される〕六七歳まで働く必要はない。要するに「ザイルの先頭を引っ張る登山のリーダー」〔二〇一七年一〇月にマクロンが成功者達への課税に関して「人々がザイルの先頭を引っ張る登山のリーダーに石を投げ始めれば、ザイル・パーティ全体が転落してしまう」と発言し、話題となった〕である。他のすべての人々、とりわけ最も脆弱な人々（キャリアの中断に遭った女性、失業を経験し低賃金の（特に女性）労働者、公共サーヴィスにおける臨時職員や民間身分の雇用者、賞与が乏しい教員や公務員……）の場合、年金は減少するだろう。というのも、受給額の計算において「最も高賃金の年月を考慮するルールが〔廃止されるので〕もはや低賃金の年月をかき消すことができない」[162]からである。

このように就労キャリア全体の社会的・金銭的格差を固定することで、年金制度は不平等と不公平を拡大し、その上、賦課方式による年金の社会的機能を変質させていく。賦課方式年金の基本原則の一つは二五歳で受け取った給与と六〇歳でのそれを同様に扱うことを禁じている。しかも、スウェーデンの労組は一九九〇年代の「ポイント制の普遍的制度」を目指した老齢保険「改革」以来、長きにわたってストックホルムの執行府による一方的なポイント引き下げを批判している。この改革は貧困ライン以下の退職者の割合を一六％近くまで急上昇させた。

二〇二〇年一月二四日に、政府は二つの法案と一〇二九ページの「影響調査」を提出した。同じ日に、他の法律の場合と同様に法案の提出を受けた国務院は、財政見通しに「欠落が残っている」ことを強調する意見を発表した。それはとりわけ「平均退職年齢のさらなる上昇」に原因がある。というのも、多くの六〇代が失業保険か社会的最低所得を受給しており、これらも公共財政にとって負担となるからである。また、国務院は〔政府が〕二九ものオルドナンスに頼ったことで「改革の影響の評価、したがってその合憲性の評価にも必要な全体の透明性が損なわれた」と批判している[163]。一方、影響調査には二つの大きな弱点が指摘された。調査は二〇五〇年までに年金の低下がプログラムされていること（総支出は対GDP比で一四％を維持するという政府の約束に反して、一二％を下回るようである）を明瞭に示していない。他には、一九七五年世代の場合、六五歳で退職してキャリアを満たすというモデル・ケースが重視されているが、こうすることによって多くのケース（とりわけ女性と主婦）で現行制度に比べて明白に損失となることが隠蔽されている[164]。

同時に、政府はすでにみたように事業主の保険料負担の免除を実質的に最低賃金の二倍までへとさらに拡大したことで、老齢保険制度から財源を奪い、二〇二〇年代に赤字を生み出しかねない状況となっている。その上、国家は労使の代表から制度管理の権限を奪って自ら部分的にこれに代替しており、一九四五年から一九六〇年代にかけて徐々に導入された保険原則に背を向け、最貧困層に対する〔公的〕扶助政策を優先するようになっている。政権与党は社会支出が高水準に維持されていることを大いに批判しているが、その背景にはこうした事情がある。

二〇一九年一二月に〔黄色いベスト〕危機からの脱出を目的として経済社会環境評議会（ＣＥＳＥ）で行われた公式声明の中で、エドゥアール・フィリップ〔首相〕はフランスの労使関係の歴史を参照しつつ以下のように述べた。

「私は闘争の文化というものを知っています。私はそれを尊敬してさえいます。私はフランスの労働者たちが労働組合闘争によって獲得したものを知っています。（中略）そしてこの法案は歴史の流れを再開するものです。私は一九四五年のパロディ〔労働大臣〕のオルドナンスの際に、レジスタンス全国評議会によって構想された〔社会保障〕制度が連帯を確保するために普遍性を想定していたことを確認したいと思います。それゆえ、私たちは一九四五年のロジックを最後まで貫徹する予定です。私たちは特別制度を廃止するでしょう。後でまた触れますが、それは段階的に、乱暴にではなく、個々の経緯を踏まえながら実施する予定です」。

しかし、彼はすぐにこう付け加えている。

「今日の世界は、いずれにせよフランスは、なおも高い失業によって特徴付けられ、これは随分前からです。それは修学年数がますます長くなっており、キャリアがときどき中断され、パートタイムが拡大しているといった事実によって特徴付けられます。これらすべてを変化させたいと望むのは正当なことです。つまり、完全雇用への復帰、不安定雇用の制限などです……。しかし、これが我々の住む世界であり、世界をありのままに見ることが賢明です。私たちは不安定雇用の新たな姿を考慮に入れた二一世紀の社会保障を構築しなければなりません」。

一連の声明を読むことで、三つの教訓を引き出すことができる。

第一に、政府は、二〇一七年から二〇一八年と異なり、二〇〇七年にニコラ・サルコジにレジスタンス全国評議会（CNR）綱領を「体系的に破壊する」よう促したドニ・ケスレの提案（一三〜一四頁）をとりあげることをやめた。労働組合と黄色いベスト運動の動員、そして二〇一九年にそれらが受けた世論の支持によって、今や正反対に執行府は一九四五年との連続性を（少なくともメディアに伝達される言葉においては）主張するようになった。他にも、エマニュエル・マクロンは二〇一九年一二月三一日の新年向けの祝辞の中で、より広い聴衆を意識して表現を和らげてはいたものの、同じテーマに言及している。

しかし、第二の教訓になるが、首相は歴史の歪曲を二重に行っている。一九四五年の普遍的な社会保障制度と矛盾するどころか、これに遥かに先行する特別制度は、法律家のピエール・ラロックと二代にわたる労働大臣（高級官僚アレクサンドル・パロディ、そして最終的には共産党の労働運動家だったアンブロワーズ・クロワザ）によって、意図的に維持されていた。特に交通・エネルギー部門の企業の労働者によって先に獲得されていた、より優れた社会的獲得物を強固にするためである。これらの年金制度は一九世紀の後半にガス・電力・鉄道・パリ地下鉄の営業権を得た民間企業の雇用主によって導入され、それらの企業が国営化された時（ＳＮＣＦが一九三七年、ＥＤＦ－ＧＤＦが一九四六年、ＲＡＴＰが一九四八年）にも維持されたものであることを想い出そう。また、一九四五年の連帯のシステムは、先行する数十年間により重要なものを得た人々の権利を否定することなしに、すべての労働者の権利の向上を目指していたのである。

第二の歪曲は、一九四五年から一九四六年の老齢保険制度は明示的に完全雇用の優先的な追求を前提としていた〔ことを覆い隠していることである〕。社会保障総局長だったピエール・ラロックは当時の文書でも絶えずそう記しており、その後も繰り返しそう述べている。不安定雇用や非自発的なパートタイム就労に満足することは社会権の保障とも、ＣＮＲ綱領に署名した対独レジスタンスのリーダーたちが全会一致で望んだ社会保険の原則とも両立不可能である。

第三の教訓は、執行府の二人のトップは、「一九四五年の精神」への忠実さと「新世界」への忍従というどうしようもなく矛盾したものを「同時に（en même temps）」〔マクロンがよく使う表現であり、なんでもかんでも組み合わせる彼の演説・政策を象徴〕という言葉でつなぎ合わせることによって、またしてもレトリックによるごまかしの芸当で障害を乗り越えようと考えている、ということである。この「新世界」を、エドゥアール・フィリップは、不安定雇用と失業が今日と明日の日常的な宿命となる世界と特徴付けている。しかし、黄色いベスト運動と労働組合とを含む社会運動の力強さと継続性、そして世論による確かな支持は、レトリック上の技巧がもはや究極的な真実だとは受け取られなくなったことを統治者に示したはずである。そして、国家の三つの顔の変遷を生み出しているのがどんなに強力な趨勢であろうと、逆風ではないとしても、進行中のプロセスをすんなりとはいかせないような風が吹くことを考慮に入れなくてはならないだろう。

5　世界規模で再評価すべき二つの問題

一方、本書初版では、環境と移民に関する公共政策には非常に、そしてあまりにも付随的な仕方でしか触れなかった。確かに、これらの問題はマクロン主義を構成する土台にとってはやや異質なものであり、大統領任期の初年に舞台の前面を占めたわけでもなかった。

ジェラール・コロンの内務大臣辞任は黄色いベスト危機の数週間前のことであり、ましてや上述の問題にはなんの関係もない。連帯エコロジー転換大臣だったニコラ・ユロの辞任と同様に、コロンの辞任も、大統領のチームをマクロンに任命された楯突くことのない部下たちの周辺へと狭めることで専門家執行府の〔性格の〕強化に寄与した。しかし、〔環境も移民も〕どちらもかつてない亀裂の出現を示しているのであり、社会運動〔が体現する階層間対立〕に付け加わる形となっている。社会運動自体もより複雑化しており、新たな問題に取り組みつつ「グローバル新時代の国家」に働きかけている。これら二つの地球規模の問題はエマニュエル・マクロンをとらえ、マクロンは自ら「大統領任期の第二幕」と呼ぶものの主要な軸としてこれらを位置付けたほどだが、地球温暖化との闘いについては決定的な影響はなく、移民についてはすでにみたように治安偏重の流れを強化している。

二〇一九年四月に始められた留学生に対する大学登録手数料の引き上げは、選別主義的移民政策の密かなツールとなっている。というのも、これは第一に、北アフリカやサハラ以南アフリカ出身の学生たちを不利にするからである。同年一〇月には、エマニュエル・マクロンの要請により国民議会で移民に関して表決を予定しない討議が行われた。この討議は極右と右派の一部に主張を展開する場を与えることになり、与党の分断を招いた。国民連合〔国民戦線が二〇一八年に改称〕による挑発〔同党の政治家がブルゴーニュ＝フランシュ＝コンテ地域圏議会で〔見学に来ていた子どもの〕付き添いのヴェールを被った母親を侮辱していた〕、パリ警察署内で起きたテロ、次いでモスクに対するテロ〔前者の死者が四名、後者では二名〕によって、この論争的な問題は、ヴェールやイスラーム、ライシテといったこれまた論争的な問題と混り合うに至った。これを受けて、フランスの移民政策を厳格化し、とりわけ医療へのアクセスを制限する規則を重視するなど、人道主義的価値観に反する二〇の施策がとられた。原因と結果が地球規模であり、異常気候が今後も悪化させるばかりの問題で波乗りしながらである。政府は、強固な本物の政治的方針はないまま、右派の有権者を取り込めるようなイメージに合致することを第一に考えているため、実際にはフランスの執行府の裁量の余地を大きく超えた問題を前にして、行き当たりばったりの舵取りをしている。

二〇一七年六月にエマニュエル・マクロンは〔パリ協定を離脱し、「アメリカを再び偉大に」と唱える〕ドナルド・トランプに「私たちの地球を再び偉大に（Make our planet great again）」〔というスローガン〕を突き付けることで、エコロジーに関するグローバルなリーダーシップを発揮しようとし、二〇一八年九月に国連環境計画が彼に「地球大賞」のタイトルを与えた時には、そのように認められたようにみえた。〔しかし〕言葉と行動の隔たりはすぐに確認された。ニコラ・ユロの辞任は強力な対立する利害の活動を前にした彼の無力を示している。〔マクロン政権の〕環境政策は一進一退を特徴としており、「気候緊急事態」に見合った野心的な決定の支持者と、そうした決定が堅固に確立された経済モデルを覆さないかと恐れ、共和国大統領のいくつかの宣言を引き合いに出しつつ、そうした政策は適用不可能ないしリスクが大きすぎると批判する人々の双方を失望させる。例えば、二〇一八年一月に〔除草剤〕グリホサートに関して「ただちに全面禁止するべきだと考えている人々がいることは知っています。言っておきますが、それは実行不可能であり、私たちの農業が破壊されるでしょう。それに三年かけたとしても一〇〇%とはいかないでしょう。そんなことはできません[165]」〔とマクロンは述べている〕。天秤の片方の皿には、ノートル゠ダム゠デ゠ランド〔の空港建設〕、ギアナの金鉱山、ヴァル゠ドワーズ県ゴネス市の巨大複合商業施設ヨーロッパシティなどの計画の中止や、二〇二二年までの火力発電所四カ所の閉鎖、炭化水素〔石油、天然ガス〕の新規掘削の禁止、〔農業用などの〕非路面走行用燃料に対する特別減税の廃止、浪費との闘いと循環経済のための法律、気候市民会議などがある。反対の皿には、炭素税や窒素肥料に関する後退、COP21でのあらゆる新たな貿易合意に関する約束への違反、殺虫剤使用の急増、そしてより広くは「実施に関するルールの決定を欠いたまま、遠い先に設定された目標[166]」の発表がある。

＊＊＊

一九六八年五月三〇日、ド・ゴール将軍は、なお享受していたヘゲモニーに見合った巨大な〔ド・ゴール政権支持の〕デモと、共和主義的正統性を保障してくれる〔下院解散と総〕選挙の実施とを組み合わせることで、危機〔五月事件〕からの脱出を開始した。二〇一八年末にも、二〇一九年や二〇二〇年初頭においても、エマニュエル・マクロンは黄色いベスト危機に対してどちらの武器も使えないだろう。正統性を欠き、明白なリスクがあるからだ。黄色いベスト運動に直面したマクロンは、「国民大討論」によって、時間の制御を取り戻しつつ、〔選挙とは〕別のやり方で最大多数のカードを「街頭」に対置することができた。エルヴェ・ル・ブラーズが概要を述べたように〔前出注（1）（157）〕、内容よりも形式・回路が重要なのであるから、リスクはそれだけ少ない。二〇一九年一二月から二〇二〇年初頭にかけて、共和国大統領と首相は、スケールは〔ド・ゴールの五月危機とは〕違うとはいえ、似ていないわけでもない危機からの出口へと進みだした。彼らが明確に語りかけているのはＣＦＤＴ、ＵＮＳＡ、ＣＦＴＣのみであり、二〇一九年一二月のエドゥアール・フィリップの演説でははっきりとそうしていたのに対し、その他の勢力（ＣＧＴ、ＦＯ、ＦＳＵ、連帯（Solidaires）、ＣＦＥ－ＣＧＣ）は意図的に無視されていた。社会運動の中心にいるのはこれらの頂上団体であり、ストを実施した主要企業（ＳＮＣＦ、ＲＡＴＰ）においてはいっそう存在感が大きかったが、抗議の対象となった改革の中心、すなわちポイント制のいわゆる普遍的〔年金〕制度は撤回されぬままだった。最終的に、二〇二〇年一月には、ＣＦＤＴとＵＮＳＡの支持を得るために、一見、基準年齢を断念するかのような譲歩がなされたが、それが一時的なものであり、部分的には見せかけにすぎないことは皆が知っていた。

一九六八年五月から六月には、危機からの脱出はゼネストが提起した問題の終結でもなければ、より広くは、運動自体の終わりでもなかった。すでにみたように、運動の影響は長期にわたる複雑なものだった。今日において事態がこれと異なる展開をたどるということは恐らくないだろう。二〇一八年末から黄色いベスト運動が、そして二〇二〇年初頭の今現在、活動をやめる気はなさそうなストやデモの参加者が提起した問題は〔未解決のまま〕残っており、堆積していくばかりだ。破棄院や国務院といった法治国家の保証者であり、急進的すぎるのではないかと疑いを掛けることすら困難な機関が、一〇日ほどの間に三度も、政府を非難したり、共和国大統領に憲法の原則を尊重するように注意したりすることを強いられた〔サラ・アリミ殺害犯の裁判〔反ユダヤ主義に基づく殺人の廉で起訴された犯人に対して、薬物の過剰摂取下の犯行であり責任能力がなく裁判はできないとして保安措置付きの入院を命じた控訴院の決定を破棄院が是認したのに対し、マクロンは裁判の実施を要求〕、年金改革〔上述の国務院による批判〕、市町村選挙のためのカスタネル通達〔選挙結果集計の際に用いる政治勢力の色分けの変更に関する二〇一九年一二月の内相の知事宛て通達が、マクロン与党を有利にするとして批判され、国務院が三点にわたって執行を停止した〕〕。これは恐らく、十分な基盤と正統性とを明らかに欠いた政治的構築物〔マクロン政権〕の脆さの徴（しるし）である。そして、二〇一七年五月に共和国前進が提案した新たな社会的妥協が、全くもって、安定したものでも持続的なものでもなかったことの究極的な証拠である。

結　論

本書でたどってきた道のりは、たどり着いた地点を見れば、フランスに限った話ではないと思われる。もっともらしいが、あまりにも粗雑な考え方から当初思い浮かべたのとは全く反対に、フランスの国家は、ただ単に解(ほど)けていったのでは全くなかった。〔実際には〕他の国と同じように、歪められ弱められただけではなく、本格的な憲法改正も要さないまま、再配置・再定義・再構成され、さらには強化さえされたのである。さらに、本書で見てきたように、覆され組み直されたのはひとり国家というより、多くのレベルで実践されてきた集団的権利や制度、慣行の複合体全体であり、そのような変動は一国ごとにも世界レベルでも起きたのだ。

1　「グローバル新時代の国家(167)」

国家というもの自体が衰退しているわけでは全くない。実際に衰退しているのは、国民国家というプロジェクトである。メンバーであることが大事で、〔メンバーであれば〕誰もが一人として数えられる。攻撃の対象になっているのはそのようなプロジェクトである。グローバル化は、国民国家の衰退や廃墟から生まれたどころか、実際には全く反対に国民国家の懐の中で進展したのであり、それまでは国民単位の論理で動いていた国民国家の構造や機能の一部をグローバルな論理に沿うように再配置することで進展した。だからこそ、財務省と中央銀行はグローバル金融市場が順調に作動するよう気を配る。各国の裁判所にはその管轄地域外に本拠を置く国際企業の不正行為に対する訴訟が持ち込まれることもある。法の支配の原則は、政治権力が国家化され主権国家間の相互尊重が義務付けられる際に根本的な役割を果たしたが、経済・金融のグローバル化という新たな枠組の中でその役割が変わっていった。今や法の支配は、企業も政府も等しく従うべきとされる規則が猛烈に増殖していくことを意味している。したがって、国民国家の中心的「能力」がこうした新たな組織論理に従うことで、国民国家の機能の一部は「脱国家化」され、本書で説明してきたのとは異なるレベルや形態への移行を推し進められることになる。

しかしグローバル化が国家の衰弱や衰退を招くことはないし、〔逆に〕国家の衰弱や衰退から生じているわけでもないとしても、グローバル化は三権の間の均衡を崩すことで国家を変容させ続けている。ほとんどの国において、立法権は地方やせいぜい一国単位の問題にどんどん役割が限定されてきている。経済・通貨・金融の一部の分野における規制緩和によって、立法権は持っていた統制権限のうちかなりの部分を失い、独立ないし半官半民の規制機関にとって代わられた。反対に、執行権、つまり、「国家の中で、結局のところ説明責任を負わず」、「グローバル新時代の建設に専念している部分」が勢力を増すのだ。「これは大統領や首相のことだが、それだけではない。中央銀行や、米国の場合にはペンタゴンも含まれる。なぜなら米国は恒常的に戦争中だからだ。通商交渉に関しては、商務省も入りうるだろう。米国政府には八〇〇以上の部門があるが、そのうち〔元々の〕近代国家の執行権に属すると言えるのは五～六のみに限られる[168]」。ジョージ・ブッシュ〔(子)時代〕のアメリカの例を見れば、こうした立法権の権限喪失〔すなわち行政権の拡大〕は当初は経済問題に限られていたものの、二〇〇〇年代初めの「〔米国〕愛国者法（〔US〕Patriot Act）」〔二〇〇一年〕と、反テロ闘争を刑法の規定の適用対象外とする例外措置によって、政治領域や市民権にまで拡大適用されるようになった。

以上は、フランスや他のＥＵ加盟国なら、ＥＵやその機関や指令に置き換えられる話だ。二〇〇五年五月のヨーロッパ憲法に関する〔フランスの〕国民投票での否決という結果を迂回〔二〇〇七年調印のリスボン条約で憲法案に盛り込まれていた改革をほぼ実施〕したのはまさしく民主主義の否定であり、この点において、国家機能の一部が「脱国家化（ナショナル）」される過程の中でも決定的な転換点となった。二〇一五年のギリシャ金融危機や、より最近（二〇一八年）のイタリアにおける政府危機に際してとられた政治的対応は、この点を示す新たな実例となっている。以上から、サスキア・サッセンの言葉通り、世界中の国家が今日経験している大変貌は、近代国家建設の際のそれと少なくとも同規模なのだと結論することができよう。

2　国境を越えた政治の危機状況

社会国家が危機に陥る一方、「グローバル新時代の国家」の骨格が徐々にできあがってくるにつれて、〔かつての〕国家を原動力として支えていた諸アクターが至るところで問題視されるようになった。〔まず〕共産党は、一九六八年の「現存する社会主義」の危機や、党の社会学的な基盤の侵食〔基幹産業のブルーカラー労働者の減少〕によって、各国で不安定化が始まっていたが、ソ連の消滅によって加速された。とられた対応策は、フランスとイタリアの主要な二カ国の事例に限っても、違っていた。社会民主主義政党は、一九九〇年代半ばにトニー・ブレアが定式化した社会自由主義的な第三の道に多かれ少なかれ公然とコミットしていたが、権力の座にあったが故に、なおさら深刻な危機に見舞われ、[169]崩壊状況に陥った。その恩恵を受けたのは、〔急進左派連合ＳＹＲＩＺＡが伸びて政権に就いた〕ギリシャ以外では、一般に自由主義的右派か、より最近ではいわゆる「ポピュリズム」右派だった。これによって、自由主義にとって代わる政策路線まで〔ダメになった〕というわけではなくても、〔政党間の〕政権交代〔で事態を改善する〕という考え方が実現可能となる条件が失われ、さらにはその考え方自体が妥当性を失いかねない。こうした政党の危機は、右派〔政党〕にとっても他人事ではなく、西側諸国のほとんどが民主制の再構築に伴って経験しているものである。

公権力たる国家の思考という意味での政治は消滅しつつある。政党はフランスでは一九八八年以来、公的資金の給付を受け、二〇〇四年以降はＥＵの資金も受けており、今や生き延びるために国家の付属物となり果て、「執行権の〔配下の〕管理人」でしかなくなった。「民主制は市民社会の国家に対する統制や制限の手段ではなくなり、国家が市民社会に供給するサーヴィスの一つとなってしまった」[170]。政党はかつて長らくイデオロギーを基盤としてきたが、今や〔有権者の〕社会学的表出にすぎなくなり、理論のとりまとめはシンクタンク、財団、研究所、あるいはクラブに丸投げ、もとい外部化する傾向が強まっている[171]。

いったん定まった政治のスケールや形態が再定義され、法律の作成や交渉に参加してきた諸アクターが危機に陥るという現象でとりわけ影響を受けたのは、労組であり、賃金生活者の構成の変化、産業解体、社会国家への攻撃によって打撃を受けた。この過程で同時に新たなアクターが登場し、多かれ少なかれ〔政治の舞台に〕とどまることになった。世界＝経済のレベルでは、「もう一つのグローバル化」運動[172]や、少し後の広場占拠運動は、自由主義的なグローバル化やその帰結——政治領域では互いに一部似通っていた——のおかげで〔国をこえて〕共通の特徴を持つようになった各種の問題への応答に他ならなかった。鉱物・自然・動物資源の不可逆的な破壊に直面し、エコロジー的な課題実現を目指す中で、〔グローバル化への対抗と〕同じように活動家、〔公的〕機関、政治家が世界大で取り組んでいくことになった。こうした運動を見て、一時期「国境を越えた（トランスナショナル）市民社会」が登場したと主張されるようになり、論争となった[173]。テロは〔反グローバル化やエコロジー運動〕より著しく複雑な原因に発しているが、だからといって、地球全体の与件を残念ながらはるかにより長期にわたって変えた、国境を越えた（トランスナショナル）運動の一つに数えてはならない、ということにはならないだろう。

共通点は各国ごとの政治システムの枠内にも現れるが、現れ方の時系列は国ごとに違っている。[174] 腐敗の現象は一部の国では他の国より顕著に現れており、金融と政治の間の関係が密接になっていくほど増幅していく。この、より平たく言えば「スキャンダル」が頻発することで「道徳問題」が政治にとって代わる結果を招いた。これは非政治的な新人アクターを利することになった。彼らはまさに古い政治システムの外にいることから己の正統性を引き出しているからだ。恐らくそういうわけで、調査報道ジャーナリストや内部告発者、判事といった人たちが〔政治の〕第一線に躍り出てくる。[175] それによって彼らは標的にされ、時には命や自由を危険に晒すことになるし、あるいはそこまで劇的ではないが、民主制を阻害する点ではこれに劣らない例として、二〇一七年の大統領選挙に〔政権右派・共和党の予備選に勝利して〕立候補したフランソワ・フィヨン〔二〇〇七〜二〇一二年、サルコジ大統領のもとで首相を務めた〕は〔自らの公金横領疑惑の捜査を担当し、その後、間もなく予審開始決定を出すことになる〕「〔予審〕判事に抗議」するデモをトロカデロ広場で組織した。選挙戦のただ中で、国家の制度〔司法〕に対する前例のない攻撃ではあったが、それでもこのデモのお陰でフィヨンは〔党内の立候補辞退の声を退けて〕右派の候補者でい続けることができた。〔ジャーナリストや判事の他に〕大学の専門家もそうだし、やり方は違うが地球規模で見られる傾向として、宗教者が〔政治より〕上位の秩序の名のもとに政治領域に帰還を遂げようとしている。実際、「みんなのためのデモ」〔二〇一二〜二〇一三年、同性婚法制化に反対〕の際に、ある枢機卿は「議会は父なる神ではない」と宣(のたま)い「道徳の法を守らない法律は法律ではなく暴力である」と続けた。

高度成長のお陰で労組は、一般利益の担い手という役割を体現し、広義の政治の制度的アクターと認められるようになった。革命的サンディカリズム〔第一次大戦前にＣＧＴがとった急進路線。ゼネストによる資本主義の廃棄を謳うが、労使紛争に当局の介入を呼び込むためのこけおどしの色が濃かった〕、ＣＧＴの一九一九年綱領〔国有化に経済組織化を組み合わせた構想を提起〕、一九三四年二月〔極右団体の暴動事件に対抗して左派の労組・政党が、後に人民戦線となる反ファシズム運動を開始した〕と人民戦線綱領（ＣＧＴ綱領から明示的に影響を受けていた）の作成におけるＣＧＴの役割、これらはいずれも、フランスでは、各時代における対抗的な〔今の政治にとって代わる〕政治戦略の形成にＣＧＴが主要な役割を果たしていたことを示している。最初は構想にすぎなかったが、一九三六年から解放期にかけて、ここではＣＦＴＣを巻き込みながら、現実となっていった。一九六八年に労組が打ち出した戦略が、その後、自主管理路線や左翼連合共同綱領の支持へと結実したことは、全く異なる形ではあるものの、政治領域において様々な労組頂上団体が中心的な役割を果たしていたことを示している。ただし、この時期の労組頂上団体の間では〔解放期と異なり〕政治領域に対する考え方では対立があった[176]。

その後、国家の撤退、社会国家への疑問、賃金生活者の多様化、被排除層〔失業者など〕の比重増大、そしてこれらと並行して労組の目標の再定義などが起こる。労組運動は、労組抜きでは話を進められないというかつての地位を失い、もはや〔労働者〕全体を包括し一般利益を担うという役割を演じることはできなくなっていた。一九七〇年代末の左翼共同政府綱領の破棄は、経済サイクルの反転やケインズ主義批判が同時期に起こったこともあって、こうした労組の政治との関係を否応なく変容させた。

フランスの場合、このように労組が中心的役割を失うのと同時に、指数関数的な結社の激増が起こった。この時に増殖した結社は、かつて結社を生み出した〔労組を含む社会主義勢力のような〕複合体ともはや結び付いてはいなかった[177]。新たな結社の一部は、まずは社会保障、その後まもなく貧困の分野で〔公権力を〕代替する役割を果たし、時に「無能政府（impuissance publique）の下請け」と呼ばれた。その結果、一九八〇年代以降、人道支援団体の実働部隊の一部、当初は国外で活動していた要員が国内に戻されることになった。他の団体は逆に、社会保障の予算圧縮から生じた欠乏と闘い、これを告発するために動員をかけた。この対比は、一九八五年冬の「心のレストラン」の創設と、五年後のDAL〔路上生活者などに住居を確保する活動を行う団体〕の立ち上げや、その後、恒常化した「サン」〔サン・パピエ＝不法滞在移民など各種の「持たざる者たち」〕支援運動とAct-up〔AIDSの感染防止運動を展開する団体〕を見比べればよくわかる。

それでも労組運動は強力な動員の主たるアクターであり続けた。しかし、革命路線をとり、無数の結社の活動と相補関係を築く労組が復活してきたことは、社会運動が危機にある政治システムと切り離されつつある徴と言える。オルタナティブ系の運動〔フランスでは建物占拠やエコロジストなど、非暴力不服従の直接行動を柱とする運動を指す〕もこの運動と政治の間の仕切りを免れていない。二〇一六年、労働法改革〔エル・コムリ法案：一八三頁参照〕に反対する初期のデモを受けて組織された「立ち上がる夜」は、「諸闘争の収斂」運動の創始者が唱える「運動主義」的路線と、より「市民主義」的な路線の間で逡巡していたようで[178]、どちらの領域でも成果を残さなかった。「立ち上がる夜」は結局、スペインのポデモス〔二〇一四年、緊縮政策反対の知識人らの運動から新党を立ち上げ、二〇二〇年には政権入りした〕型の政治の再定義を導くことは一切なかったし、労組の動員はその後も続いたものの、「立ち上がる夜」への立場は一様ではなかった。政党と労組、結社の関係を再定義しようとする動きは二〇一八年に相次いだが、これといった成果を残すことなく、その後、数が減ったのは、この問題が未だ回答を組み立てる条件すら見出せていないことの明瞭な徴(しるし)である。

3 政治システムの脆弱化

今登場しつつあるアクターは新たな行動の文法を掲げていると見る人が多い。その「文法」は、政治が垂直性を非難されているのに対して、実践の「水平性」を特徴とする。早くから社会ネットワークを動員するだけでなく、これと一体化するところまで行き、自ら「市民社会」であると主張し、主観性を肯定する例もみられる(179)。

一九六八年五～六月の事件の一〇周年以来、レジス・ドブレは「リベラル・絶対自由主義」と彼が呼ぶ運動の影響を告発し、とりわけ個人主義を非難した。さらに一〇年後、エヴ・シャピエロとリュック・ボルタンスキは「資本主義の新たな精神（nouvel esprit du capitalisme）」〔社会学者である両名が一九九九年に同じ書名の共著を刊行。邦訳は『資本主義の新たな精神』上・下巻、三浦直希他訳、ナカニシヤ出版、二〇一三年〕と、一九六八年によって加速された社会規範と習慣の革命との間のつながりを強調した。こうして「芸術家的批判」〔が登場し〕、消費の習慣が自己実現の源に格上げされ、自己開花が時に一転して自己搾取に陥りかねない。「近接支配」の拒絶は「五月」以前にすでに始まって個人化の過程を加速したのは事実だが、だからといって一九六八年が以後の展開のトロイの木馬になったわけではない。

個人化の過程に与えられる意味は一九六〇年代から今日までの間に著しく変わった。一九九〇年代には、こうした作用に個人に責任を負わせる政策が組み合わさって様々な形で逆に政治に影響を与えた。こうした影響によって、講演と署名運動、ハンスト、市民的ないし非暴力不服従、さらに別の場面では、自己犠牲などのように、何よりもまず個人を巻き込み、程度の差はあれ、闘争の個人化の性質を持つ行動形態のリバイバルが確実なものとなった。「主観的権利」が増殖したのもこうした影響のせいである。個人が市民を吸収し、平等と主権の原則が個人の要求の推進力となった。人権は脱政治化され、今や個人の要求の容器代わりとなった[180]。

左と右の間の境界はこれまで、社会自由主義と治安強化をめぐる政策〔の違い〕によって維持されてきたが、今や曖昧になり、制度的アクターに対する疑念が多数派に浸透したことと合わせて、政治システムの脆弱化を進めた。政治からの撤退や選挙での棄権は明らかにその表れだが、民主主義の名のもとでくり返される〔よからぬ〕行いによってさらに悪化するかもしれない。枠組み自体が動揺する中で、政治を犯罪扱いすることは旧来のアクターから正統性を奪い、新人を押し上げる手段としてよく使われるが、そうやって売り込まれた新人も、前任者が告発された諸悪と必ずしも無縁であるわけではない。フランスでは政党の運営形態が予備選の原理と相容れないのだが、その予備選の導入自体が政治実践の個人化を指し示す反面、「政権党」を解体させていわゆる「反体制」候補を伸ばすことになる。〔ただし〕一九九四年のイタリアの選挙では、「道徳的大義」(「清潔な手(mani pulite)」作戦)の名のもとでこの戦いをけしかけた連中が勝利を逃し、シルヴィオ・ベルルスコーニの手中に収まった。二〇一七年のフランスでは、これとは全く違う形で、選挙は、この頃登場してきた「現職追放運動」に有利となり、エマニュエル・マクロンが勝利を手にした。つまり、どちらの事例でも勝ったのは、体制の外を自称しながら、やっていることは〔経済〕自由主義者と変わらない候補者だった。

4　「グローバル新時代の国家」への道は各国それぞれ

こうした類似性が〔事例の間に〕見られるからといって、国ごとの特殊性が否定されるものではない。それは、グローバル新時代の国家であっても、近代国家や戦後生まれた社会国家であっても同じことだ。まさに本書の目的は、フランスがこの世界大の過程の中にあることを示すことにあったが、だからといって、各政権が下した政治的選択の責任を免除するわけではない。そうした選択はまず第一に社会的妥協の条件に関わるものだったからだ。ここで「国家が解（ほど）ける」とは何かを説明しておくべきだろう。

起きたことを統括すれば、現状は複雑なものである。執行権は著しく強化され、今日では、「新公共管理（NPM）」の原理に熟達する一方、レジスタンスから継承した公共サーヴィスの政治文化とは全く断絶した専門家のみを基盤としていることもある。それでも、労働や社会保障に関する集合的権利や、あるいは、インフラ整備や投資・技術革新への支援の政策、さらにより一般的に、一般利益の概念について言えば、「解（ほど）け」つつあるのは否定しようもない。しかし、経済学者クリストフ・ラモーの提起する広い定義をとれば、社会国家は、深く再編されながらも、永続していくものだという。ラモーによれば、国家は公的介入の四本柱に支えられている。社会保障、労使関係制御、公共サーヴィス、〔経済〕活動と雇用を支える経済政策（経済・社会的制御全般を用いる。本書ならこれに金融・通貨政策が加わる）の四本柱だ[181]。しかるにこのように理解された社会国家は、四本柱それぞれの手厚さは国ごとに違うとしても、世界のほとんどすべての国に存在しており、ヨーロッパでならなおさらだ。社会国家は「栄光の三〇年」〔高度成長期〕とともに生まれたわけではなく、高度成長期が終わった後も、確かに再編を受けながらも存続した。社会国家の再編が社会的妥協に作用する一方で、社会的妥協のあり方から社会国家の再編が決まるという関係にある。

5　フランスにおける社会的妥協の三段階

一九世紀末と二〇世紀のフランスでは、社会的妥協は歴史的に三たび形状を変えながら構築されてきた。第一の形状は、第三共和制下の共和主義的妥協であり、小規模資産の保護と社会的上昇の階段としての教育システム、（男子）普選を基盤とする新体制の社会政治的安定を確保するための社会的妥協であった。この妥協は小資産所有者と自営中産階級のフランスを基盤としており、彼らは一般的に社会国家に反対、特に自分たちが負担させられる場合にはそうであり、長らく急進党がこの人たちの最良の政治的表現と見なされていた。妥協がこの形態となり、市民権と資産を通じた統合が優先されたことによって、社会保障のシステムは制約され、遅れをとる結果になった。例えば、当時のドイツで支配的だった他の妥協の形態と比べれば、その違いは最も大きくなる。

第二の形状は、一九三六〜一九四六年の時代から生まれた社会国家であり、本書でもすでにこれまで十分に分析してきたのでもう長い説明はいらないだろう。これには体制の社会政治的基盤の移動が伴い、「第二次産業化のフランス」、その中でもまず労働者〔ブルーカラー〕とサラリーマン〔ホワイトカラー〕が中心に据えられた。この重心移動は一九五八年までは政治体制の大きな変容なしに進み、民主的な政治文化の確立を可能にした。既存のシステムの枠内で紛争を克服できるのがこの政治文化の特質であった(182)。

第三の形状は、すでに見たように、一九八〇年代に、一部では新自由主義という便利だが曖昧な言葉で呼ばれる形で登場してきた。今のところ、この言葉は重要なポイントを捉えており、性格は全く異なるものの、一つの社会的妥協と見なせるものを描き出していると言える。

6　象の戦略と三分されたフランス

今日、マクロン＝フィリップ政権が次々に発表してきた施策は、どれもこれも、「一九四五年の破壊」、つまり、以前の〔第二の＝第二次大戦後の〕社会的妥協に基づく「旧世界」の破壊を目指すものばかりである。もっとも、二〇一九年一二月〔二二二頁参照。年金改革の提案直後の労組の反発などへの対応〕には、あえて戦後の社会的妥協を引き合いに出してみせたりしてはいるが。しかし政権は社会をどのような最終目標に引っ張っていこうとしているのか、明示してはいない。確かに〔マクロン党の党名通り〕「前進中」なのだろうが、でもどこへ向かっているのだろう……。象が閉じ込められている暗い部屋に何も知らされずに入った人は、全体が何かを掴めるまでは、これが鼻でこれが牙だなんてわかるはずもない。進行中の過程と自称「改革」（失業保険、疾病保険、年金など）をこのまま進めれば、フランス社会の三分割が浮かび上がってくるように思われる。

まず富裕層は、岸壁にとりついてザイルを先頭で引っ張る登山のリーダー〔二二〇頁参照〕よろしく、競争力、成長、革新（例えばAI計画など）の希望がかかっており、軽減・優遇税制（金融所得に三〇％の均一税制を採用し、国外転出時課税〔国外転出者の有価証券売却益に最大三四・五％の課税を行う。サルコジが二〇一一年に導入〕を廃止し、法人税を三三・三％から二五％へ引き下げる決定、連帯富裕税（ＩＳＦ）の引き下げなど）によってフランス国内に惹き付け、引き止めなければならない。もっとも二〇一八年四月一二日、エマニュエル・マクロンは〔富裕層の大統領だという批判に対して〕単刀直入に「富裕層には大統領は要らない。自分たちだけで立派にやっていけるから」と言ってのけたが、これ自体、マクロンの目には、富裕層という範疇が意味を持っており、それを構成する人たちは、彼本人がどう否定しようと、多少なりとも注目を集めてしかるべきと思っていることを示している。

第二の層は、最も恵まれない階層、つまり失業者、貧困層、不安定就業者、ひとり親家族、さらに「ワーキングプア」などから構成される。保護を受ける権利があるが、それは公的扶助の形をとり、支給している国家が負債のために緊縮予算の縛りを受け財政的に弱体になっているため、出し惜しみされる。

最後に、以上二つのグループの間には中産階級がいるが、自ら税を払わねばならない上に、公的保険制度が時代遅れとされて縮小されつつあり、その給付も減少していくため、任意保険で補わねばならなくなっている。マクロンは二〇一七年八月三一日の『ル・ポワン』誌のインタビューでウィリアム・ベヴァリッジを引き合いに出したが、そのベヴァリッジが一九四三年の報告書の中で唱えた〔社会保障の〕自由主義的な基本理念がここに姿を現している。労働所得から保険料を払う「ビスマルク」モデルは時代遅れで、「税による連帯のベヴァリッジ・モデル」がよいなどと主張するのは少なくとも歴史を偽装するものだ。一九四五〜一九四六年に賦課方式で設立された保険モデルは、世代を越えて普遍的に再配分を行う真の国民的連帯に由来する制度であり、完全雇用の優先を前提にしつつ、各人のニーズをカバーしていた。これに対して、税金による扶助は一九世紀のような慈善のシステムを復活させるようなものだ。貧乏人は負担せず、生きるための最小限を受け取るのに対して、最も余裕のある者は負担するだけで、最小限以上に受け取るには自身で保険を掛けなければならないからだ。

緊縮予算は資本を惹き付け、公債向けに低い利子率を維持するために必要となった。それが統治者にとって通貨の安定と競争力のある税制を保障して資本所有者の安全性を高める唯一の手段だったからだ。この租税政策は公的支出の削減の主張とセットになっており、その最大の帰結の一つは、社会的地域的な不平等を拡大させ、それによって不安定就労者や被排除者、より一般的には「貧民」（この言葉もいったん消えていたが、盛大に復活しつつある）の数を増やすことにある。通貨はもはや世界経済への調整を図る変数にはなりえないし、支出は抑制されているので、賃金や年金が競争力を調整する要因となった。労働や社会保障の体制について集合的権利への攻撃も考え合わせれば、以後、経済活動のリスクを負わねばならないのは労働者と年金生活者であり、金融資産は、ディスインフレ、「賃金抑制」や税金引き下げ競争によって安全性を高められている。

その上、三〇年前、国家と経済への資金調達の手法を英米と同様、市場第一にする選択をしたことは、経済や社会保障の展開と関連付けるべきだが、そのような形で分析されることは稀である。資本市場に頼った結果、海外の資本や投資ファンドの参入を招き、今や彼らが公債のかなりの部分と、CAC40の企業の資本金の四五%を保有している。海外の資本や投資ファンドが、短期で高い収益率を獲得するために圧力を掛けることでフランス国土内での企業の再編成や、これに伴う工場移転や産業解体をさらに進め、労働者や下請け企業への圧力も強まった。加えて、二〇一七年に始まったプロセスは、社会保障の資金調達のシステムを経済のそれに合わせることになるのではないか？　そうなれば、賦課方式で保険料を財源とする「ビスマルク」システムを放棄して、最低保証給付を積立方式で補う「ベヴァリッジ」型の自由主義システムに移行することになり、官民の資金調達を賄えるような年金ファンドの形成に至るのではないか？　英米式にグローバル化した資本市場を通じて経済に資金を調達することになれば、積立方式の社会保障制度と年金ファンド方式をうまく組み合わせるよう圧力を受けるのではないか？

一九三六〜一九四六年の時代は、以後半世紀の間、国と国民を特徴付けることになる力学の中に社会運動と政治が接合されていた、という意味で、美しく唯一無二のものであった。一九八二〜一九八四年以来、社会運動と政治の間のつながりは、動員のないまま〔まず〕規制が強化され、次いで規制緩和が進む中で緩んでいった。その結果、以後三〇年にわたって続く自由化が開始され、確かに中断はあるものの、すでに見たように、持続的に勢いを増していった。これが我々の望んだ社会的妥協なのか？　社会運動と政治の間のつながりを復活させることこそ唯一の希望であり、そのためには、まさしく動員と規制を接合しなければならないが、〔それには動員も規制も〕新しいタイプの、とりわけ領域的に別の単位を基盤としたものとなる必要があるだろう。

訳者解説

本書は、Michel Margairaz & Danielle Tartakowsky, *L'État détricoté. De la Résistance à la République en marche*, 2e édition revue et augmentée, Éditions du Détour, 2020, 244pp の全訳である。原著のメインタイトルは本書と同じだが、サブタイトルは「レジスタンスから「共和国前進」まで」となる。二〇二〇年に刊行された第二版には、二〇一八年刊行の初版に、その後のマクロン政権の二年間に関して新たな章が書き加えられた。その第二版の刊行からもすでに三年が経ち、マクロンは昨年二〇二二年の大統領選挙で再選されたが、新たな増補改訂版の予定はないと聞いている。実際、マクロンの二期目の統治は、すでに本書で指摘されている特徴の延長線上で進んでいると理解して大きな問題はないだろう。

本訳書刊行の経緯

グローバル化やヨーロッパ統合などを背景に、西欧など先進国で経済の自由化や市場化（marketization：本書の原著では使われていない）が進み始めてすでに四〇年が経った。同じ先進国でも国ごとにその様相には差異があり、収斂しているわけではないのではないか、という観点から、先進各国の自由化・市場化を比較分析しようとする研究が様々な視角から行われている(1)。反移民の急進右派政党

（ポピュリズム）や急進左派政党の台頭など、同時期に起きた政治的風景の変貌にも、この自由化・市場化が一役買っているのではないか。こうした見方も根強い中、「自由化・市場化の多様性」を問う研究の意義はますます高まる。

中でもフランスは自由化・市場化から最も深刻なインパクトを受けた国と位置付けられるだろう。本書でも頻出する「ディリジスム（国家指導経済）」という言葉に象徴されるように、第二次大戦後のフランスは、経済に対する強力な国家介入や統制によって世界中に知られてきており、そのフランスで自由化・市場化を進めることは、とりもなおさず、かつて遍在していた国家が「撤退」していくことを意味するからだ。実際、一九八〇年代半ば以降、「プラン」と称される（フランス式の）経済計画化、広大な国有化セクターや、強力な産業政策（一業種一社への合併・統合を進めて米独日などの大企業に対抗することを目指した「ナショナル・チャンピオン」政策などで知られる）、これを支える巨大な公的金融機関など、かつてのディリジスムを構成していた要素は次々と姿を消していった。

こうしたフランスにおける劇的な変化の軌跡をたどることは、日本における自由化・市場化を考える上で特に意味が大きい。比較政治学、いわゆる「比較政治経済学」の分野では、一九八〇年代までのフランスは「国家主導型（statist）」の典型とされ、同じ類型の高度成長期の日本と比較されることが多いからだ。しかるに、同じ西ヨーロッパの中でも、ドイツなどにおける自由化・市場化の過程については、専門の研究者による適切な解説を邦語で読むことができるにもかかわらず[2]、肝心のフランスについては類書がない。これが本書の邦訳刊行を思い立った最大の動機である。

しかし本書の著者は比較政治学者ではなく、いずれもフランスの現代史学界を代表する著名な歴史家である（本書末尾の「著者紹介」も参照のこと）。二人は、かつてパリ第八（ヴァンセンヌ・サン＝ドニ）大学の教授として同僚の関係にあったが、その専門分野はかなり異なる。パリ第一（パンテオン・ソルボンヌ）大学名誉教授のマルゲラーズ（Michel Margairaz）氏（一九五一年生）の専門は、広く言えば（現代）経済史であり、実際、国家博士号論文の指導教員の一人は経済史の泰斗ブーヴィエ（Jean Bouvier）だが、同教授の関心の中心は、経済財政政策史にあり、分析対象は政治史を専攻する中山とも大きく重なる。国家博士号論文では、戦後復興を実現したモネ・プラン（第一次近代化設備計画）とマーシャル・プランの時代を含む、第二次大戦前後の二〇年間の財政政策を綿密に分析し、フランスの高級官僚がケインズ主義を受容し戦後の高度成長の立役者となるに至る過程を膨大な史料を用いて明らかにした。その後、フランス銀行を中心とする銀行・金融史に軸足を移し、併せて、自由化・市場化の中で緊縮の犠牲になってきた公共サーヴィスに関しても探求を深めた。これに対して、二〇一二年から二〇一六年までパリ第八大学の学長を務めたタルタコウスキ（Danielle Tartakowsky）氏（一九四七年生）は、国家博士号論文（本書末尾の著者紹介参照）において、一九六八年の五月事件までの半世紀にわたる膨大なデータ収集に基づいて、二〇世紀のフランス政治において街頭に

（1）例えば、Kathleen Thelen, *Varieties of liberalization and the new politics of social solidarity*, Cambridge University Press, 2014; Jane R. Gingrich, *Making markets in the welfare state: the politics of varying market reforms*, Cambridge University Press, 2011; Mark I. Vail, *Liberalism in illiberal states: ideas and economic adjustment in contemporary Europe*, Oxford University Press, 2018 などが挙げられる。

（2）ドイツについては、平島健司『ドイツの政治』東京大学出版会、二〇一七年。

おけるデモ（manifestations：口語では「マニフ」）が果たした役割を初めて、体系的かつ実証的に明らかにした。[3] 今日、社会学や歴史学で幅広く進められる「マニフ」研究の基礎を築いたパイオニアである。かつて、こうした直接行動の制度化（S・タロウの言葉を使えば「社会運動社会（Social movement society）」）は、フランス特有の現象と見なされ、他には米国が目立つくらいで、一種の「風土病」のような扱いをされていた。しかし一九九〇年代以降、「デモの政治」は統合の進むヨーロッパ全体で見られるようになり、[4] 今や「元祖」となったフランスにおける歴史的淵源をたどったタルタコウスキ教授の業績の意義は増すばかりだ。

本書で明らかにされているように、一九八〇年代以降、フランスにおいては、政府の進める経済・財政・社会政策に対して、労組や様々な結社を先頭にデモやストが繰り返され、他国では考えにくいほど執拗に抵抗が続く中、それでも自由化・市場化が進行していった。その歴史過程を描き出す上で、マルゲラーズ、タルタコウスキ両教授はまさしく最強のコンビだろう。様々な経緯から、実現までに思ったより時間がかかってしまったが、中山が本書を手にした時から、必ずや邦訳を世に出さねばならないという確信は一度も揺らぐことはなかった。

原著者との関わり

他方、中山個人の過去の研究にとっても両教授がなくてはならない役割を果たしてきたことにも触れておかねばなるまい。まず、中山は、最初の著作[5]以来、二〇世紀フランスは政党や職能団体（労組など）の組織が極めて弱いという点で西ヨーロッパの中で顕著な例外をなしており、これが現代フランス政治の作動様式に様々な特徴を齎してきたことを指摘してきた。その主要な例として、「街頭の政治」、つまり、弱体な政党や職能団体に代わって、アドホックな結社を旗頭に盛り上がるデモの波を通じて社会が政治に入力するパターンが半ば制度化されていること[(6)]を挙げることができたのは、タルタコウスキ教授が切り拓いたデモの政治史の研究蓄積のお陰である。

また、マルゲラーズ教授は、財務省経済財政史委員会（Comité pour l'histoire économique et financière de la France）で主要な役割を果たし、二〇世紀全般にわたって重要な転換を明らかにする分析を生み出してきたが、一九九〇年代初めに、戦後復興＝モネ・プラン期を軸とする時代の経済財政運営を概観する修士論文を準備していた頃の中山にとって、同教授の国家博士号論文はまさに救いの神であった。のみならず、マンデス・フランス（Pierre Mendès France）が自らの政治戦略の転換に合わせて経済プログラムを次々と切り替えていったことを鮮やかに描き出した論文[(7)]は、今なお中山のマ

（3）その後の研究（Danielle Tartakowsky, *Le pouvoir est dans la rue : crises politiques et manifestations en France*, Aubier, 1998 など）では、一九六八年以降、マニフは、それまでのように危機や体制転換の引き金を引くのではなく、政治システムの日常的な作動形態の一部になる、といった構造変化を指摘する。

（4）David S. Meyer and Sidney Tarrow, *The social movement society : contentious politics for a new century*, Rowman & Littlefield, 1998.

（5）中山洋平『戦後フランス政治の実験――第四共和制と「組織政党」1944-52年』東京大学出版会、二〇〇二年。

（6）中山洋平「フランス――「街頭の政治」の二〇世紀史」小川有美編『国際情勢ベーシックシリーズ・EU諸国』自由国民社、一九九九年、二二九〜二八〇頁。

ンデス理解の基礎を形作っている[8]。本書でもそこかしこに顔をのぞかせているように、マルゲラーズ教授は比較政治学にも並々ならぬ関心を示しており、その分析の鋭さは、往々にして発見した事実の羅列にとどまりがちなフランスの政治史研究者を遥かに凌ぐ。二〇〇〇年代に入って、中山が地方インフラ整備事業とこれを支えた公的金融機関の役割について実証研究を始めると、フランス銀行歴史室（Mission historique de la Banque de France）の責任者を務めていた同教授は、最大の公的金融機関CDC（預金供託金庫）に関する歴史研究グループに加えて下さるなど、一〇年以上にわたって研究発表の場を与えてくださった[9]。

したがって、本訳書は中山の両教授へのささやかな恩返しでもあるのだが、現実には、これだけ重要な研究者の著作がほとんど日本では紹介されていないのをこのままにしておけない、という思いのほうが強かった。特にマルゲラーズ教授は、同じブーヴィエ門下で、インドシナ銀行史やフランス銀行史の実証研究を極められた故・権上康男教授（横浜国立大学）や、戦間期のCDC研究で学位論文を提出された矢後和彦教授（早稲田大学）など、多数の日本人研究者と深い交流が続いていたにもかかわらず、邦訳された著作は今のところ、権上教授と帝京大学の廣田功教授（東京大学名誉教授）が組織された、日本での連続講演会の記録（本書末尾の著者紹介欄参照：本書であまり扱われていない戦間期までが中心）しかなかった。本書の刊行が日本の若い世代に二〇世紀フランスの経済財政史や社会運動史、政治史への関心を喚起する契機となることを強く願っている。

本書の視点

次に、訳者の眼から見て、本書の特筆すべき点をいくつか指摘して読者の一助としたい。本書は、戦後フランスの介入型国家が人民戦線以降の民衆動員の波の中で形成されていく過程を明らかにした第Ⅰ部のいわば歴史編と、その介入型国家が一九九〇年代以降の自由化・市場化の流れの中で「解(ほど)かれて」いく軌跡をたどる第Ⅱ部のいわば現代編とに分かれている。「規制の文化」や「動員の文化」といった第Ⅰ部の鍵概念が第Ⅱ部ではほとんど使われないなど、語彙に若干のズレが見られるものの、現代編は歴史編の視角を引き継いでいると見ていいだろう。ただ、抑制的な第Ⅱ部の分析と第Ⅰ部の鋭い洞察とを撚り合わせて理解しようとするあまり、以下の記述には、訳者の先走りや思い込みが多分に入り込んでしまっている。予めお断りしてご容赦をお願いしておきたい。

①戦後の介入型国家は民衆の規範に基礎を持つ

例えば比較政治の国家論の文脈では、社会に対して上から意志を押し付け、指導しようとするフラ

(7) Michel Margairaz « Pierre Mendès France, la gauche et "les impératifs de l'efficacité économique" », in Michel Margairaz (dir.), *Pierre Mendès France et l'économie*, Paris, Odile Jacob, 1989.

(8) Yohei Nakayama « Pierre Mendès France et les partis politiques sous la Quatrième République : volonté de rénovation et morale démocratique », in Institut Pierre Mendès France (éd.), *Éthique et Démocratie. L'exemple de Pierre Mendès France*, Le Cherche Midi, 1998, pp. 60-74.

(9) 例えば、Philippe Verheyde et Michel Margairaz (dir.), *Les politiques des territoires. La Caisse des dépôts et consignations, les institutions financières et les politiques de développement et d'aménagement des territoires en France au XXe siècle*, P.I.E. Peter Lang, 2014.

ンスの「強い国家」は、絶対王制にまで遡る半ば超歴史的な特徴であり、国有化や計画化、産業政策などを実施した戦後の介入型国家もその延長線上に捉えられてきた。「強い国家」論では、高級官僚エリートの意志が前面に出されるのに対して、本書では、戦後の一連の国家介入や規制は、人民戦線や、CNR憲章に代表されるレジスタンスの民衆動員が生み出した諸制度の上に基礎をおいており、平等などの民主的規範を体現するものとして、社会から強固な支持を獲得していると描かれる。各種の公共サーヴィスに代表される国家の介入や規制は、非民主的な官僚支配の手段や帰結などでは毛頭なく、全く反対に、民衆に平等を保障し、それによって民主制ないし共和制の基礎を守るべく、民の運動の力によって、民のために作られた制度なのだ[10]。国家による保護を求め、国家の規制や介入に強固な正統性を認める民衆の規範意識、本書に言う「介入の文化」こそ、戦後の介入型国家を政治的に支えていたのである。

民の保護者としての介入・規制国家。その姿が最も明瞭に見て取れるのは、例えば労使関係の分野である。フランスの労働組合は（日本で一般にイメージされるところとは全く反対に）西ヨーロッパで最も弱体であり、OECDのデータでは、現在の組織率は一〇%を下回っている（労働省の調査でも一〇%強）。一九七〇年代のピークでも二〇%を超える程度で、中小を中心に多くの企業には労組が存在しなかったため、一部の大企業で結ばれた団体協約を、政府（労働大臣）が効力の拡張という法的手続きを使って当該産業部門の全企業に適用させることで、ストなどで獲得した成果を広く労働者一般に行き渡らせていた（同じ制度はイベリア半島や、役割は異なるが、オランダでも幅広く見られた）。いわば労組の弱さを国家の規制が代替していたのである。したがって、一九八〇年代（ミッテラン政権のオールー法）以降の労使関係の規制緩和は、国家主導で硬直的な労使関係を労使主導に戻して柔軟化するという建前とは裏腹に、実態としては労働側が享受してきた国家の保護を取り外すことを意味していた。

もちろん、実態として、戦後の国家の介入や規制のすべてが保護の役割だけを果たしていたとは到底言えないだろう。しかしここでは、フランスでは民の大部分がそのように認識していたことが肝心であって、実際の制度の形成や運用の過程では高級官僚が実権を握っていたことなども重視されない。なぜなら、より効率的な経済・社会運営を目指して自由化・市場化の改革を進める高級官僚などのエリートに対して、民衆が戦後の介入・規制の諸制度を自らの存立の基盤として守ろうとする、その抵抗の根強さを説明することこそ、本書の眼目だからだ。例えば、解放期に作られた社会保険（Sécurité sociale）制度は、レジスタンス運動の成果として得られた社会的な獲得物と見なされ、長らく手を付け難い聖域となってきた。だからこそ、一九九〇年代以降、年金改革反対のデモやストが既得権防衛のエゴなどと非難されることは稀で、時に、改革で影響を受ける当事者を遥かに越えて広汎な動員にすら成功する。つまり、自由化・市場化の改革に抵抗して執拗に繰り返されるデモやストの広

(10) 本書では、戦後の介入・規制型の国家は、民の運動によって構築された個々の制度の束ないしネットワークと捉えられており、それを解体する自由化・市場化改革は、複雑な柄の編み物のパーツを一つずつ解いていくかのようにイメージされる。これが本書のタイトルの由来である。

(11) もっとも、本書でも、保護の裏にある権威主義的側面がすでに高度成長期から社会に重く圧し掛かっていたことはきちんと指摘されている。

がりを理解するには、その基盤となっている民の規範、本書第Ⅰ部のいう「規制の文化」と、これを支える「動員の文化」が民の間に深く根付いていることを理解するところから始めねばならない。フランスの市民にとっては当然のこの認識を共有しなければ、外国の観察者は現代フランスにおける自由化・市場化改革のダイナミズムを見失うことになろう。現代的な自由化・市場化の問題を現代史家が一九三〇年代の人民戦線にまで遡って分析することの意義もまずはここにある。

本書第Ⅱ部で明確に指摘されてはいないが、本書第Ⅰ部の分析を踏まえれば、自由化・市場化が始まって四〇年、「黄色いベスト」運動や年金改革反対運動が全土で猖獗（しょうけつ）を極めるなど、今なお、民衆の抵抗が止まないのは、歴代の政権が一連の改革を進めながらも、結局のところ、国家に保護と平等の保障を求める民衆の「規制の文化」を変えることができなかったからだろう。その原因の一端は、社会党のオランド大統領の時代に顕著だったように、政権側が民衆の「規制の文化」を正面から否定せず、むしろこれに迎合しながら、その裏側で、専門家ないしテクノクラートに粛々と自由化・市場化を進めさせようとしたことにある。逆に言えば、マクロン政権の革新性もまさにこの点に求められよう。自らを抜擢したオランド大統領が進めた自由化・市場化の路線を忠実に引き継ぎつつも、前政権の「規制の文化」への迎合や配慮を排除し、「コンプレックスなく」改革を堂々と進める姿勢を変えようとしない。同じ戦略の転換を以前、サルコジ大統領も試みて袋叩きの目に遭ったが、マクロンはどれだけデモやストの大波を受けようとも「Uターン」を拒否し、転換を貫こうとする。これこそ、マクロン政権が「革命」たる真の所以なのだ。

②フランスにおける自由化・市場化の起源と、五月事件やミッテラン政権の役割

しかし、戦後の介入や規制の制度が、民に根付いた民主的規範が付与する正統性によって手厚く守られていることは、社会経済運営の手段としてその制度が効率的で、持続可能であることを必ずしも意味しない。例えば、戦間期から高度成長期まで、公共サーヴィスの基盤をなす地方自治体の公共投資事業も、CDC（預金供託金庫）を中心とする公的金融機関の長期低利融資によって支えられていたが、[12]財務省国庫局とフランス銀行が差配し配分する銀行信用を基盤とする金融システムは、経済全体に強いインフレ圧力をかける。同時期のイギリス同様のいわゆる「ストップ・アンド・ゴー」政策が避けられなくなり、安定的な成長が阻害されていた。ここから、本書で指摘されるように、すでに一九六〇年代には、金融システムを自由化・市場化する路線が財務省などの高級官僚の一部によって構想され、一部は、実際に制度改革として日の目を見るに至る。[13]

しかるに、その直後の一九六八年に起きた「五月事件」の巨大な民衆動員によって、こうした改革の流れは、少なくとも金融・経済分野においては、全面的に停止させられることになる（第3章前

(12) 詳しくは、中山洋平『戦後フランス中央集権国家の変容——下からの分権化への道』東京大学出版会、二〇一七年、第一部を参照。

(13) 故・権上康男教授は、古典派の有力な財務官僚リュエフに着目することで、自由化・市場化路線に転換していく大きな流れを、独自に把握し指摘しておられた。「戦後フランスにおける新自由主義の実験（一九五八〜七二年）——三つのリュエフ・プラン」権上康男編『新自由主義と戦後資本主義——欧米における歴史的経験』日本経済評論社、二〇〇六年。

半(14)。五月事件による新たな民の動員の波によって、政府が戦後の規制や介入の制度に手を付けることは政治的に極めて難しくなったからである。「五月」の運動は、「規制の文化」に挑戦し、風穴をあけた反面、民に根付いた「動員の文化」を解発し、結果として、経済・金融や労使関係などの分野では、揺らぎ始めていた「規制の文化」を再び打ち固める役割も果たした。「五月」の活動家たちの企図とは裏腹に、「五月」の民衆動員は一面において、いわば「反革命」を齎したことになる。この斬新な「五月」解釈は、マルゲラーズ、タルタコウスキ両教授が編纂した共同研究（二〇一一年刊行：原注（36）参照）で打ち出された新機軸であり、本書はこの構図を一般に普及させることを意図して書かれたと思われる。

本書が提示する歴史理解において、従来の通念とは全く異なる役柄を割り振られるのは五月事件だけではない。自由化・市場化の流れがすでに一九六〇年代に始まっていたとすれば、一九八一年春の大統領選挙で誕生したミッテラン左派政権が、当初掲げていた「一国社会主義」的な、いわば戦後の国家介入と規制に全面的に回帰する経済・財政運営をわずか数年で放棄して、自由化・市場化路線へと向かったこと（いわゆる「転換（ターン）（tournant）」）も、世界史的な一大転換点などと捉えることはできなくなる。五月事件の民衆動員によって一時的に堰き止められていた自由化・市場化改革が（グローバル化の加勢を受けて）堰を破って再び流れ出したにすぎないからだ（第3章後半）。

とすれば、ミッテラン政権に期待される役割は、むしろ「規制の文化」、つまり国家による保護や平等の保障に固執する民を説得し、いわば「市場の文化」への適応や変容を促すことだったことになるだろうか。「自主管理」など「五月」の希望を散々に裏切ったとはいえ、「五月」で盛り上がった運動の風を受けて政権を獲得したミッテランだからこそ逆に、戦後の国家介入や規制はどう足掻いてももう維持できないことを民に説得することができる。緊縮路線への最終的な転換まで二年にもわたってジタバタと試行錯誤を繰り返したのは[15]、その姿を民に見せることで、他に選択肢がないことを納得させるためだったのかもしれない。ついそのようなことを思わせるほど、本書の示した解釈は衝撃的、挑戦的であり、一九六〇年代以降の展開について既存の理解の一新を迫っている。

③ネオリベ国家こそ「強い国家」？

大企業の民営化や金融システムの自由化・市場化は、確かに戦後の介入・規制国家の撤退を意味しているが、それはフランスが単なる「弱い国家」になってしまったことを必ずしも意味するわけではない。よく耳にするこの表現の具体的な意味を、本書は「国家の三つの顔」という印象的な図式を使ってわかりやすく説明している。「規制国家」の側面では、国有企業や公的金融機関など、かつて握っていた操縦桿は確かに手放したが、代わりに、規則や目標を定め、これを遵守・実現させるべく、協定の締結やベンチマーキングなど、市場化とEU統合（マルチ・ガヴァナンス化）の進んだ現代に相

（14）ただし、本書では言及されていないが、地方自治体の公共投資向けの公的融資は、一九六〇年代以降、膨張する産業向け融資などに押し出される形になったため、五月事件以降も市場化が進み、一九七〇年代後半には中央政府による統制も大幅に弛緩する。注（12）所掲を参照。地方自治体の投資資金調達は、金融自由化の先行実験場となっていたと言えよう。

（15）吉田徹『ミッテラン社会党の転換――社会主義から欧州統合へ』法政大学出版局、二〇〇八年。

応しい様々な手段を駆使して、経済や社会を導こうとしている。本書第Ⅱ部はこれを「戦略国家」と呼ぶ。その相貌がかつての介入型国家と比べても決してソフトではないのは、二〇〇〇年代に入って以降の地方分権化や「領域改革（Réforme territoriale）」（市町村連合体の推進、地域圏や県の合併ないし統合などによって地方制度の領域的単位を再編する）を見れば明らかだろう。さらなる権限を地方自治体に譲る一方で財源を絞り、緊縮財政実施の責任を地方に押し付け、さらには自治体の領域の拡大・再編を強要していくのだから。かつてサッチャー政権下のイギリス国家の変貌を分析した政治学者ギャンブルは、それが「小さくて強い国家」であることを喝破した[16]が、マルゲラーズ、タルタコウスキ両教授は本書を通じて、よく似た変容が現代のフランスでも進行していることを明らかにした。そしてこの分析は、今日のフランスの政治学者の見立てとほぼ平仄が合っている[17]。

何よりも大きな変化は、国家が高度成長期に累積させてきた経済社会に対する介入から撤退し、いわば重い外套を脱ぎ捨てたその下から、抜かりなく武装した「秩序維持国家」が姿を現したことだ。本書では、相次ぐテロ事件などを契機にして、警察や検察などの治安機関が、新しい技術を駆使しつつ、より厳格な統制を可能にする権限を次々に与えられていることが詳細に語られている。その一方で、特に二期目以降のマクロン政権は、例えば、国鉄職員の「身分規程」の改革や、とりわけ年金改革の際に顕著にみられたように、デモやストで抵抗を繰り返す社会の側の運動に対して、従来の政権のように、一定の譲歩を通じて対話しようとは決してしなくなった。本書でも、近年になってデモやストなどの民衆動員が政権から譲歩を勝ちとれず、成果をあげられなくなっていることが指摘されている。二〇世紀のフランス政治を特徴付けていた「街頭の政治」、つまり、国家と社会が政策実施と

反対動員を通じて対話・調整するシステムに見切りをつけ、それに怒って激化する抗議運動に対して

(16) A・ギャンブル『自由経済と強い国家――サッチャリズムの政治学』小笠原欣幸訳、みすず書房、一九九〇年。

(17) 概観としては例えば、Christian Le Bart et al., *Nouvelle sociologie politique de la France*, Armand Colin, 2021. ただし、「社会国家」の変容については、本書（例えば二四四〜二四五頁）とは異なる評価もありうるように思われる。特に、社会保険の給付が緊縮に晒される一方で、従来の社会保険から排除された長期失業者などを対象に、無拠出の、つまり税財源の医療や年金の制度が創設・拡充された結果、実は社会政策の支出は増え続けていることをどう見るか。

元々、エスピン・アンデルセンなどの福祉国家類型論に照らせば、戦後フランスの社会保障は職能別の保険制度の分立を特徴とする「保守主義型」であるのに対して、近年の動きは（社会国家を解体するのではなく）北欧などの「普遍主義型」の制度の導入によってそれを補完するものと捉えることもできるかもしれない。

しかし、パリエやレヴィのようなフランス内外の政治学者も、こうした動きを必ずしも積極的に評価しているわけではない。近年導入された扶助的な制度が貧困や格差のさらなる増大を防止する機能を果たしていること（レヴィのいう「社会的麻酔国家」）を認めつつも、なお比較的手厚い給付を保証される正規雇用の就業者（insiders）に対して、失業者や低賃金の非正規（outsiders）は、暴発しないよう、救貧レベルの給付でいわば飼い殺されるという二元化（dualization）が進行しており、戦後フランス「社会国家」の連帯性が損なわれているという面を強調するのである。Bruno Palier and Kathleen Thelen, "Institutionalizing Dualism: Complementarities and Change in France and Germany", *Politics & Society* 38-1 (2010), pp. 133-138. Bruno Palier et al., *Refonder le système de protection sociale : pour une nouvelle génération de droits sociaux*, Presses de la fondation nationale des sciences politiques, 2014, pp. 46-52. Bruno Palier, *Gouverner la sécurité sociale : les réformes du système français de protection sociale depuis 1945*, Presses universitaires de France, 2002, pp. 348-9. Jonah D. Levy, *Contested Liberalization: Historical Legacies and Contemporary Conflict in France*, Cambridge University Press, 2023, pp. 68-78.

は、治安機関を強化し、暴力的衝突も辞さずに抑え付ける場面がこのところ特に目に付くようになった。[18] 地方政界に基盤を持たないマクロン与党が議会を抑えて大統領府に忠実に従う結果、政府は専門家支配、テクノクラシーの様相を深め、[19] その政府が「治安偏重国家」に傾斜していく。一九六〇年代の動乱の時代を統治したド・ゴール将軍の時代を想起する向きもあるかもしれないが、本書が描き出す数々の悲観的な兆候からは、むしろ一九世紀後半、第二帝制のナポレオン三世のような統治に向かっているのではないかとさえ感じさせる。これまで、現代フランスにおける権威主義の脅威は、ポピュリスト国民戦線が掲げる反移民政策を通じてやってくると恐れられていたが、実際には、今や多くが国民戦線に投票する民衆の自由化・市場化への抵抗をテクノクラート政権が押さえ付けようとする中から立ち現れるのではないか、という懸念すら浮かんでくる。

翻訳作業について

翻訳作業は、「はじめに」と第Ⅰ部（第1〜3章）と結論を中山が、第Ⅱ部（第4〜7章）を共訳者の尾玉剛士氏が担当した。その上で、互いの草稿に目を通して訳文を調整し、最後に、吉田書店の吉田真也社長と三人で繰り返し緊密に協議しながら、訳語や表記の統一に努めた。疑問点については、可能な限り原著者に説明を求め、また、その指示に従って原文を改訂した箇所もある。引用部分に原典と齟齬がある場合は、原典を優先した。

フランスの政治・経済・社会に関する書籍を多数刊行されている吉田氏は、たいへんなご多忙の中にもかかわらず、ご自身でも必要に応じて原文にあたりながら訳文を検討してくださり、貴重なご指摘を無数にいただいた。もはや三人目の共訳者がいるのと変わらない感覚であった。原著にない索引を付けたいという中山の希望を聞き入れてくださったことも含め、本訳書が少しでも読みやすくなっているとすれば、それは吉田氏の文字通り献身的なご助力のお陰である。本書の刊行を吉田書店に依頼したのは実に正しい選択であったと感じている。他方、なお多数残るであろう、誤りや不適切な表現、読みにくい箇所などは全て中山の責任である。最後になってしまったが、共訳者の尾玉氏には、本書の意義をお認めくださり、校務たいへんにご多忙の中、翻訳作業を分担してくださったことに心から御礼申し上げたい。

最後に、本書のキーワードのうち、問題となりうるいくつかの訳語の選択について、ごく簡単に注釈を加えておきたい。service public は日本の行政法学では「公役務」が定訳だが、読者の負担を考え、中山の前著同様、[20]「公共サーヴィス」とした。フランス社会保障制度に関する日本の著作では、社会保険の大半をカバーする Sécurité sociale[21] を「社会保障」とし、公的扶助を含む Protection sociale に「社会保護」の訳語をあてるのが通例だが、これも読者の便宜のため、実態に即して、第二

(18) これは本書と同じ出版社からタルタコウスキ教授が刊行された *On est là ! La manif en crise*, Détour, 2020 でも論じられている。
(19) 中山洋平「「革命」第二幕――二〇一七・二二年フランス選挙の歴史的位置」『歴史学研究』一〇三二号(二〇二三年)一四～二四頁。
(20) 中山、前掲『戦後フランス中央集権国家の変容』八頁（注21）も参照。
(21) 社会保険に分類される制度のうち、失業保険は Sécurité sociale に入っていない。その経緯は本書三七頁参照。

次大戦後のフランスの制度としてのSécurité socialeを「社会保険」とし、Protection socialeは「社会保障」とした。ちなみに直訳すると「社会保険」となるAssurances socialesは、歴史的には、一九二八〜一九三〇年の立法で制度化された社会保険制度を指すことが多い。これは強制加入の対象が一定所得以下の被用者に限られており、いわば一九世紀末ドイツのビスマルク「労働者保険」に似た制度にすぎなかった。mobilisationには「運動」と訳したほうが通りが良い箇所もあるが、「動員」の訳語で通した場合のほうが多くなった。ただし、原語には、組織の指令で上から「動員」される、といった語感は全くないことに留意いただきたい。フランスにおけるデモやストは、恒常的な組織を持つ団体が機関決定に基づいて構成員に指令して運動に乗り出す、という形ではなく、普段はごく少数のメンバーしかいない結社・団体（すでに見たように労組も例外ではない）の呼びかけに応じて、普段は組織の外にいる一般の市民（ないしシンパ）が自発的に（個々人の判断で）参加することで生起する。légitimeとその派生語には、慣用を考慮しつつ、「正統」と「正当」の字を使い分けた。gaucheには、「左翼共同綱領」や「第二の左翼」などの成句を除いて、「左翼」を避け、現代の読者に抵抗感が少ないと思われる「左派」を用いた。collectivités territorialesなど、地方制度との関連で使われるterritorialは概ねlocalに近いと考え、「地方」と訳した。ただし、réforme territorialeやpolitique territorialeと言えば、地方自治体への権限・財源移転を行う地方分権改革ではなく、市町村連合体の推進、県や地域圏の合併・統合など、地方自治体の領域を再編・拡大する、サルコジ政権以後の改革を指している。modernisationは、高度成長期までは米独などへの追い付きが念頭にあったのに対して、現代では技術進歩などに合わせたバージョンアップという語感が強いため、「近代化」と「現代化」と訳し分けた。dénationalisation は、国家に属する機能や権限が国民国家を離れていく、というのがサッセンの趣旨と思われるが、「脱国民国家化」では冗長なため、サッセンの訳書などが使う「脱国家化」に「ナショナル」とルビを振ることで凌ぐこととした。他にも訳語の選択には無い知恵を絞ったが、至らない点が多々残ると思われる。読者諸賢のご叱正を仰ぎたい。

訳者を代表して　中山　洋平

二〇二三年一一月

Mobilisations, élites et configurations institutionnelles, L'Harmattan, 2000. Danielle Tartakowsky, « Protesters de tous les pays... », *in* Laurent Colantonio et Caroline Fayolle (dir.), *Genre et Utopie. Avec Michèle Riot-Sarcey*, PUV, 2014.

(174) 以下の考察の一部は下記の研究集会から着想を得た。*Quelle droite a pris le pouvoir au Brésil ? Perspectives comparatistes*, organisé à l'EHESS les 30 et 31 mai 2017 par Maud Chirio (ACP-UPEM, CRCB-EHESS), Diogo Cunha (UFPEPRAETOR), Rodrigo Nabuco (URCA-CIRLEP).

(175) « Les Juges en action (2/4): Du Brésil à l'Italie : les "petits juges" à l'assaut de la corruption », *Cultures Monde*, France culture, 19 sept. 2017.

(176) Danielle Tartakowsky et Alain Bergounioux (dir.), *L'Union sans unité. Le Programme commun de la gauche, 1963-1978*, Presses universitaires de Rennes, 2012. Frank Georgi (dir.), *Autogestion. La dernière utopie?*, Publications de la Sorbonne, 2003〔注（45）に既出〕.

(177) Danielle Tartakowsky et Françoise Tétard (dir.), *Syndicats et Associations. Concurrences ou complémentarités*, Presses universitaires de Rennes, 2006.

(178) Patrice Maniglier, « Nuit debout : une expérience de pensée » *in Les Temps modernes*, 2016/5 (n° 691), *Nuit debout et notre monde.*

(179) Geoffrey Pleyers & Brieg Capitaine (dir.), *Mouvements sociaux. Quand le sujet devient acteur*, Fondation Maison des sciences de l'homme, 2016.

(180) Michel Kokoreff, Jacques Rodriguez, *Une France en mutation, op. cit.*

(181) Christophe Ramaux, *L'État social. Pour sortir du chaos néolibéral, op. cit.*

(182) Danielle Tartakowsky, *Le Pouvoir est dans la rue. Crises politiques et manifestations en France*, Aubier, 1998. Xavier de la Vega, « La Mondialisation selon Saskia Sassen », *op. cit.*

(183) « Emmanuel Macron : le grand entretien », *Le Point*, 31 août 2017.

d'État », *Le Monde*, 19 novembre 2019, p. 28.

(160) Sylvain Rolland, « L'État va se désengager des pôles de compétitivité dès 2020 », *La Tribune*, 15 juillet 2019.

(161) Dominique Méda, « La réforme de l'assurance-chômage est extraordinairement punitive », *Le Monde*, 24-25 novembre 2019, p. 31.

(162) Guillaume Duval et Daniel Goldberg, « Retraites amères pour les classes populaires », *Libération*, 19 décembre 2019, p. 27.

(163) Cité *in* « Retraites : le Conseil d'État ne garantit pas "la sécurité juridique" de la réforme », *Le Monde*, 26-27 janvier 2020, p. 6.

(164) Julia Cagé, Dominique Méda, Thomas Piketty, Simon Rabaté, Henri Sterdyniak, Michaël Zemmour, « Réforme des retraites : "L'ensemble des cas types présentés par le gouvernement n'ont aucune valeur informative." », *Le Monde*, 30 janvier 2020, p. 32.

(165) Rémi Barroux, « "Trop tard", "trop vite"... La transition écologique ou la divergence des temps », *Le Monde*, 7 janvier 2020.

(166) 元社会党政権のエコロジー大臣であり、現在ドゥー＝セーヴルの下院議員であるデルフィーヌ・バトの発言。注（165）の記事の中で引用されている。

(167) Saskia Sassen, *Critique de l'État, op. cit*〔注（1）に既出〕. 以下の記述は、この書物で行われた考察から広い意味で着想を得ている。Xavier de la Vega, « La Mondialisation selon Saskia Sassen » *in Sciences Humaines*, Octobre 2009 も参照。

(168) Saskia Sassen « La ville est un espace intéressant pour définir une politique », Entretien réalisé par Christophe Deroubaix, *L'Humanité*, lundi 22 Juillet 2013.

(169) Stéphane Alliès, « Les Quatre Crises de la social-démocratie européenne », *Mediapart*, 29 juin 2008.

(170) Richard S. Katz, Peter Mair, « La Transformation des modèles d'organisation et de démocratie dans les partis. L'émergence du parti-cartel », *in* Yohann Aucante, Alexandre Dézé, *Les Systèmes de partis dans les démocraties occidentales. Le modèle du particartel en question*, Presses de Sciences Po, 2008.

(171) Thibault Muzergues, « Le réalignement politique n'est pas vraiment idéologique, il est d'abord sociologique », *Le Monde*, 14 juin 2017.

(172) Geoffrey Pleyers, *Alter-globalization, Becoming Actors in the Global Age*, Cambridge, Polity Press, 2010.

(173) この点で批判的なアプローチについては Sidney Tarrow, « La Contestation transnationale », *in* Virginie Guiraudon (dir.), *Sociologie de l'Europe*.

(140) Erwan Le Noan cité *in* Florent Barraco, *Quel libéral est Emmanuel Macron ?*, www.lepoint.fr, 23 mai 2017.

(141) Eugénie Bastié, *Emmanuel Macron est-il vraiment libéral ?* www.lefigaro.fr, 12 mai 2017.

(142) Nicolas Rousselier, *La Force de gouverner. Le pouvoir exécutif en France, XIX*[e]*-XXI*[e] *siècle*, Gallimard, 2015.

(143) 2011年以降のタハリール、ウォール・ストリート、ゲジ、マイダン、共和国広場などの広場で起きた多くの政治的事件を指す表現。

(144) この言葉は〔極右の作家で、王党派団体アクション・フランセーズの指導者〕シャルル・モラスのもので、フランス・カトリックの社会有機体説の伝統に位置付けられる。「宗教・労働・職業・教区・家族に根差した」「現実の国」が、その上に人工的に重ねられたとされる「法律上の国」に対置される。

(145) *Libération*, 17 mai 2017.

(146) Gautier Pirotte, *Société civile macronienne. On se réveille ?* linkedin.com

(147) « Comment Emmanuel Macron se comporte en "DRH" de la République », *Le Monde*, 16-17 décembre 2017.

(148) Achille Warnant, *Le « Pacte girondin » d'Emmanuel Macron*, jean-jaures.org.

(149) Cité par Frank Georgi, *À la recherche de l'autogestion. Les gauches et le modèle yougoslave, 1948-1981*, HDR, IEP Paris, 2017.

(150) *Ibid.*

(151) Georges Borenfreund, « Les syndicats forcent les portes de l'entreprise : la loi du 27 décembre 1968 relative à l'exercice du droit syndical dans l'entreprise », *in* Jean-Pierre Le Crom (dir.), *Deux Siècles de droit du travail. L'histoire par les lois*, L'Atelier, 1998.

(152) Karel Yon, « Refondation des institutions du travail et transformations du paysage syndical », *Contretemps*, n° 36, *op. cit.*

(153) Virgile Chassagon, « Le saint-simonisme moderne d'Emmanuel Macron », *Le Monde*, 31 janvier 2018.

(154) *Le Monde*, 11 avril 2018.

(155) *Le Monde*, 27 mars 2018.

(156) 2018年4月に執筆完了。

(157) Hervé Le Bras, *Se sentir mal dans une France qui va bien*, *op. cit.*

(158) Sophie Amsili, « 2010-2019 : la décennie de toutes les contestations », *Les Échos*, 30 décembre 2019.

(159) Philippe Laurent, « Les maires ne sont pas les sous-traitants de l'appareil

Revue française d'administration publique, 2016/2 (N° 158).

(126) Karel Yon, « Refondation des institutions du travail et transformations du paysage syndical », *Contretemps*, n° 36, février 2018.

(127) Robert Castel, *La Montée des incertitudes : travail, protections, statut de l'individu*, Seuil, 2009.

(128) Michel Kokoreff, Jacques Rodriguez, *Une France en mutation. Globalisation, classes sociales, individus*, Payot, 2012.

(129) Gérard Mauger, « Les Politiques d'insertion. Une contribution paradoxale à la déstabilisation du marché du travail », *Actes de la recherche en sciences sociales*, vol. 136-137, mars 2001.

(130) Michel Kokoreff, Jacques Rodriguez, *Une France en mutation*, *op. cit.*

(131) Sylvie Tissot, *L'État et les quartiers. Genèse d'une catégorie d'action publique*, Seuil, 2007.

(132) Danièle Linhart, *Travailler sans les autres ?*, Seuil, 2009.

(133) Laurent Aucher & Frédérique Barnier, « L'entreprise de dépossession. Entretien avec Danièle Linhart », *La vie des idées*, 22 mai 2015.

(134) Flore Deschard et Marie-Françoise Le Guilly, *Tableau de bord de l'emploi public*, France Stratégie, décembre 2017. https://www.strategie.gouv.fr/publications/tableau-de-bord-de-lemploi-public

(135) *L'Emploi dans trois versants de la fonction publique en 2012*, www.fonction-publique.gouv.fr, 17 juillet 2014.

(136) Thomas Piketty, *Le Capital au XXIe siècle*, *op. cit.* Anthony B. Atkinson, *Inégalités*, trad. Françoise et Paul Chemla, Seuil, 2016〔アンソニー・B・アトキンソン『21世紀の不平等』（山形浩生、森本正史訳）東洋経済新報社、2015年〕. Joseph E. Stiglitz, *Le Triomphe de la cupidité*, trad. Paul Chemla, Les liens qui libèrent/Babel, 2010〔ジョセフ・E・スティグリッツ『フリーフォール――グローバル経済はどこまで落ちるのか』（楡井浩一、峯村利哉訳）徳間書店、2010年〕.

(137) www.strategie.gouv.fr, *op. cit*〔注（134）に既出〕. Fabrice Lenglart : « La France n'est pas suradministrée », Entretien avec Maïa Courtois, *Libération*, 2 janvier 2018.

(138) Jens Thoemmes, « Du Temps de travail au temps des marchés », *Temporalités*,10/2009.

(139) アマルティア・センによれば、「潜在能力」は「能力」や「実質的自由」とも呼ばれ、個人が様々な機能の組み合わせの中から選択する現実的な可能性をどれくらいもっているか、言い換えれば、個人が実際に享受している自由がどれくらいかという評価のことである。

Pigenet et Danielle Tartakowsky (dir.), *Histoire des mouvements sociaux en France de 1814 à nos jours*, La Découverte, 2012.

(113) *Ibid.*

(114) Pierre Rosanvallon, *La Contre-démocratie. La politique à l'âge de la défiance*, Seuil, 2006〔ピエール・ロザンヴァロン『カウンター・デモクラシー――不信の時代の政治』(嶋崎正樹訳) 岩波書店、2017年〕.

(115) Jean-Robert Viallet, *Étudiants, l'avenir à crédit*, documentaire, Arte, 2016, 84 minutes.

(116) Christine Musselin, *La Grande course des universités*, Presses de Sciences Po, 2017.

(117) Didier Tabuteau, « Loi "Hôpital, patients, santé et territoires": des interrogations pour demain ! », *Santé publique*, 2010/1 (Vol. 22).

(118) Evelyne Sire-Marin, « Contre la politique de la peur », *in* Ligue des droits de l'Homme, *Un autre avenir ? L'état des droits de l'Homme en France*, La Découverte, 2012.

(119) Claude-Olivier Doron, « La Rétention de sûreté : vers un nouveau type de positivisme juridique ? », *L'Information psychiatrique*, 2008/6 (Vol. 84). 犯罪と主体の責任に関する法的問題について、法実証主義は危険性と社会の防衛に関する社会生物学的な問題へと置き換えることを勧めていた。それはまた、固定的で体系化された罰則を危険性の処理を目的とした安全のための無制限の施策によって代替することを提案していたのである。

(120) Jean-Claude Vitran, « Surveiller les citoyens partout et toujours », *in* Ligue des droits de l'Homme, *Une société de surveillance ? L'état des droits de l'Homme en France, édition 2009*, La Découverte, 2010.

(121) Alain Weber, « Les outils de la surveillance globale », *in* Ligue des droits de l'Homme, *Une société de surveillance ?, op. cit.* Jacques Chevallier, « Surveiller : contrôle social et *big data* », *in* Ligue des droits de l'Homme, *Le monde qui vient. Entre périls et promesses, 2000-2015 : un état des droits*, La Découverte, 2016.

(122) Henri Leclerc, « Justice et Pouvoir », *in* Ligue des droits de l'Homme, *La justice bafouée : l'état des droits de l'Homme en France, édition 2010*, La Découverte, 2010.

(123) Jean-Pierre Dubois, « Introduction » *in* Ligue des droits de l'Homme, *Une société de surveillance ?, op. cit.*

(124) Jean Bérard et Gilles Chantraine, *80 000 Détenus en 2017 ? Réforme et dérive de l'institution pénitentiaire*, Amsterdam, 2008.

(125) Jacques Chevallier, « La "Modernisation de l'action publique" en question »,

要性の変化に応じて変更できることを意味する。支出カテゴリー間の資金の移動が一方通行のみ可能な場合、非対称的代替可能性と言われる。〔例えば〕人件費を賄うための予算は最終的には運営費や投資費用に割り当てることができるが、その逆はできない。

(98) Philippe Bezes, « Le Modèle de "l'État-stratège" », *op. cit.*

(99) Jean Danet, Sylvie Grunvald, « Le Droit à la sécurité et le risque au coeur d'un nouveau droit pénal ? », *Perspectives du droit public. Mélanges offerts à Jean-Claude Hélin*, Litec, 2004.

(100) Denis Salas, « Vers une pénalisation des droits de l'Homme », *in* Ligue des droits de l'Homme, *La justice bafouée. L'état des droits de l'Homme en France, édition 2010*, La Découverte, 2010.

(101) Philippe Askenazy, *Les Décennies aveugles. Emploi et croissance, 1970–2010*, Seuil, 2011.

(102) Chloé Leprince, *SNCF : quand la réforme jetait Ricoeur contre Bourdieu… il y a 23 ans*, France Culture, 13 mars 2018.

(103) Sophie Béroud, Jacques Capdevielle, « En finir avec une approche culpabilisée et culpabilisante du corporatisme », *in* Claude Leneveu et Michel Vakaloulis (dir.), *Faire mouvement, novembre-décembre 1995*, PUF, 1998, p. 71–101.

(104) Lilian Mathieu, *La Démocratie protestataire. Mouvements sociaux et politique en France aujourd'hui*, Presses de Sciences Po, 2011.

(105) Eric J. Hobsbawm, Terence Ranger, *L'Invention de la tradition*, trad. Christine Vivier, Amsterdam, 2006.

(106) Michel Wieviorka, « Le Terrorisme global comme antimouvement », wieviorka.hypotheses.org, 18 mars 2015.

(107) Alain Badiou, *De quoi Sarkozy est-il le nom ?*, Lignes, 2007.

(108) Henri Leclerc, « La Justice et le pouvoir », *in* Ligue des droits de l'Homme, *Le Monde qui vient. Entre périls et promesses, 2000–2015 : un état des droits*, La Découverte, 2016.

(109) ニコラ・サルコジ（2007年9月）。

(110) 一般権限条項とは、ある地方自治体に対して完全に与えられている権限を超えた領域において、その問題に関する地域の利害に基づいて、当該自治体のイニシアティブを認めた法的概念である〔国や他の自治体が排他的な権限を有する分野を除き、地方自治体は一般的な活動権限を有するという規定〕。

(111) Christian Favier, *Coup d'État contre les départements*, L'Atelier, 2014.

(112) Sophie Béroud, « Nouveaux usages et modalités des grèves », *in* Michel

ランス人の55％が民営化の施策を支持していた。

(81) Raymond Barre, « L'État incitateur », *in* René Lenoir, Jacques Lesourne (dir.), *Où va l'État ? La souveraineté économique et politique en question*, Le Monde Éditions, 1992.

(82) Hervé Dumez, Alain Jeunemaître, « Les privatisations en France, 1986–1992 », *in* Vincent Wright (dir.), *Les Privatisations en Europe. Programmes et problèmes*, Actes Sud, 1993.

(83) Eric J. Hobsbawm, *L'Âge des extrêmes. Histoire du court XXe siècle (1914–1991)*, André Versaille Éditeur-*Le Monde diplomatique*, 2008〔エリック・J・ホブズボーム『20世紀の歴史――両極端の時代』（大井由紀訳）ちくま学芸文庫（上・下）、2018年〕.

(84) ミシェル・カムドシュ〔本文で後述〕の言葉。

(85) Cité *in* Olivier Feiertag, Michel Margairaz (dir.), *Les Banques centrales et l'État-nation*, Presses de Sciences-Po, 2016.

(86) 西ドイツ、ベルギー、フランス、ギリシャ、スペイン、アイルランド、イタリア、ルクセンブルク、オランダ、デンマーク、ポルトガル、イギリス。

(87) 1995年にオーストリア、フィンランド、スウェーデンが加盟。

(88) Florence Gallemand, « La Politique rocardienne de modernisation administrative », *in La Gouvernabilité*, CURAPP, 2005.

(89) Philippe Bezes, « Le Modèle de "l'État-stratège". Genèse d'une forme organisationnelle dans l'administration française », *Sociologie du travail*, n° 47, 2005.

(90) 政府の作業方法に関する1988年5月25日通達。

(91) Guillaume Drago, « Le Principe de subsidiarité, comme principe de droit constitutionnel », *Revue internationale de droit comparé*, 1994, 46–2, p. 583–592.

(92) Philippe Bezes, « Le Modèle de "l'État-stratège" », *op. cit.*

(93) Philippe Bezes, *Réinventer l'État. Les réformes de l'administration française (1962–2008)*, PUF, 2009.

(94) Philippe Bezes, « État, experts et savoirs néo-managériaux. Les producteurs et diffuseurs du *New Public Management* en France depuis les années 1970 », *Actes de la recherche en sciences sociales*, 2012/3 (n° 193), p. 16–37.

(95) Philippe Bezes, « Le Modèle de "l'État-stratège" », *op. cit.*

(96) *Charte d'engagements réciproques entre l'État, le Mouvement Associatif et les collectivités territoriales*, février 2001.

(97) 予算の代替可能性とは、予算の管理支払者が当初予定された割り当てを必

(66) Claude Andrieu, Lucette Le Van, Antoine Prost (dir.), *Les Nationalisations de la Libération, op. cit.*

(67) Michel Margairaz, *Histoire de la RATP. La singulière aventure des transports parisiens*, Albin Michel, 1989.

(68) 注（39）所掲の Michel Margairaz 論文を参照。

(69) Laure Quennouëlle-Corre, « Les Réformes financières et bancaires de 1966–1967 », *in Michel Debré, un réformateur aux Finances, 1966–1968*, Journée d'étude tenue à Bercy le 8 janvier 2004, CHEFF, 2005. Sylviane Guillaumont-Jeanneney, « L'alternance entre dirigisme et libéralisme monétaire », *in* Maurice Lévy-Leboyer, Jean-Claude Casanova (dir.), *Entre l'État et le marché. L'économie française des années 1880 à nos jours*, Gallimard, 1991.

(70) Centre d'histoire de l'Institut d'études politiques de Paris, Papiers Debré, *Note pour le ministre de Jean-Yves Haberer*, 1er avril 1967. 以下の引用はこの文書から。

(71) Jean Bouvier, *Un Siècle de banque française*, Hachette, 1973.

(72) Sylviane Guillaumont-Jeanneney, « L'Alternance entre dirigisme et libéralisme monétaire », *in* Maurice Lévy-Leboyer, Jean-Claude Casanova (dir.), *Entre l'État et le marché, op. cit.*

(73) Jacques Attali, *Verbatim I, 1981–1983*, Le Livre de Poche, 1995.

(74) Jean Peyrelevade, *Changer ou disparaître : adresse au patronat*, Éditions de l'Observatoire, 2018.

(75) Jean Peyrelevade, *Histoire d'une névrose : la France et son économie*, Albin Michel, 2014.

(76) Archives nationales (Pierrefitte), 1987 0251/8, *Lettre de François Mitterrand à Pierre Mauroy*, 19 janvier 1984.

(77) Rémi Pellet, *États et marchés financiers*, LGDJ, 2017. Du même, *Droit financier public*, PUF, 2018. *Pierre Bérégovoy. Une volonté de réforme au service de l'économie, 1984–1993*, Comité pour l'histoire économique et financière de la France, 1998.

(78) Jean-Charles Naouri (dir.), *Livre blanc sur la réforme de l'économie*, La Documentation française, 1986, préface de Pierre Bérégovoy.

(79) 選ばれた各企業は5%を超える株の割当てを受けることができないが、全体として民営化された〔企業の〕資本の30%までなら保有できる。かくして12の産業グループと12の主要銀行が民営化された企業の資本に参加することになった。

(80) 同時代の世論調査（Sofres, *L'État de l'opinion*, Seuil, 1988）によると、フ

(50) フランスを特徴付けるキャリア型のシステムでは、〔英米の〕ジョブ型の公務員制度とは異なり、公務員はあるポストに就くために採用されるのではなく、所属する官吏団、より厳密に言えば、自分が採用された〔官吏団の中の〕特定の等級に属する様々なポストに就く資格を持つ。

(51) Michel Margairaz, « Rénovation (économique et sociale)», *in* Claire Andrieu, Philippe Braud, Guillaume Piketty (dir.), *Dictionnaire de Gaulle, op. cit.*

(52) Michel Margairaz, Danielle Tartakowsky, « *L'Avenir nous appartient!* » *Une histoire du Front populaire*, Larousse, 2006. Michel Margairaz, Danielle Tartakowsky, *Le Front populaire, op. cit.*

(53) Claude Gruson, *Programmer l'espérance, op. cit.*

(54) Jean Vergeot, *Les Plans dans le monde. Expériences et enseignements*, France-Empire, 1970.

(55) Cité *in ibid.*

(56) *Ve Plan de développement économique et social.*

(57) Paul Dubois, « Qu'est-ce la planification...? », *in* Atreize, *La Planification française en pratique*, Les Éditions ouvrières, 1976.

(58) « Le Plan et Mai 1968 », Note de Bernard Cazes, « Rôle et fonctions de la planification après la crise de Mai 1968 », Assemblée nationale.

(59) *Ve Plan de développement économique et social.*

(60) Lionel Stoléru, *L'Impératif industriel*, Seuil, 1969.

(61) Commissariat général au Plan, *Préparation du VI^e^Plan : rapport sur les principales options. Loi du 9 juillet 1970*, Imprimerie des journaux officiels, 1970.

(62) Michel Margairaz, « Planification et politiques industrielles des années 1940 aux années 1960 », *in* Ivan Kharaba, Anne Dalmasso, Philippe Mioche, Philippe Raulin, Denis Woronoff (dir.), *Politiques industrielles d'hier et d'aujourd'hui en France et en Europe*, Éditions universitaires de Dijon, 2009.

(63) Cité *in* Jean-Jacques Bonnaud, « Le Développement industriel », *in* Atreize, *La Planification française en pratique, op. cit.*

(64) Henri Krasucki, « La CGT et le VIe Plan », *Économie et politique*, avril 1970. 同じ号の Philippe Herzog, « Le VIe Plan contre les travailleurs et la nation » も参照。

(65) « Développer l'opposition à l'offensive capitaliste du VIe Plan », cité *in* André Granou, « Le VIe Plan ou l'hégémonie du capitalisme industriel », *Politique aujourd'hui*, juin-octobre 1970.

centre-gauche), *Le Contre-plan*, Seuil, 1965.

(35) Claude Gruson, *Programmer l'espérance. Conversations avec Philippe Dominique*, Stock, 1976.

(36) 本章は下記に詳述したところに大きく依拠している。Michel Margairaz, Danielle Tartakowsky (dir.), *1968, entre libération et libéralisation. La grande bifurcation*, Presses universitaires de Rennes, 2011.

(37) Antoine Prost, *Éducation, société et politiques. Une histoire de l'enseignement en France, de 1945 à nos jours*, Seuil, 1992.

(38) *Fresque historique du capital productif*, Insee, 1974.

(39) Michel Margairaz, « L'Élysée et la politique industrielle en question: politique de l'architecte ou du pompier ? », *in* Serge Berstein, Jean-Claude Casanova, Jean-François Sirinelli (dir.), *Les Années Giscard. La politique économique, 1974–1981*, Armand Colin, 2009, p. 101–117.

(40) Catherine Achin et Delphine Naudier, « Les Féminismes en pratiques », *in* Dominique Damamme et al., *Mai-Juin 68*, L'Atelier, 2008.

(41) この分野でもフランスの動き出しは明らかに後れをとっていた。公民権〔選挙権〕取得年齢はイギリスでは1969年、アメリカでは1971年、西ドイツでは1972年に18歳に引き下げられた。

(42) Marcel Gauchet, « Bilan d'une génération », *Le Débat*, n° 149, 2008/2, p. 101–111.

(43) Marc Lazar, « Le Parti communiste français, de Gaulle et la modernisation de la France », *in* Stéphane Courtois et Marc Lazar (dir.), *50 ans d'une passion française. De Gaulle et les communistes*, Balland, 1991.

(44) Cité *in* Jacques Chaban-Delmas, *L'Ardeur*, Stock, 1975.

(45) Frank Georgi (dir.), *Autogestion. La dernière utopie ?*, Publications de la Sorbonne, 2003.

(46) Isabelle Sommier, *La Violence politique et son deuil. L'après 68 en France et en Italie*, Presses universitaires de Rennes, 1998.

(47) René Mouriaux, Annick Percheron, Antoine Prost, Danielle Tartakowsky (dir.), *1968. Exploration du mai français*, 2 tomes, L'Harmattan, 1992. Luisa Passeriniによる書評（*Annales. Histoire, Sciences sociales*, no. 49–1, 1994/1）も参照。

(48) 運輸大臣シャルル・フィターマン（Charles Fiterman）、公務員大臣アニセ・ルポール（Anicet Le Pors）、保健医療大臣ジャック・ラリット（Jack Ralite）、そして職業訓練大臣マルセル・リグー（Marcel Rigout）。

(49) この記述は下記から着想を得た。Jacques Fournier, *Le premier septennat et la réforme de l'État*, www.mitterrand.org, 8 octobre 2013.

Plon, 2008, p. 382-391.

(20) Henry Rousso (dir.), *De Monnet à Massé. Enjeux politiques et objectifs économiques dans le cadre des quatre premiers Plans (1946-1965)*, Éditions du CNRS, 1986.

(21) Ambroise Croizat « Le Plan britannique et le plan français de Sécurité sociale », *Écho*, 1947, Institut d'histoire sociale - CGT.

(22) Richard F. Kuisel, *Le Capitalisme et l'État en France. Modernisation et dirigisme au XXe siècle*, trad. André Charpentier, Gallimard, 1984.〔原著 *Capitalism and the state in modern France : renovation and economic management in the twentieth century*, Cambridge University Press, 1981〕. François Bloch-Lainé, Jean Bouvier, *La France restaurée (1944-1954). Dialogue sur les choix d'une modernisation*, Fayard, 1986. Michel Margairaz, *L'État, les finances et l'économie (1932-1952). Histoire d'une conversion*, 2 vol., Imprimerie nationale, CHEFF, 1991.

(23) Philippe Mioche, *Le Plan Monnet. Genèse et élaboration, 1941- 1947*, Publications de la Sorbonne, 1987.

(24) Commissariat général du Plan de modernisation et d'équipement, *Rapport général sur le premier Plan de modernisation et d'équipement*, Deuxième session du Conseil du Plan, novembre 1946.

(25) ドイツ、ベルギー、フランス、イタリア、ルクセンブルク、オランダ。

(26) ド・ゴール将軍の 1961 年 5 月 8 日の演説。

(27) Patrice Caro, Olivier Dard, Jean-Claude Daumas (dir.), *La Politique d'aménagement du territoire. Racines, logiques et résultats*, Presses universitaires de Rennes, 2002.

(28) Henry Rousso (dir.), *De Monnet à Massé. op. cit.*

(29) Commissariat général du Plan de modernisation et d'équipement, *Rapport général sur le premier Plan de modernisation et d'équipement*, Deuxième session du Conseil du Plan, novembre 1946.〔注（24）に既出〕

(30) *IIIe Plan de modernisation et d'équipement (1958-1961)*, décret du 19 mars 1959, Imprimerie des journaux officiels, 1959.

(31) Aude Terray, *Des Francs-tireurs aux experts. L'organisation de la prévision économique au ministère des Finances, 1948-1968*, CHEFF, 2002.

(32) Jean Boissonnat, *La Politique des revenus*, Seuil, 1966.

(33) Pierre Massé, « Rapport sur la politique des revenus », *La Documentation française*, Recueils et monographies, n° 47, février 1964.

(34) Ensemble J. (pseudonyme adopté par un collectif de syndicalistes, d'économistes et d'hommes politiques d'extrême gauche, de gauche et de

(8) Claude Bourdet, *L'Aventure incertaine : de la Résistance à la Restauration*, Stock, 1975. Henri Frenay, *L'Énigme Jean Moulin*, Robert Laffont, 1977.

(9) Laurent Bonelli, Willy Pelletier (dir.), *L'État démantelé. Enquête sur une révolution silencieuse, op. cit.*

(10) Pierre Laborie, *Le Chagrin et le Venin. La France sous l'Occupation, mémoire et idées reçues*, Bayard, 2011.

(11) *Histoire@Politique, Politique, culture, société*, n° 24, septembre-décembre 2014.

(12) Claire Andrieu, Lucette Le Van, Antoine Prost, *Les Nationalisations de la Libération. De l'utopie au compromis*, Presses de la Fondation nationale des sciences politiques, 1987.

(13) Thomas Piketty, *Le Capital au XXI*[e] *siècle*, Seuil, 2013〔トマ・ピケティ『21 世紀の資本』（山形浩生、守岡桜、森本正史訳）みすず書房、2014 年〕.

(14) Alice Kesler-Harris and Maurizio Vaudagna, *Democracy and the Welfare State. The Two Wests in the Age of Austerity*, Columbia University Press, 2017.

(15) Noël Whiteside, « The Beveridge Report and Its Implementation: a Revolutionary Project ? »〔注（11）所掲所収〕.

(16) Sandrine Kott, « Une "communauté épistémique" du social ? Experts de l'OIT et internationalisation des politiques sociales dans l'entre-deux-guerres », *Genèses*, n° 71 « Actions sociales transnationales », Belin, 2008/2, p. 26–46. Sandrine Kott, Joëlle Proux (dir.), *Universalizing Social Rights. The International Labour Organization and Beyond*, Palgrave, 2012. Isabelle Lespinet-Moret, Vincent Viet (dir.), *L'Organisation internationale du travail. Origine, développement, avenir*, Presses universitaires de Rennes, 2011.

(17) Alain Supiot, *L'Esprit de Philadelphie. La justice sociale face au marché total*, Seuil, 2010.

(18) Claire Andrieu « La France à gauche de l'Europe », *in* Antoine Prost (dir.), « Les Nationalisations d'après-guerre en Europe occidentale », *Le Mouvement social*, n° 134, janvier-mars 1986, p. 131–153.

(19) Michel Margairaz, « Rénovation (économique et sociale) », *in* Claire Andrieu, Philippe Braud, Guillaume Piketty (dir.), *Dictionnaire de Gaulle*, Robert Laffont, 2006, p. 232–236. Michel Margairaz, « De Gaulle, la guerre et la "rénovation" économique et sociale. La construction d'un héritage », *in* Fondation Charles de Gaulle, *De Gaulle chef de guerre, 1940–1944*,

原　注

(1) 多数あるが以下を挙げておこう。Saskia Sassen, *Critique de l'État. Territoire, autorité et droits, de l'époque médiévale à nos jours*, tr. fr. Fortunato Israël, Demopolis-*Le Monde diplomatique*, 2009〔*Territory, authority, rights : from medieval to global assemblages*, Princeton University Press, 2006の仏訳。邦語訳：サスキア・サッセン『領土・権威・諸権利：グローバリゼーション・スタディーズの現在』（伊藤茂訳）明石書店、2011年〕; Laurent Bonelli et Willy Pelletier (dir.), *L'État démantelé. Enquête sur une révolution silencieuse*, La Découverte-*Le Monde diplomatique*, coll. « Cahiers libres », 2010 ; Christophe Ramaux, *L'État social. Pour sortir du chaos néolibéral, Mille et une nuits*, 2012 ; Pierre Birnbaum, *Où va l'État ? Essai sur les nouvelles élites du pouvoir*, Le Seuil, 2018 ; Mathieu Lefebvre et Pierre Pestieau, *L'État-providence. Défense et illustration*, PUF, 2018 ; Hervé Le Bras, *Se sentir mal dans une France qui va bien. La société paradoxale*, L'Aube, 2019 ; David Djaïz, *Slow Démocratie. Comment maîtriser la mondialisation et reprendre notre destin en main*, Allary, 2019 ; Guy Groux, Richard Robert, Martial Foucault (dir.), *Le Social et le Politique*, CNRS Éditions, 2020.

(2) Jean-Charles Asselain, *Histoire économique du XXe siècle*, Vol. I, *La montée de l'État (1914-1939)*, Presses de Sciences Po-Dalloz, 1995.

(3) Michel Margairaz, « La Seconde Guerre mondiale, matrice du Welfare State ? », *in* Robert Frank, Alya Aglan (dir.), *1937-1947 : la guerre-monde*, Gallimard, t. II, 2015.

(4) Christophe Ramaux, *L'État social. Pour sortir du chaos néolibéral, op. cit.*

(5) Michel Margairaz, Danielle Tartakowsky, *Le Front populaire*, Larousse, 2009.

(6) Claire Andrieu, *Le Programme commun de la Résistance : des idées dans la guerre*, L'Érudit, 1984.

(7) Bernard Garnier, Jean-Luc Leleu, Jean Quellien et Anne Simonin (dir.), *Pourquoi résister ? Résister pour quoi faire ? Actes du colloque des 2, 3 et 4 décembre 2004*, CRHQ CNRS-Université de Caen-Basse-Normandie, 2006.

【ヤ行】

【ラ行】

【ワ行】

【サ行】

事項索引

【数字、A～Z】

【マ行】

【ラ行】

人名索引

【ア行】

【カ行】

【サ行】

【タ行】

【ナ行】

【ハ行】

著者紹介

ミシェル・マルゲラーズ（Michel Margairaz）

パリ第1（パンテオン・ソルボンヌ）大学名誉教授〔現代経済史〕
主著（国家博士号論文）*L'État, les finances et l'économie : histoire d'une conversion, 1932-1952*（Comité pour l'histoire économique et financière de la France, 1991）では、第二次大戦前後の20年間の財政政策を綿密に分析し、フランスの高級官僚がケインズ主義を受容し戦後の高度成長の立役者となるに至る過程を膨大な史料を用いて明らかにした。その後、20世紀を中心に経済史、銀行・中央銀行史などの分野で著書・編著書多数。唯一の邦訳『20世紀フランス資本主義史論——国家・経済・社会』（廣田功・権上康男訳、日本経済評論社、2004年）は、日本での連続講演の原稿を集成した論文集。

ダニエル・タルタコウスキ（Danielle Tartakowsky）

パリ第8（ヴァンセンヌ・サン＝ドニ）大学名誉教授〔現代社会・政治史〕
主著（国家博士号論文）*Les manifestations de rue en France 1918-1968*（Publications de la Sorbonne, 1997）では、半世紀にわたる膨大なデータ収集に基づいて、近現代のフランス政治において街頭でのデモが果たした役割を明らかにした。人民戦線や結社・社会運動史など関連の著書・編著書多数。マルゲラーズとは長らく協力関係にあり、人民戦線に関する一般向けの著書（写真集と解説）や、1968年「5月事件」のインパクトに関する研究書（編著）を出版している。

訳者紹介

中山洋平（なかやま・ようへい）【担当：はじめに、第Ⅰ部、結論】

東京大学大学院法学政治学研究科教授〔ヨーロッパ政治史・比較政治〕
主著：『戦後フランス中央集権国家の変容——下からの分権化への道』（東京大学出版会、2017年）。『戦後フランス政治の実験——第四共和制と「組織政党」1944-1952年』（東京大学出版会、2002年）。

尾玉剛士（おだま・たかあき）【担当：第Ⅱ部】

獨協大学外国語学部准教授〔比較政治・社会政策〕
主著：『医療保険改革の日仏比較——医療費抑制か、財源拡大か』（明石書店、2018年）。

解（ほど）けていく国家
現代フランスにおける自由化の歴史

2023年12月25日　初版第1刷発行

著　者　ミシェル・マルゲラーズ
　　　　ダニエル・タルタコウスキ
訳　者　中　山　洋　平
　　　　尾　玉　剛　士
発行者　吉　田　真　也
発行所　合同会社 吉　田　書　店
102-0072　東京都千代田区飯田橋2-9-6 東西館ビル本館32
TEL：03-6272-9172　FAX：03-6272-9173
http://www.yoshidapublishing.com/

装幀　野田和浩　　印刷・製本　モリモト印刷株式会社
DTP　閏月社
定価はカバーに表示してあります。

ISBN978-4-910590-15-8